国家社科基金
GUOJIA SHEKE JIJIN HOUQI ZIZHU XIANGMU
后期资助项目

农村土地经营权流转中的农户羊群行为研究

Farmer's Herd Behavior in the Transfer of Rural Land
Management Right

杨卫忠 著

ZHEJIANG UNIVERSITY PRESS
浙江大学出版社

国家社科基金后期资助项目
出版说明

后期资助项目是国家社科基金设立的一类重要项目，旨在鼓励广大社科研究者潜心治学，支持基础研究多出优秀成果。它是经过严格评审，从接近完成的科研成果中遴选立项的。为扩大后期资助项目的影响，更好地推动学术发展，促进成果转化，全国哲学社会科学工作办公室按照"统一设计、统一标识、统一版式、形成系列"的总体要求，组织出版国家社科基金后期资助项目成果。

全国哲学社会科学工作办公室

前　言

随着农业现代化进程的加快,如何推动农村土地经营权流转成为关系中国全面深化改革的关键问题之一。推动农村土地经营权流转是进一步解放农村生产力,实现农村土地集约化、专业化、组织化、规模化经营,提高农业生产效率,加快农业现代化建设,以及有效实施乡村振兴战略的重要途径,也被认为是继实行家庭联产承包责任制、发展乡镇企业和打破户籍制度之后农村的又一重大改革举措。其一方面意味着土地可被配置到最能发挥其效率的经营者手中,土地经营的规模效率得到提高;另一方面也意味着转向非农就业的农户摆脱土地束缚,自由流动和迁居至城镇。作为一种能够促进农村土地资源优化配置、实现农村土地规模经营及协调农村土地调整与稳定性之间矛盾的有效手段,农村土地经营权流转的意义毋庸置疑。

2016 年中央一号文件聚焦"三权分置"问题,提出"稳定农村土地承包关系,落实集体所有权,稳定农户承包权,放活土地经营权,完善'三权分置'办法,明确农村土地承包关系长久不变的具体规定"。2018 年中央一号文件聚焦乡村振兴问题,并提出"全面完成土地承包经营权确权登记颁证工作,实现承包土地信息联通共享。完善农村承包地'三权分置'制度,在依法保护集体土地所有权和农户承包权前提下,平等保护土地经营权"。2019 年中央一号文件聚焦农村土地产权制度改革问题,提出"完善落实集体所有权、稳定农户承包权、放活土地经营权的政策体系",以及"发展多种形式农业适度规模经营"的政策建议。2020 年中央一号文件再次聚焦农村土地产权制度改革问题,提出"坚持农村土地农民集体所有制不动摇,坚持家庭承包经营基础性地位不动摇,有序开展第二轮土地承包到期后再延长 30 年试点,保持农村土地承包关系稳定并长久不变,健全土地经营权流转服务体系"。以上政策文件均体现了政府在现行体制下推进农村土地经营权流转,以寻求农业规模化经营和提高土地利用效率的坚定决心与深刻认识。[①]

实践中,农村土地经营权流转是一种经济、社会、心理过程,其必然受外部驱动因素刺激,又受内部主观心理机制的影响。然而,相关研究对农村土

---

① 中华人民共和国农业农村部. 聚焦 2020 中央一号文件[EB/OL]. (2020-02-05)[2020-04-06]. http://moa.gov.cn/ztzl/jj2020zyyhwj/.

地经营权流转中的社会、心理过程关注尚未足够充分，尤其对群体心理的研究还相当缺乏。事实上，群体心理在农村土地经营权流转中发挥了重要作用，表现为群体效应对个体心理产生影响且个体在群体中的行为反应与其在独立环境下的反应有着巨大差异。群体心理在农村土地经营权流转中的作用突出表现为乘数效应。当农户群体普遍看好农村土地经营权流转前景时，即使是不适合流转的农户也极易忽视私人信息而选择流转；而当农户群体普遍不看好农村土地经营权流转前景时，即使是适合流转的农户也极易忽视私人信息而选择不流转。这种由群体心理产生的跟风和模仿的行为偏差就是所谓的羊群行为。

因此，本书以农村土地经营权流转中的农户羊群行为现象、机理、影响效应及头羊（意见领袖）问题为研究主题。遵循农村土地经营权流转中农户"羊群行为现象"到"羊群行为机理"再到"羊群行为影响效应"的逻辑链条，并关注到头羊（意见领袖）问题，本书形成了五个研究模块。研究模块 1 为农村土地经营权流转中的农户羊群行为现象：扩散效应。研究模块 2 为农村土地经营权流转中的农户羊群行为机理：社会网络信息的作用。研究模块 3 为农村土地经营权流转中的农户羊群行为机理：私人信息还是公共信息？研究模块 4 为农村土地经营权流转中农户羊群行为的影响因素、影响结果及后续效应。研究模块 5 为农村土地经营权流转中的头羊（意见领袖）。

通过理论分析和实地调查，主要得出如下研究结论：

第一，农村土地经营权流转受到外部驱动条件的显著影响，表现为农户自身固有倾向或实际需要是影响农村土地经营权流转的重要因素。同时，农村土地经营权流转受到内部成员决策结果的显著影响，表现为已流转农户数量是农户决定是否参加农村土地经营权流转的参考依据。因此，农村土地经营权流转问题是一个外部条件驱动及内部成员互相作用的过程。

第二，将有可能出现农户土地经营权流转决策以已流转农户数量信息作为行动参考的情形，从而表现为农村土地经营权流转的模仿效应凸显，并由此使得农村土地经营权流转中农户羊群行为现象的存在成为可能。

第三，农村土地经营权流转嵌入在社会网络信息中，农户可以从亲戚朋友和其他农户参与农村土地经营权流转情况中获取农村土地经营权流转信念，且作为"强关系"的亲戚朋友的参与数量和作为"弱关系"的其他农户的参与数量均对农村土地经营权流转产生了正向影响，但"强关系"的正向效应更为显著。

第四，获取农村土地经营权流转政策信息的成本对农户土地经营权流转意愿产生了显著的负向影响。当搜寻、解读和利用农村土地经营权流转政策信息成本过高时，农村土地经营权流转将受到抑制。然而，当农户能够从亲戚朋友参与数量或其他农户参与数量中获取足够的农村土地经营权流转信念时，获取农村土地经营权流转政策信息成本与农村土地经营权流转之间的负向关系变得不再明显，由此农户仍具有较高程度的农村土地经营权流转意愿，从而表现出羊群行为。

第五，私人信息容易"锚定"随后的估计和判断，导致农村土地经营权流转在很大程度上被"锚定"于"最初值"。私人信息是农户思想、情感、判断和行为的基础信息来源，且容易导致把土地经营权流转决策固定在初始流转态度上。然而，公共信息却对农村土地经营权流转产生"调整启发式"影响。农户和其他农户关于农村土地经营权流转问题具有相似的信息集，且容易观察到其他农户群体的行动，并以此作为重要的决策参考。

第六，当农户土地经营权流转决策更倾向于忽略私人信息而与亲朋好友、熟人和邻居等其他农户信息保持一致时，农户表现出羊群行为。当农户土地经营权流转决策调整在既定的边界上下终止时，即从"初始值"出发不充分地矫正流转决策时，农户土地经营权流转决策不会因其他农户流转态度的影响而发生变化。当农户土地经营权流转决策调整超过既定的边界时，即从"初始值"出发充分地矫正流转决策时，农户土地经营权流转决策将受其他农户流转态度的影响而发生根本性改变。

第七，流转不确定性和其他农户流转状况的影响将导致农户贬低私人信息和模仿他人，从而表现出羊群行为。当农村土地经营权流转存在高度不确定性时，农户将缺乏足够的知识和经验来分析土地经营权流转问题的利弊，从而出现贬低私人信息和模仿他人行为。同时，农村土地经营权流转是一项复杂性决策行为，当农户无法完全依赖私人信息转而将其他农户流转状况作为土地经营权流转决策的依据时，农户倾向于贬低私人信息和模仿他人。

第八，羊群行为导致农村土地经营权流转中农户出现明显的认知心理变化。由于受到其他农户流转状况的影响，农户土地经营权流转信念出现了变化，并形成了调整流转信念，而贬低私人信息减弱了最初流转信念与调整流转信念之间的正向影响关系，使得农户土地经营权流转决策偏离最初流转信念。然而，最初的土地经营权流转信念被贮藏于记忆的长河中，却在土地经营权流转之后被激活，并使得修正后的土地经营权流转信念与最初的土地经营权流转信念之间保持较高程度的映射关系。

第九，羊群行为对农村土地经营权流转后的期望失验产生了显著影响。羊群行为可分为"正确的"羊群行为和"错误的"羊群行为。当农户发生"正确的"羊群行为时，跟风将成为一个很好的策略，一旦土地经营权流转后的感受超出预期，将有助于降低土地经营权流转后的期望失验。当农户经历"错误的"羊群行为时，农户由于受到其他农户流转行为的影响而对农村土地经营权流转行为产生不切实际的期望，在土地经营权流转后容易感受到现实未达到预期，从而较为容易经历期望失验。

第十，在农村土地经营权流转实践中，头羊（意见领袖）可能是村中的族长或乡贤等，他们对农村土地经营权流转起到关键性的、主导性的作用。因此，在推进农村土地经营权流转实践的过程中，寻找、辨识，并有效引导头羊（意见领袖），具有重要意义。

本书将羊群行为理论与农村土地经营权流转问题相结合，探索农村土地经营权流转中农户羊群行为现象、产生机理、影响效应及头羊（意见领袖）问题，不仅有助于拓展农村土地经营权流转问题的研究空间、丰富相关理论，还为推进农村土地经营权流转制度改革、实现农村土地经营权顺利且有效流转提供了实践指导。

杨卫忠

2020 年 4 月

目　录

第一章　绪　论

中国最大的问题是农民问题，农民的最大问题是土地问题。

——杜润生

近朱者赤，近墨者黑。

—— 傅玄《太子少傅箴》

物以类聚，人以群分。

—— 刘向《战国策·齐策三》

我国农村土地问题经常呈现出经济属性之外的社会属性。

——农村发展与管理研究课题组

一、研究背景

1978 年，我国农村产权制度改革形成了以平均分配土地为特征、家庭联产承包责任制为核心的小规模农业经营体系。在我国农村经济改革和发展的初期，这种以精耕细作、平均分配为特征的小规模农业经营体系取得了良好的政策效果，表现出较高的生产效率和较好的适应性（蔡洁，夏显力，2017）。然而，20 世纪 90 年代以来，伴随着我国城镇化和工业化的高速发展，农村劳动人口开始大量向大城市、中小城镇转移，从而造成了农村地区人地关系的显著变化，并使得农业生产方式粗放、经营效率低下、土地闲置与撂荒等弊端凸显（陈靖，2013；Ye，2015）。由此，引发了理论界和实务界关于我国未来农业生产经营的担忧，即"由谁来经营土地"以及"如何经营土地"的思考（陆继霞，2017；朱启臻，杨汇泉，2011）。而罗必良（2015）和伍振军等（2011）指出，在家庭联产承包责任制长久不变的前提下，通过推进农村土地经营权流转来实现专业化、机械化、技术化、规模化和现代化的农业生产经营体系被视为解决上述难题的一剂良药。显然，农村土地经营权流转是进一步解放农村生产力，实现农村土地集约化、专业化、组织化、规模化经营，提高农业生产效率，加快农业现代化建设的重要途径[1]。

1984 年中央一号文件首次提出了"鼓励土地逐步向种田能手集中。社

---

[1] 胡锦涛. 坚定不移沿着中国特色社会主义道路前进 为全面建成小康社会而奋斗[EB/OL]. (2012-11-08)[2012-11-09]. http://politics.people.com.cn/n/2012/1109/c1001-19529890.html.

员在承包期内,因无力耕种或转营他业而要求不包或少包土地的,可以将土地交给集体统一安排,也可以经集体同意,由社员自找对象协商转包"①,表明我国对农村土地经营权流转的政策有所松动。

1988年,第七届全国人民代表大会常务委员会第五次会议修正了《中华人民共和国土地管理法》,明确规定"国有土地和集体所有的土地使用权可以依法转让"②,这是首次从国家立法的高度对农村土地经营权流转进行了肯定。

1993年,中国共产党第十四届中央委员会第三次全体会议通过文件《中共中央关于建立社会主义市场经济体制若干问题的决定》,进一步提出"在坚持土地集体所有的前提下,延长耕地承包期,允许继承开发性生产项目的承包经营权,允许土地使用权依法有偿转让"③,这为农村土地经营权流转指明了方向。

2007年,第十届全国人民代表大会第五次会议通过《中华人民共和国物权法》,正式确认了农村土地承包经营权为用益物权,并规定"土地承包经营权人有权将土地承包经营权采取转包、互换、转让等方式流转"④,这体现了国家对于农村土地经营权流转政策的调整已从生产经营机制层面向农村土地产权制度层面构建,并以此确保农民在土地经营权流转中的主体地位。

2008年,中国共产党第十七届中央委员会第三次全体会议通过《中共中央关于推进农村改革发展若干重大问题的决定》,指出"现有土地承包关系要保持稳定并长久不变",以及"加强土地承包经营权流转管理和服务,建立健全土地承包经营权流转市场,按照依法自愿有偿原则,允许农民以转包、出租、互换、转让、股份合作等形式流转土地承包经营权,发展多种形式的适度规模经营。有条件的地方可以发展专业大户、家庭农场、农民专业合

---

① 中共中央印发1号文件. 关于1984年农村工作的通知[EB/OL]. (1984-01-01)[2008-04-09]. http://www.china.com.cn/aboutchina/data/zgncggkf30n/2008-04/09/content_14685167_2.htm.

② 第七届全国人民代表大会常务委员会第五次会议通过的文件. 关于修改《中华人民共和国土地管理法》的决定[EB/OL]. (2004-08-28)[2005-06-22]. http://www.gov.cn/flfg/2005-06/22/content_8505.htm.

③ 中国共产党第十四届中央委员会第三次全体会议通过的文件. 中共中央关于建立社会主义市场经济体制若干问题的决定[EB/OL]. (1993-11-14)[2008-11-11]. http://www.china.com.cn/economic/zhuanti/ggkf30/2008-11/11/content_16746691.htm.

④ 第十届全国人民代表大会第五次会议通过的文件. 中华人民共和国物权法[EB/OL]. (2007-03-16)[2007-10-01]. http://www.npc.gov.cn/wxzl/wxzl/2007-03/16/content_366956.htm.

作社等规模经营主体"①。

2013 年，中国共产党第十八届中央委员会第三次全体会议通过《中共中央关于全面深化改革若干重大问题的决定》，提出"落实集体所有权、稳定农户承包权、放活土地经营权"的政策②，使得农村土地经营权可以在市场上公开自由流转，从而有利于发展多种形式的规模化经营。

2014 年中央一号文件聚焦农村土地经营权流转问题，明确提出"稳定农村土地承包关系并保持长久不变，在坚持和完善最严格的耕地保护制度前提下，赋予农民对承包地占有、使用、收益、流转及承包经营权抵押、担保权能"③，对农村土地经营权赋予了新的权能内涵。

2014 年中共中央办公厅、国务院办公厅印发《关于引导农村土地经营权有序流转发展农业适度规模经营的意见》④，正式提出实现所有权、承包权、经营权的"三权分置"，发展多种形式的适度规模经营的政策。

2015 年中央一号文件就土地经营权规范有序流转问题，提出"坚持和完善农村基本经营制度，坚持农民家庭经营主体地位，引导土地经营权规范有序流转，创新土地流转和规模经营方式，积极发展多种形式适度规模经营，提高农民组织化程度"⑤，积极推动农村土地经营权流转。

2016 年中央一号文件聚焦"三权分置"问题，提出"稳定农村土地承包关系，落实集体所有权，稳定农户承包权，放活土地经营权，完善'三权分置'办法，明确农村土地承包关系长久不变的具体规定"⑥，为进一步改革农村

---

① 中国共产党第十七届中央委员会第三次全体会议通过的文件. 中共中央关于推进农村改革发展若干重大问题的决定［EB/OL］.（2008-10-09）［2008-10-20］. http://www. china. com. cn/policy/txt/2008-10/20/content_16635093_4. htm.

② 中国共产党第十八届中央委员会第三次全体会议通过的文件. 中共中央关于全面深化改革若干重大问题的决定［EB/OL］.（2013-11-15）［2013-11-16］. http://theory. people. com. cn/n/2013/1117/c40531-23565808. html.

③ 中共中央、国务院印发的文件. 关于全面深化农村改革加快推进农业现代化的若干意见［EB/OL］.（2014-01-19）［2014-01-20］. http://www. moa. gov. cn/ztzl/yhwj2014/zywj/201401/t20140120_3742567. htm.

④ 中共中央、国务院印发的文件. 关于引导农村土地经营权有序流转发展农业适度规模经营的意见［EB/OL］.（2014-11-20）［2017-12-09］. http://www. moa. gov. cn/nybgb/2014/shier/201712/t20171219_6111617. htm.

⑤ 中共中央、国务院印发的文件. 关于加大改革创新力度加快农业现代化建设的若干意见［EB/OL］.（2015-02-01）［2015-02-01］. http://www. gov. cn/zhengce/2015-02/01/content_2813034. htm.

⑥ 中共中央、国务院印发的文件. 关于落实发展新理念加快农业现代化实现全面小康目标的若干意见［EB/OL］.（2015-12-31）［2016-01-27］. http://www. gov. cn/zhengce/2016-01/27/content_5036698. htm.

土地产权制度提供方向。

2017年中央一号文件再次聚焦"三权分置"问题,提出"落实农村土地集体所有权、农户承包权、土地经营权'三权分置'办法。加快推进农村承包地确权登记颁证,扩大整省试点范围"①,积极探索推进农村土地经营权流转的办法与机制。

2018年中央一号文件聚焦乡村振兴问题,提出"全面完成土地承包经营权确权登记颁证工作,实现承包土地信息联通共享。完善农村承包地'三权分置'制度,在依法保护集体土地所有权和农户承包权前提下,平等保护土地经营权"②,确认农村土地经营权流转有助于拓宽农业生产发展空间,完善农业产业化、规模化经营方式,是有效实施乡村振兴战略的重要路径。

2019年中央一号文件关于深化农村土地制度改革问题,提出"完善落实集体所有权、稳定农户承包权、放活土地经营权的政策体系",以及"发展多种形式农业适度规模经营"的政策建议③,为进一步促进农村土地经营权流转,发展土地规模化经营提供建设性指导。

2020年中央一号文件再次聚焦农村土地产权制度改革问题,提出"坚持农村土地农民集体所有制不动摇,坚持家庭承包经营基础性地位不动摇,有序开展第二轮土地承包到期后再延长30年试点,保持农村土地承包关系稳定并长久不变,健全土地经营权流转服务体系"④,为农村土地产权制度改革进一步指明了方向。

以上政策文件均体现了政府在现行体制下推进农村土地经营权流转,以寻求农业规模化经营和提高土地利用效率的坚定决心与深刻认识。

---

① 中共中央、国务院印发的文件. 关于深入推进农业供给侧结构性改革加快培育农业农村发展新动能的若干意见[EB/OL]. (2016-12-31)[2017-02-05]. http://www.gov.cn/zhengce/2017-02/05/content_5165626.htm.

② 中共中央、国务院印发的文件. 中共中央 国务院关于实施乡村振兴战略的意见[EB/OL]. (2018-01-02)[2018-02-04]. http://www.gov.cn/zhengce/2018-02/04/content_5263807.htm.

③ 中共中央、国务院印发的文件. 中共中央 国务院关于坚持农业农村优先发展做好"三农"工作的若干意见[EB/OL]. (2019-01-03)[2019-02-19]. http://www.gov.cn/zhengce/2019-02/19/content_5366917.htm.

④ 中共中央、国务院印发的文件. 中共中央 国务院关于抓好"三农"领域重点工作确保如期实现全面小康的意见[EB/OL]. (2020-01-02)[2020-02-05]. http://www.xinhuanet.com/politics/zywj/2020-02/05/c_1125535347.htm.

二、相关研究现状评述

(一) 与主题相关的中英文文献来源

与主题相关的中英文文献来自国内外具有较高学术声誉的经济学、管理学和社会学期刊,具体来源为:①《中国土地科学》《中国农村经济》《农业经济问题》《中国农村观察》和《农业技术经济》5 种必选重要期刊;②中文社会科学引文索引(CSSCI)来源期刊;③汤森路透集团(Thomson Reuters)旗下 Web of Science 收录的社会科学引文索引(SSCI)来源期刊;④中国博士学位论文;⑤中国优秀硕士学位论文;⑥其他和研究主题高度相关的学术期刊论文。

在 Web of Science 和中国知网中分别以"land transfer""land circulation""土地流转""农地流转"等为主题词进行检索,保留与主题相关的研究文献,并进行分析,结果如表 1-1 所示。

从表 1-1 中可以发现,农村土地经营权流转问题已成为相关领域的热门议题,且相关研究主题多集中于农村土地经营权流转的意义(序号 1—12)、存在问题或障碍(序号 13—28)、影响因素(序号 29—82)和对策建议(序号 83—96)上。

总体上,相关研究文献多数关注经济因素对农村土地经营权流转的影响效应,而对于社会因素的探究还是缺乏系统性,没有形成完整的理论框架,实证研究也不多见。

表 1-1　中英文文献中与本书议题相关论文的分析(2002—2020 年)

序号	作者	文献名	文献发表或出版时间	关键词	主要观点或结论
1	Ye J Z	Land transfer and the pursuit of agricultural modernization in China	*Journal of Agrarian Change* (2015)	Land transfer; Agricultural modernization; Land institution; Peasants' livelihood	由于实行家庭联产承包责任制,农民享有土地承包权,但国家也一直在推进土地使用权流转,以促进现代农业的发展
2	蔡荣、朱西慧、刘婷、易小兰	土地流转对农户技术效率的影响	资源科学 (2018)	土地流转;技术效率	土地流转对农户技术效率的积极影响

续表

序号	作者	文献名	文献发表或出版时间	关键词	主要观点或结论
3	陈丹、任远、戴严科	农地流转对农村劳动力乡城迁移意愿的影响	中国农村经济(2017)	农地流转;乡城迁移;迁移意愿;城镇化	农地流转会影响农村劳动力的乡城迁移意愿
4	段力誌	农村土地流转问题研究——以重庆城乡统筹试验区为例	重庆大学博士学位论文(2011)	农村土地流转;农民增收;城乡统筹;承包经营权	通过引导农村土地承包经营权流转,统筹城乡资源,发挥市场机制在资源配置中的基础性作用,发展多种形式的适度规模经营,促进了分散、弱质的传统农业向集约化、产业化、现代的农业转变
5	贾蕊、陆迁	土地流转促进黄土高原区农户水土保持措施的实施吗?——基于集体行动中介作用与政府补贴调节效应的分析	中国农村经济(2018)	土地流转;水土保持;集体行动	土地流转面积对修筑梯田、使用地膜和造林具有显著的正向影响,而对节水灌溉技术采用的影响并不显著
6	刘颖、南志标	农地流转对农地与劳动力资源利用效率的影响——基于甘肃省农户调查数据的实证研究	自然资源学报(2019)	农地流转;劳动力资源;农地资源;规模化经营	农户的农地转入和转出行为都能有效提高总劳动力资源利用效率
7	钱忠好、王兴稳	农地流转何以促进农户收入增加——基于苏、桂、鄂、黑四省(区)农户调查数据的实证分析	中国农村经济(2016)	农地流转;农地经营;收入增加	农地流转能促进转入户和转出户家庭总收入提高

续表

序号	作者	文献名	文献发表或出版时间	关键词	主要观点或结论
8	史常亮、栾江、朱俊峰	土地流转促进了农地资源的优化配置吗？——基于8省858个农户样本的经验分析	西北工业大学学报（社会科学版）（2016）	土地流转；效率性；公平性；双变量Probit模型	农村土地流转市场的有效运作，不仅有助于提高农地资源的配置效率，而且能够提高土地分配的公平性，即具有提高效率和公平的双重作用
9	夏玉莲、匡远配	农地流转的多维减贫效应分析——基于5省1218户农户的调查数据	中国农村经济（2017）	农地流转；多维贫困；减贫效应；倾向得分；匹配法	农地流转具有显著的多维减贫效应
10	张占锋	农地流转制度的现实困惑与改革路径	西北农林科技大学学报（社会科学版）（2017）	土地承包经营权；土地经营权；转让；抵押；入股；转包；出租	农地流转实践在促进我国农地规模经营的同时，也使现有农地法律制度的规范能力有所欠缺
11	周文、赵方、杨飞、李鲁	土地流转、户籍制度改革与中国城市化：理论与模拟	经济研究（2017）	土地流转；户籍制度改革；劳动异质性；城市化；区域均衡	无论是允许土地流转还是户籍制度松绑，都将有更多农村劳动力迁往城市
12	邹伟、孙良媛	土地流转、农民生产效率与福利关系研究	江汉论坛（2011）	土地流转；农民福利；地权；土地租赁	土地流转效率的改进不仅具有资源配置效率意义，而且具有福利改进意义
13	陈靖	进入与退出："资本下乡"为何逃离种植环节——基于皖北黄村的考察	华中农业大学学报（社会科学版）（2013）	资本下乡；土地流转	"资本下乡"通过土地流转较迅速地形成了大户农场，却无法通过规模经营而在种植环节盈利，在资本规律引导下，出现产业转换和退出种植环节的后果
14	华生	城市化转型与土地陷阱	东方出版社（2013）	城镇化；土地制度；土地流转	农村土地经营权流转过程中一旦出现农户非自愿失地的情况，即他们被迫交出或离开土地，则会加速土地兼并与贫富分化

续表

序号	作者	文献名	文献发表或出版时间	关键词	主要观点或结论
15	匡远配、陆钰凤	我国农地流转"内卷化"陷阱及其出路	农业经济问题（2018）	农地流转；内卷化；农地流转适度性	在农地流转规模持续扩大的趋势下，农地流转去农业"内卷化"目标未能实现，其自身却陷入"内卷化"困境，表现在流转增速放缓、农地流转导致"小农复制"和农地流转对农业生产效率作用递减等方面
16	刘勤	社会风险视角下的农村土地流转及其制度建构	创新（2012）	土地流转；社会风险；规避路径	土地流转存在引发或加剧农民失业、农村老龄化、社区瓦解、城乡矛盾城市化等的风险
17	刘晓霞、周军	我国农村土地流转中存在的问题及其对策	当代经济研究（2009）	土地流转；承包经营权；农民权益；规范流转	由于我国农村土地制度不完善等原因，土地流转过程中还存在各种问题
18	陆继霞	农村土地流转研究评述	中国农业大学学报（社会科学版）（2017）	土地流转；农村；研究评述	现有研究主要是从农村土地流转的概念和规模、对大规模土地流转的态度、土地流转过程中出现的问题、成因及对策，以及土地流转对乡村社会结构、农户权益保障和农户生计的影响等几个方面进行阐述
19	罗必良	农业共营制：新型农业经营体系的探索与启示	社会科学家（2015）	农业经营体系；农业共营制；交易装置	近些年来，全国各地在构建新型农业经营体系方面做出了多样的探索，但始终受到农地分散与流转不畅的约束
20	聂英、聂鑫宇	农村土地流转增值收益分配的博弈分析	农业技术经济（2018）	农村土地；增值效益分配；土地流转	流转主体利益分配失衡导致流转动力不足是问题产生的主因

续表

序号	作者	文献名	文献发表或出版时间	关键词	主要观点或结论
21	彭诗韵	农村土地经营权流转中农民权益流失风险及防范研究	湖南科技大学硕士学位论文（2017）	土地流转；农民权益流失风险；博弈分析；风险防范	农民权益风险包括：违背意愿、权益代表缺位、流转租金低廉、收益分配不公、隐形失业等
22	钱忠好、冀县卿	中国农地流转现状及其政策改进——基于江苏、广西、湖北、黑龙江四省（区）调查数据的分析	管理世界（2016）	农地流转；现状分析；政策改进	农地流转存在总体水平不高、农地行政性调整时有发生、农地流转自愿程度下降、农地流转签订合同比例不高、政府引导和管理作用发挥不够等问题
23	钱忠好	农村土地承包经营权产权残缺与市场流转困境：理论与政策分析	管理世界（2002）	农村土地承包经营权；产权；市场流转	不完全的农地承包经营权降低了农户农地经营收益和农地交易价格，提升了农地交易成本，降低了农地市场交易的净收益，最终减少了农户的农地需求和供给
24	钱忠好	农地承包经营权市场流转：理论与实证分析——基于农户层面的经济分析	经济研究（2003）	农地承包经营；市场流转	我国农地承包经营权市场流转面临刚性的需求约束，总体水平上呈现需求大于供给的不均衡态势
25	石冬梅	非对称信息条件下的农村土地流转问题研究——以河北省农村土地流转为例	河北农业大学博士学位论文（2013）	土地流转；非对称信息；激励机制	土地流转中的信息非对称会造成耕地质量不能得到保证、流转效率低、资源不能得到合理配置等不利影响
26	王安春	农村土地流转存在的问题及对策分析	改革与战略（2011）	土地流转；农民增收；社会保障；劳动力	农村土地流转过程中存在干部不尊重农民意愿、过多干预损害农民利益、土地流转程序简便但流转手续不规范等问题

续表

序号	作者	文献名	文献发表或出版时间	关键词	主要观点或结论
27	袁航、段鹏飞、刘景景	关于农业效率对农户农地流转行为影响争议的一个解答——基于农户模型（AHM）与CFPS数据的分析	农业技术经济（2018）	农地流转；农户模型；CFPS数据；农业效率	农地流转在全国层面没有呈现明确性趋势，因而农户农地流转行为存在有效率的一面，也存在缺乏效率的一面
28	翟黎明、夏显力、吴爱娣	政府不同介入场景下农地流转对农户生计资本的影响——基于PSM-DID的计量分析	中国农村经济（2017）	农地流转；政府介入；生计资本	当前政府介入农地流转并不能给农户生计资本带来显著改善，甚至有轻微的负效应
29	陈姝洁、马贤磊、陆凤平、蓝菁、石晓平	中介组织作用对农户农地流转决策的影响——基于经济发达地区的实证研究	中国土地科学（2015）	土地管理；农地流转；中介组织；内生型；外生型	内外生型中介组织对农户农地流转决策具有显著影响
30	Deng X, Xu D D, Zeng M, Qi Y B	Does early-life famine experience impact rural land transfer? Evidence from China	*Land Use Policy* (2019)	Great famine; Land transfer; Food security; Disaster management; China	与成年组相比，早年经历饥荒的群体更容易减少租出土地，增加租入土地
31	拜茹	适度规模经营何以可能？——基于农村老年人土地流转意愿的角度	华中农业大学学报（社会科学版）（2019）	适度规模经营；农村老年人；土地流转；转出意愿；生存理性；经济理性	改善农村代际关系、提高土地流转价格，将对促进农村土地流转、实现适度规模经营起到积极作用
32	蔡洁、夏显力	关天经济区农户农地流转行为研究	中国人口·资源与环境（2017）	交易成本认知；农户禀赋；农地流转行为	文化程度与农户是否参与农地流转、农地流转率呈现显著的负相关
33	曾雅婷、吕亚荣、蔡键	农地流转是农业生产"非粮化"的诱因吗？	西北农林科技大学学报（社会科学版）(2018)	农地流转；非粮化；农户分化；适度规模	农地流转不必然导致农业生产"非粮化"问题

序号	作者	文献名	文献发表或出版时间	关键词	主要观点或结论
34	陈成文、赵锦山	农村社会阶层的土地流转意愿与行为选择研究	湖北社会科学（2008）	农村社会阶层；土地流转意愿；土地流转行为选择	阶层意识和阶层特点是影响农村社会阶层土地流转的意愿和行为选择的主要原因
35	陈楚	农村土地承包经营权流转问题及对策研究	湖南科技大学硕士学位论文（2017）	农村土地；土地承包经营权；土地流转	户主文化程度以及家庭农业收入占比对农村土地经营权流转产生显著影响
36	陈奕山、钟甫宁、纪月清	为什么土地流转中存在零租金？——人情租视角的实证分析	中国农村观察（2017）	土地流转；城镇化；人情租金	不收取货币租的土地流转更多地发生在亲属间，并且，在不收取货币租时，转入户给转出户的节日送礼、照看老弱、生产帮扶等人情交换内容增加
37	丁洁琼	"三权分置"下的农村土地承包权有偿退出机制研究	江西财经大学硕士学位论文（2018）	三权分置；土地承包权；有偿退出机制；权益保障	制约农村土地经营权流转的因素包括：退地补偿价格、财政支持体系和社会保障体系
38	龚映梅、吕梦晓	农村代际流动对土地流转的影响	华南农业大学学报（社会科学版）（2018）	代际流动；农村子女；土地流转；代际传递	农村子女受教育水平、非农户口、流入城市等级和收入水平显著正向影响其父辈土地流转
39	关艳	农村土地流转市场的交易成本经济学分析	经济问题（2011）	农村土地流转；市场；交易	农村土地经营权流转受到熟人、亲朋好友和其他农户的影响
40	洪名勇、龚丽娟、洪霓	农地流转农户契约选择及机制的实证研究——来自贵州省三个县的经验证据	中国土地科学（2016）	土地管理；农地流转；契约选择机制	流转对方信任度越高，越趋向于选择口头契约；如果流转农地时对方的信任度越低，则越趋向于选择书面契约
41	江永红、程杨洋	家庭负担是农地流转的约束吗	农业技术经济（2019）	家庭负担；农地流转；社会保障	家庭负担显著降低了农户的农地转出概率

续表

序号	作者	文献名	文献发表或出版时间	关键词	主要观点或结论
42	洪名勇、关海霞	农户土地流转行为及影响因素分析	经济问题(2012)	农户;土地流转;影响因素	农户土地经营规模、经济收入结构、户主统计学特征、社会保障体系与农户土地经营权流转之间存在相关关系
43	胡霞、丁浩	农地流转影响因素的实证分析——基于 CHIPS 8000 农户数据	经济理论与经济管理(2015)	农地流转;社会保障;非农业就业	影响农村土地经营权流转的因素包括:非农就业特征、养老保险、医疗保险和有无城市户口
44	胡新艳、洪炜杰	劳动力转移与农地流转:孰因孰果?	华中农业大学学报(社会科学版)(2019)	劳动力转移;农地流转	劳动力转移正向显著促进农地流转,但是从系数值看,劳动力转移比例增加 1%,农地转出增加仅为 0.264%,表明在经济意义上,劳动力转移对农地流转影响程度相对较弱
45	黄建伟、刘文可、陈美球、翁贞林	中国农地流转研究述评:20 年文献回顾与展望——基于社会网络分析技术	中国土地科学(2017)	土地制度;农地流转	以政府权能为切入点研究中国农地流转应成为未来的研究导向之一,考察和分析农地流转中的政府权能,不仅有助于弥补当前中国农地流转研究视角和切入点方面的缺陷,还有助于丰富和发展政府权能理论
46	黄婉如	失地过程农民的利益主张——我国东南沿海一个村庄的案例	山东大学硕士学位论文(2011)	失地农民;利益主张;征地制度	农户在征地过程中表现出的行为特征可以用行为经济学中的损失厌恶、禀赋效应、羊群行为等理论来解释

序号	作者	文献名	文献发表或出版时间	关键词	主要观点或结论
47	冀县卿、钱忠好、葛轶凡	如何发挥农业补贴促进农户参与农地流转的靶向作用——基于江苏、广西、湖北、黑龙江的调查数据	农业经济问题（2015）	农业补贴；农地流转；农户参与	将农业补贴发放给农地经营者而不是农村土地的承包者、加大农业补贴的力度有助于促进土地流转
48	蒋永甫、杨祖德、韦赟	农地流转过程中村干部的行为逻辑与角色规范	华中农业大学学报（社会科学版）（2015）	农地流转；村干部；行为逻辑	作为村庄经营人，村干部是农地流转过程中最为重要的参与主体之一
49	焦玉良	鲁中传统农业区农户土地流转意愿的实证研究	山东农业大学学报（社会科学版）（2005）	农村；土地流转；经营权	农民土地流转意愿受到经济、社会等多种因素的影响
50	孔祥智、徐珍源	转出土地农户选择流转对象的影响因素——基于综合视角的实证分析	中国农村经济（2010）	土地流转；农户禀赋；社会资本；保障收益；经济收益	农户禀赋、租金大小影响流转对象选择，不同等级的农地流转出现分化现象：高价值农地多流向与转出方有亲缘、地缘关系的人，这类农地的流转收益主要体现为保障收益；低价值农地多流向与转出方无亲缘、无地缘关系的大户或企业，这类农地的流转收益主要体现为经济收益
51	李昊、李世平、南灵	中国农户土地流转意愿影响因素——基于29篇文献的Meta分析	农业技术经济（2017）	土地流转；意愿；影响因素；META分析	文化程度、家庭收入、土地流转规范性、非农生计能力和养老保障对农户土地流转意愿具有显著正向影响

续表

序号	作者	文献名	文献发表或出版时间	关键词	主要观点或结论
52	李金宁、刘凤芹、杨婵	确权、确权方式和农地流转——基于浙江省522户农户调查数据的实证检验	农业技术经济(2017)	确权;确权确地;确权不确地;农地流转	确权能显著促进农地流转
53	李宁、蔡荣、李光勤	农户的非农就业区域选择如何影响农地流转决策?——基于成员性别与代际分工的分析视角	公共管理学报(2018)	非农就业区域;劳动分工;农地流转决策	非农就业区域对农地流转具有异质性作用
54	李琴、李大胜、李承政	家庭农地禀赋与农地流转决策——基于非线性关系的考察	浙江社会科学(2015)	农地流转;农地禀赋;平滑转化模型;非线性	农地禀赋与土地流转决策之间存在非线性的关系,当家庭农地禀赋较弱时,随着农地的增加,农户转出农地的概率增加;当家庭农地禀赋较强时,随着农地的增加,农户转出农地的概率下降
55	李星光、刘军弟、霍学喜	关系网络能促进土地流转吗?——以1050户苹果种植户为例	中国土地科学(2016)	土地经济;关系网络;土地流转;规模经营;流转租金	关系网络通过影响交易成本助力土地流转
56	林善浪、叶炜、梁淋	家庭生命周期对农户农地流转意愿的影响研究——基于福建省1570份调查问卷的实证分析	中国土地科学(2018)	土地管理;家庭生命周期;土地流转	不同家庭生命周期阶段对于农户土地的转入转出意愿影响显著不同
57	林文声、秦明、苏毅清、王志刚	新一轮农地确权何以影响农地流转?——来自中国健康与养老追踪调查的证据	中国农村经济(2017)	农地确权;农业生产激励;交易费用;交易价格;农村要素市场联动	农地确权通过农业生产激励和交易费用机制抑制农户农地转出,并通过交易价格机制对其产生促进作用

续表

序号	作者	文献名	文献发表或出版时间	关键词	主要观点或结论
58	刘瑞峰、梁飞、王文超、马恒运	农村土地流转差序格局形成及政策调整方向——基于合约特征和属性的联合考察	农业技术经济（2018）	差序格局；合约选择；合约特征；土地流转	农地流转呈现"差序格局"状态，流转对象以具有近缘社会关系的为主
59	罗必良、何应龙、汪沙、尤娜莉	土地承包经营权：农户退出意愿及其影响因素分析——基于广东省的农户问卷	中国农村经济（2012）	土地流转；农户意愿；土地承包权；土地经营权	农户的土地承包经营权退出意愿与其资源禀赋密切关联，而以农为业和以农为生的农户显著依赖土地
60	彭妍、刘璐、周丽	农地流转影响因素的差异——以湖南省贫困地区与非贫困地区为例	湖南农业科学（2018）	农地流转；影响因素	贫困地区第三产业生产总值与教育水平等因素和农地流转呈正相关；而在非贫困地区，长期稳定的农林牧渔业企业数量的增长有利于农地流转的发展
61	钱龙、洪名勇、龚丽娟、钱泽森	差序格局、利益取向与农户土地流转契约选择	中国人口·资源与环境（2015）	差序格局；利益取向；土地流转；契约选择	农户土地流转契约选择受到差序格局社会关系显著影响
62	钱龙、洪名勇、刘洪	差序格局视角下的农地流转契约选择	西北农林科技大学学报（社会科学版）（2015）	差序格局；农地流转；契约选择方式	"差序格局"关系显著影响到契约形式选择，血缘和地缘越接近，农户越倾向选择口头契约
63	钱龙、钱文荣	社会资本影响农户土地流转行为吗？——基于CFPS的实证检验	南京农业大学学报（社会科学版）（2017）	社会资本；土地流转；非农就业；CFPS	与期望不一致，社会资本没有有效促进农户的土地转出或转入，也不影响农户的参与程度
64	宋伟、任大延	基于结构洞理论的农户农地流转行为研究	中国农学通报（2011）	结构洞；农地流转；农户行为	社会网络结构在农村土地流转行为中起到了重要作用

续表

序号	作者	文献名	文献发表或出版时间	关键词	主要观点或结论
65	苏岚岚、何学松、孔荣	金融知识对农民农地流转行为的影响——基于农地确权颁证调节效应的分析	中国农村经济（2018）	金融知识；农地流转；农地确权颁证	检验了农地确权颁证对金融知识影响农民农地流转行为的调节效应，即通过提升农地产权强度和强化农地禀赋效应等抑制了金融知识对农民农地转出行为的正向影响，但增强了金融知识对农民农地转入行为的促进作用
66	孙小龙、郭沛	风险规避对农户农地流转行为的影响——基于吉鲁陕湘4省调研数据的实证分析	中国土地科学（2016）	土地经济；风险规避；农地流转；计量模型	风险规避显著影响农户农地转出的可能性和农地转出的规模，但并不显著影响农户农地转入的可能性和农地转入的规模
67	王劲屹	农地流转运行机制、绩效与逻辑研究——一个新的理论分析框架	公共管理学报（2019）	农地流转；布罗代尔钟罩效应；多重制度逻辑；社会嵌入理论；罗尔斯正义原则	当前的农地流转是"嵌入"乡村社区关系之中的礼俗式流转
68	王亚运、蔡银莺	不同主体功能区农户家庭耕地利用功能对土地流转行为的影响	中国人口·资源与环境（2017）	土地流转；耕地利用功能；农户；空间异质；主体功能区	农户家庭耕地利用功能对土地流转行为影响显著
69	伍振军、张云华、孔祥智	交易费用、政府行为与模式比较：中国土地承包经营权流转实证研究	中国软科学（2011）	土地承包经营权；流转模式；交易费用；政府主体	政府主体行为对农户、用地主体交易费用有直接影响
70	许恒周、郭忠兴	农村土地流转影响因素的理论与实证研究——基于农民阶层分化与产权偏好的视角	中国人口·资源与环境（2011）	农民分化；产权偏好；土地流转；阶层特征	文化程度、职业类别、非农收入比重、是否具有非农就业技能、是否拥有转让权、地权稳定性、地区虚拟变量对土地流转有正向影响

序号	作者	文献名	文献发表或出版时间	关键词	主要观点或结论
71	许庆、刘进、钱有飞	劳动力流动、农地确权与农地流转	农业技术经济（2017）	劳动力流动；农地确权；农地流转；家庭层面；村庄层面	在其他条件不变的情况下，农地确权不仅使农户的农地转出概率显著提高，流转面积明显增加，而且有助于保障农户的权益，激励劳动力外出就业，进而推动农地流转
72	张桂颖、吕东辉	乡村社会嵌入与农户农地流转行为——基于吉林省936户农户调查数据的实证分析	农业技术经济（2017）	农地流转；行为；社会嵌入；农户	政治、认知、文化和网络四个维度的"嵌入因素"均对农户农地转出和转入行为决策有显著影响
73	张锦华、刘进、许庆	新型农村合作医疗制度、土地流转与农地滞留	管理世界（2016）	新型农村合作医疗制度（新农合）；土地流转；农地滞留；健康	新农合显著地改善了参合农户的健康状况并提高了其土地流转意愿
74	张瑞娟	农村人口老龄化影响土地流转的区域差异及比较	农业技术经济（2017）	农村人口；老龄化；土地流转；区域差异	在农村人口老龄化不断加深的背景下，其对土地流转的影响也呈现出显著的区域差异
75	张亚丽、白云丽、甄霖、辛良杰	新农保能促进农户土地流转吗？——基于CHARLS三期面板数据	自然资源学报（2019）	土地流转；耕地转出；耕地转入；新农保；固定效应模型	新型农村社会养老保险能够促进60岁以上老年农户的耕地转出
76	张益丰、韩杰、王晨	土地流转、农业适度规模化及农户增收的多维度检视——基于三省584户农业经营户调研数据的实证研究	经济学家（2019）	土地流转；农民增收；倾向得分匹配；工具变量；电商销售模式	农户成立家庭农场（扩大经营规模需求）与流入土地意愿存在因果关联

续表

序号	作者	文献名	文献发表或出版时间	关键词	主要观点或结论
77	张璋、周海川	非农就业、保险选择与土地流转	中国土地科学（2017）	土地经济；土地流转；非农就业；医疗保险；养老保险	农户从事非农工作、非农就业工资高、就业时间长、就业于大城市均能推动土地流转
78	朱建军、杨兴龙	新一轮农地确权对农地流转数量与质量的影响研究——基于中国农村家庭追踪调查（CRHPS）数据	农业技术经济（2019）	农地确权；农地流转；数量；质量	新一轮农地确权促使农户将农地有偿流转给非本村或新型农业生产经营主体，促进农地流转的市场化
79	朱文珏、罗必良	农地价格幻觉：由价值评价差异引发的农地流转市场配置"失灵"——基于全国9省（区）农户的微观数据	中国农村观察（2018）	农地流转；农地依赖；价值评价；价格幻觉	农地流转价格的快速上涨并未显著促进农地流转市场规模的扩大
80	Krusekopf C C	Diversity in land-tenure arrangement under the household responsibility system in China	*China Economic Review* (2002)	Chinese agriculture; Household responsibility system; Land tenure	地方一级的土地保护政策存在着巨大的异质性
81	Deininger K, Jin S Q, Yadav V	Impact of land reform on productivity, land value and human capital investment: household level evidence from West Bengal	The American Agricultural Economics Association Annual Meeting (2008)	Human capital; Impact Evaluation; Land reforms	土地改革对土地流转有影响

序号	作者	文献名	文献发表或出版时间	关键词	主要观点或结论
82	Wang J Y, Xin L J, Wang Y H	How farmers' non-agricultural employment affects rural land circulation in China?	*Journal of Geographical Science* (2020)	Farmers' non-agricultural employment; Rural land circulation	非农就业的稳定是农民土地流转的重要原因
83	陈锡文	当前我国农业农村发展的几个重要问题	南京农业大学学报（社会科学版）(2011)	农业农村；粮食问题；土地制度；城镇化；新农村建设	在我国，讨论农村土地制度问题，不能脱离具体国情，不能脱离发展阶段
84	郭斌、魏阁宏、占绍文	农村土地流转交易关系中流出方续约倾向研究——基于社会网络理论和渠道行为理论	会计与经济研究 (2013)	农村土地流转；交易关系稳定性；社会网络理论；渠道行为理论	保护农地流出方的利益，降低流入方的农地投资风险，提高流转交易关系的稳定性
85	匡远配、周丽	农地流转与农村减贫——基于湖南省贫困地区的检验	农业技术经济 (2018)	农地流转；减贫效应	建议合理加大贫困地区农地流转，形成规模经济，以达到加快经济发展的目的，有助于贫困地区的脱贫
86	乐章	农民土地流转意愿及解释——基于十省份千户农民调查数据的实证分析	农业经济问题 (2010)	土地流转；土地流出意愿；土地流入意愿；实证分析	农村土地流转困难的根本原因是土地收益的增量有限和土地集中的需求不足，加速土地流转的关键在于以规模农业为标志的现代农业生产方式转型，增加土地流转以提高土地收益的实际效率，并在充分激发农民土地流转热情的同时扫除农村土地流转障碍
87	李慧	农村土地流转的主要障碍分析	中国集体经济 (2008)	土地流转；影响因素	土地经营权流转应以尊重农户意愿为前提

续表

序号	作者	文献名	文献发表或出版时间	关键词	主要观点或结论
88	刘同山	农地流转不畅对粮食产量有何影响？——以黄淮海农区小麦生产为例	中国农村经济（2018）	农村承包地；流转意愿；粮食产量；多值处理效应模型	为了提高农业生产率,应尽快消除农地流转的各种障碍,推动农村人地资源优化配置
89	刘卫柏、李中	新时期农村土地流转模式的运行绩效与对策	经济地理（2011）	土地流转；运行绩效；对策	如何在坚持集体土地所有权、农民对土地的承包权不变的前提下,抓住机遇、有序推进农村土地流转,积极采取措施应对土地流转过程中所面临的挑战已成为当务之急
90	罗必良	科斯定理：反思与拓展——兼论中国农地流转制度改革与选择	经济研究（2017）	科斯定理；农地流转；人格化财产；禀赋效应；交易装置	基于中国农地制度的特殊性,并鉴于新一轮农地确权中"生不增、死不减"的身份产权固化与地块"四至"的空间产权界定,有必要将科斯的思想范式进一步拓展到农地产权的交易问题——当存在交易成本时,如果不能通过产权的重新调整来改善效率,那么就有必要选择适当的产权交易装置进行匹配来改善总的福利效果
91	王雪琪、曹铁毅、邹伟	地方政府干预农地流转对生产效率的影响——基于水稻种植户的分析	中国人口·资源与环境（2018）	地方政府；农地流转；角色定位；生产效率	建议对政府的农地流转角色和行为进行限定,将政府权力限定在健全农地流转市场、强化监管服务功能、培育新型经营主体、防范风险等方面,逐渐去除"双重"角色,依靠市场主体作用

续表

序号	作者	文献名	文献发表或出版时间	关键词	主要观点或结论
92	王亚运、蔡银莺、李海燕	空间异质性下农地流转状况及影响因素——以武汉、荆门、黄冈为实证	中国土地科学（2015）	土地管理；土地流转；空间异质性	不同主体功能区农地流转行为及市场发育程度具有空间异质性，应因地制宜地推行土地流转政策，考虑土地流转的空间差异及限制因素，推行差异化的农地流转策略
93	杨昭熙、杨钢桥	农地细碎化对农户农地流转决策的影响研究	中国土地科学（2017）	土地管理；农地细碎化；农地流转；农户决策	为活跃农地流转市场，应采取农地整治等措施降低细碎化程度，鼓励新型农业经营组织转入农地，形成适度规模经营的农业生产格局，增加农地流转市场的需求量
94	于传岗	我国农村土地流转方式、流转成本与治理绩效分析	江汉论坛（2011）	土地流转；土地流转成本；社会绩效；治理成本	中央政府应采取各种措施及时淡出地方政府主导型的农地流转方式，通过培育农户主导型流转方式进一步壮大集体主导型流转方式，从而优化城乡资源配置，捍卫农民利益，构建农地流转长效机制
95	诸培新、张建、张志林	农地流转对农户收入影响研究——对政府主导与农户主导型农地流转的比较分析	中国土地科学（2015）	土地管理；农地流转；政府主导型；农户主导型；收入影响差异	针对不同类型农户，采取多元化的土地流转和劳动力扶持政策，增加农户收入，促进土地流转
96	王祥玉、张红霄、徐静文、何文剑	农地流转契约对流转农户收入的影响分析	南京林业大学学报（自然科学版）（2020）	土地流转；契约形式；契约期限	推进正式契约发展对于吸引规模经营主体进入农业经营领域、促进农户增收具有优势

(二)相关研究综述

如何有效推进农村土地经营权流转一直以来是学者们关注的焦点和热点问题,且相关研究多集中于农村土地经营权流转的意义、存在问题或障碍、关键影响因素以及解决对策上。刘晓霞、周军(2009)认为,农村土地是最基本的农业生产资料,只有合理流动,才能提高使用效率。邹伟、孙良媛(2011)的研究显示,农村土地经营权流转效率的改进不仅具有资源配置效率意义,而且具有福利改进意义。Ye(2015)发现,农村土地经营权流转有利于我国农业现代化建设。钱忠好、王兴稳(2016)研究发现,农村土地经营权流转能够促进转入户和转出户家庭总收入提高。然而,农村土地经营权流转面临诸多问题或障碍。例如,钱忠好(2002)研究发现,不完全的土地经营权降低了农户土地经营收益和土地交易价格,提升了土地交易成本,降低了土地市场交易的净收益,最终减少了农户的土地需求和供给。刘勤(2012)也认为,农村土地经营权流转存在引发或加剧农民失业、农村人口老龄化、社区瓦解、城乡矛盾等问题的隐患。华生(2013)认为,农村土地经营权流转过程中一旦出现农户非自愿失地的情况,即他们被迫交出或离开土地,则会加速土地兼并与贫富分化。王安春(2011)发现,农村土地经营权流转过程中存在干部不尊重农民意愿、过多干预损害农民利益、流转程序简便但流转手续不规范等问题。匡远配、陆钰凤(2018)研究表明,在农地流转规模持续扩大的趋势下,农地流转去农业"内卷化"目标未能实现,其自身却陷入"内卷化"困境,表现在流转增速放缓、农地流转导致"小农复制"和农地流转对农业生产效率作用递减等方面。聂英、聂鑫宇(2018)认为,流转主体利益分配失衡导致流转动力不足是问题产生的主因。

那么,进一步地,究竟有哪些因素是影响农村土地经营权流转的关键?洪名勇、关海霞(2012)研究发现,农户土地经营规模、经济收入结构、户主统计学特征、社会保障体系与农户土地经营权流转之间存在相关关系。Krusekopf(2002)、Deininger 等(2008)认为,制度是影响土地流转的最重要因素。钱忠好(2003)构建了农户土地经营权流转供需模型,通过理论和实证分析发现,土地流转价格、非生产性收益、生产性成本、非生产性成本、土地使用成本、土地交易成本、现有土地经营规模等因素对农户土地供求有重要影响。罗必良等(2012)认为,农村土地经营权流转,不仅是一个经济要素的流动问题,也不仅是一个预期收益与机会成本的权衡问题,还是一个农户的社会心理问题。李慧(2008)、焦玉良(2005)、陈锡文(2011)认为,农村土地经营权流转应以尊重农户意愿为前提。张亚丽等(2019)研究表明,新型农村社会养老保险能够促进 60 岁以上老年农户的耕地转出。朱文珏、罗必良(2018)认为,农地流转价格的快速上涨并未显著促进农村土地经营权流转市场规模的扩大。张桂颖、吕东辉(2017)研究发现,政治、认知、文化和网络四个维度的"嵌入因素"均对农村土地经营权流转有显著影响。Wang 等(2020)认为,非农化雇佣是影响农村土地经营权流转的重要影响。也有学者针对农村土地经营权流转过程中存在的问题做了相关的对策研究。例如,刘同山(2018)认为,为了提高农业生产率,应尽快消除农地流转的各种障碍,推动农村人地资源优化配置。刘卫柏、李中(2011)提出,通过建立土地经营权流转中介服务机构与健全相关法律法规、完善社会保障体系等措施,可推进土地经营权健康、有序、合理、规范流转。孔祥智、徐珍源(2010)研究发现,依靠"利益驱动"可促进土地经营权流转,加强教育与特殊技能培训则可提高农户家庭成员从事非农工作的能力,使其减少对土地的依赖程度。诸培新等(2015)认为,应针对不同类型农户,采取多元化的土地流转和劳动力扶持政策,以增加农户收入,促进土地流转。王雪琪等(2018)建议,应对政府的农地流转角色和行为进行限定,将政府权力限定在健全农地流转市场、强化监管服务功能、培育新型经营主体、防范风险等方面,逐渐去除"双重"角色,依靠市场主体作用。

(三) 相关研究评述及研究主题确定

总体而言,相关研究从诸多视角关注了农村土地经营权流转问题,但多数集中于研究外部经济驱动因素的影响作用。从本质上讲,农村土地经营权流转是一种经济、社会、心理过程,其必然受外部驱动因素刺激,又受内部主观心理机制的影响。然而,相关研究对农村土地经营权流转中的社会、心理过程尚未给予足够充分的关注,尤其对群体心理的研究还相当缺乏。事实上,群体心理在农村土地经营权流转中扮演了重要角色,表现为群体效应对个体心理产生影响且个体在群体中的行为反应与其在独立环境下的反应有着巨大差异(李星光等,2016;张桂颖,吕东辉,2017;王劲屹,2019)。群体心理在农村土地经营权流转中的作用突出表现为乘数效应。当农户群体普遍看好农村土地经营权流转前景时,即使是不适合流转的农户也极易忽视私人信息而选择流转;而当农户群体普遍不看好农村土地经营权流转前景时,即使是适合流转的农户也极易忽视私人信息而选择不流转(何欣等,2016;张桂颖,2017;蒋永甫等,2015)。这种由群体心理产生的跟风和模仿的行为偏差就是所谓的羊群行为。

理论界普遍认为,羊群行为系指经济主体违反贝叶斯理性人的后验分布法则,模仿群体中他人的行为,而忽视私人信息的决策行为(Asch,1956;Scharfstein,Stein,1990;Banerjee,1992)。行为心理学认为,社会群体可以通过群体信念、价值观和行为规范对相关或所属主体的心理和行为产生影响。相关或所属主体源于对群体的信任或者对脱离群体的恐惧,或者在对情景缺乏把握的情况下,往往会参照群体中他人的表现、模仿他人的行为,表现为"邻里效应""群体规范""随大流""结果示范"(布赖,1987;吴玉锋,2012)。董志勇(2009)的研究显示,羊群行为表现为当信息不对称或者信息辨别能力差异导致某个市场参与者掌握的信息不充分时,其往往从其他参与者的行为中提取信息,并采取类似行为。黄婉如(2011)研究发现,农户在征地过程中表现出的行为特征可以用行为经济学中的损失厌恶、禀赋效应、羊群行为等理论来解释。Foster 和 Rosenzweig(1995)研究发现,农户因无法有效获取、解读农业新技术信息并由此分析其中的利弊情况,为规避风险而在农业新技术采用上选择盲目跟风,表现出羊群行为。Stone 等(2014)的研究表明,农户在选择种子时因无法获得有效的信息而缺乏适应性,其决策行为大都受到其他农户的影响,表现出羊群行为。何欣等(2016)研究发现,社会环境因素(所在村的农地流转整体情况)会对农户参与农地流转产生显著影响。张桂颖(2017)研究结果显示,关系强度高、关系质量好、异质性低、密度高、规模大的农地流转行为讨论网络将有助于农户做出农地转出决策。此外,蒋永甫等(2015)研究发现,"示范效应"是农村土地经营权流转实践中的普遍现象,农户时常表现出羊群行为。显然,农村土地经营权流转实践中存在羊群行为。

综上所述,相关研究对农村土地经营权流转中农户羊群行为的理论与内涵等做了一定的理论与实证探讨。但是,关于农村土地经营权流转中农户羊群行为现象存在与否、产生机理、影响效应以及头羊(意见领袖)等问题的探究还是缺乏系统性,理论提升不够,还未形成完整的理论框架,相关实证研究更是寥寥无几。因此,本书试图围绕着羊群行为中"忽视私人信息"和"选择模仿他人"两个核心要素,构建农村土地经营权流转中农户羊群行为的相关模型,并通过收集调查数据的方法来对农村土地经营权流转中农户羊群行为现象、产生机理、影响效应以及头羊(意见领袖)等问题进行系统性的理论与实证刻画。

三、研究问题提出

通过对我国农村土地制度问题的分析,以及对农村土地经营权流转研究现状的回顾,本书形成了"农村土地经营权流转中的农户羊群行为现象、机理、影响效应和头羊(意见领袖)研究"的研究主题,并形成以下五个基本研究议题:

探究问题 1(羊群现象):农村土地经营权流转中是否存在羊群行为现象? 农户自身固有倾向或实际需要以及已退出农户数量在农村土地经营权流转中扮演何种角色? 理论研究与实证探究是否支持农村土地经营权流转中存在羊群行为现象?

探究问题 2(产生机理一):农村土地经营权流转政策信息成本可能很高,然而农户却可以免费地依靠社会网络信息(亲戚朋友和其他农户参与农村土地经营权流转的情况)获取足够的土地经营权流转信念,此时羊群行为便可产生。通过理论构造与实证探究是否可以揭示农村土地经营权流转中农户羊群行为的产生机理?

探究问题 3(产生机理二):相对私人信息,公共信息(社会网络信息)对农村土地经营权流转的影响作用,孰轻孰重? 轻则不易形成羊群行为,重则容易形成羊群行为。是否可以进一步通过理论构造与实证探究揭示农村土地经营权流转中农户羊群行为的产生机理?

探究问题 4(影响效应):农村土地经营权流转中农户羊群行为的影响因素是什么? 农村土地经营权流转中农户羊群行为的影响结果是什么? 农村土地经营权流转中农户羊群行为的后续效应是什么? 通过理论构造与实证探究是否可以揭示农村土地经营权流转中农户羊群行为的影响因素、影响结果以及后续效应?

研究问题 5[头羊(意见领袖)]:农村土地经营权流转中是否存在头羊(意见领袖)? 如何识别农村土地经营权流转中的头羊(意见领袖)? 头羊(意见领袖)在农村土地经营权流转方面的影响机理是什么? 头羊(意见领袖)对农村土地经营权流转实践的影响作用?

由以上五个研究问题,分别形成以下五个研究模块:(1)研究模块 1:农村土地经营权流转中的农户羊群行为现象:扩散效应。(2)研究模块 2:农村土地经营权流转中的农户羊群行为机理:社会网络信息的作用。(3)研究模块 3:农村土地经营权流转中的农户羊群行为机理:私人信息还是公共信息?(4)研究模块 4:农村土地经营权流转中农户羊群行为的影响因素、影响结果及后续效应。(5)研究模块 5:农村土地经营权流转中的头羊(意见领袖)。以上五个研究模块构成了本书的理论框架,如图 1-1所示。

研究模块1：农村土地经营权流转中的农户羊群行为现象：扩散效应

农村土地经营权流转中是否存在羊群行为现象？
· 农户自身固有倾向或实际需要扮演角色？
· 已流转农户数量扮演角色？
· 若已流转农户数量扮演重要角色，将推动农村土地经营权流转的扩散，并将导致羊群行为

由现象到本质（1）

由现象到本质（2）

研究模块2：农村土地经营权流转中的农户羊群行为机理：社会网络信息的作用

农村土地经营权流转中的农户羊群行为产生机理（一）
· 农村土地经营权流转政策信息成本可能足够高
· 免费的社会网络信息（亲戚朋友和其他农户参与农村土地经营权流转情况）
· 当农户更多地依靠社会网络信息获取足够的农村土地经营权流转信念时，羊群行为便产生了

互为论证

农村土地经营权流转中的农户羊群行为产生机理（二）
· 私人信息对农村土地经营权流转的影响？孰轻孰重？
· 公共信息对农村土地经营权流转的影响？孰轻孰重？
· 受公共信息的影响，选择忽视私人信息，与大多数其他农户的选择保持一致时，羊群行为便产生了

研究模块3：农村土地经营权流转中的农户羊群行为机理：私人信息还是公共信息？

由本质到探讨影响效应

研究模块4：农村土地经营权流转中农户羊群行为的影响因素、影响结果及后续效应

农村土地经营权流转中农户羊群行为影响效应
· 农村土地经营权流转中农户羊群行为的影响因素是什么？
· 农村土地经营权流转中农户羊群行为的影响结果是什么？
· 农村土地经营权流转中农户羊群行为的后续效应是什么？

特别关注

农村土地经营权流转中的头羊（意见领袖）
· 农村土地经营权流转中是否存在头羊（意见领袖）？
· 如何识别农村土地经营权流转中的头羊（意见领袖）？
· 头羊（意见领袖）对农村土地经营权流转的影响机理？
· 头羊（意见领袖）对农村土地经营权流转实践的影响作用？

研究模块5：农村土地经营权流转中的头羊（意见领袖）

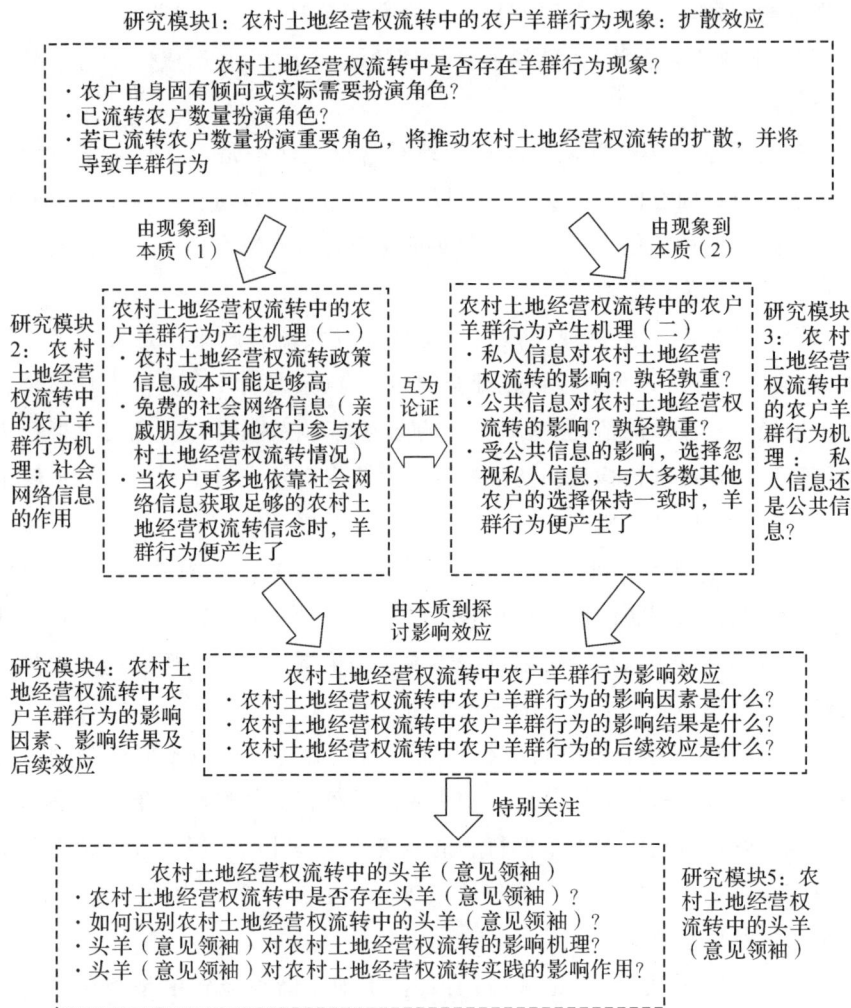

图 1-1　本研究的理论框架

　　研究模块 1 中变量之间的基本路径关系如图 1-2 所示，当已流转农户数量对农村土地经营权流转实践产生显著影响时，农村土地经营权中存在农户羊群行为现象。研究模块 2 中变量之间的基本路径关系如图 1-3 所示，一旦社会网络信息在农村土地经营权流转政策信息成本与农村土地经营权流转的负向关系中起到减弱性的调节作用得到确定，则说明农村土地经营权流转中产生了羊群行为。研究模块 3 中变量之间的基本路径关系如图 1-4 所示，当农户受公共信息的影响，选择忽视私人信息，与其他农户保持一致时，将在农村土地经营权流转中表现出羊群行为。研究模块 4 中变量之间的基本路径关系如图 1-5 所示，羊群行为由贬低私人信息和模仿他

人两个维度构成,影响因素包括流转不确定性和其他农户流转状况两个变量,影响结果变量包括最初流转信念、调整流转信念和流转决策,后续效应变量包括修正流转信念、期望失验、流转满意度和流转后悔。研究模块5中各节点的社会关系网络如图1-6所示,通过考察节点之间关系权重、方向以及节点的决定度以辨识农村土地经营权流转中的头羊(意见领袖),并考察头羊(意见领袖)对农村土地经营权流转实践的影响机理以及影响作用。

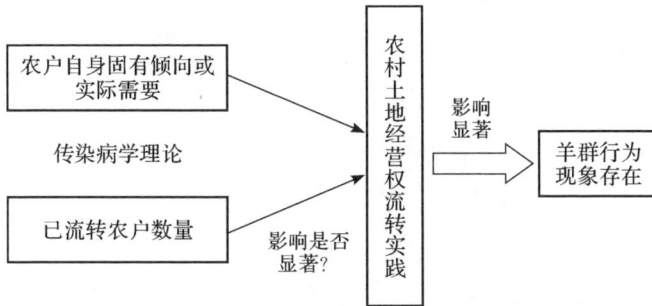

图 1-2 农村土地经营权流转中的农户羊群行为现象:扩散效应研究的理论框架

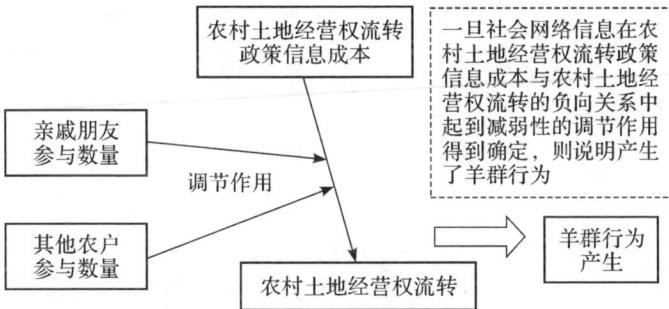

图 1-3 农村土地经营权流转中的农户羊群行为机理:
社会网络信息的作用研究的理论框架

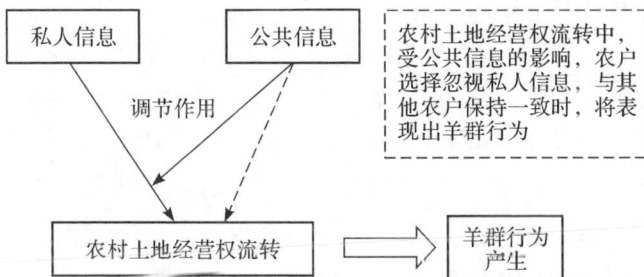

图 1-4 农村土地经营权流转中的农户羊群行为机理:
私人信息还是公共信息研究的理论框架

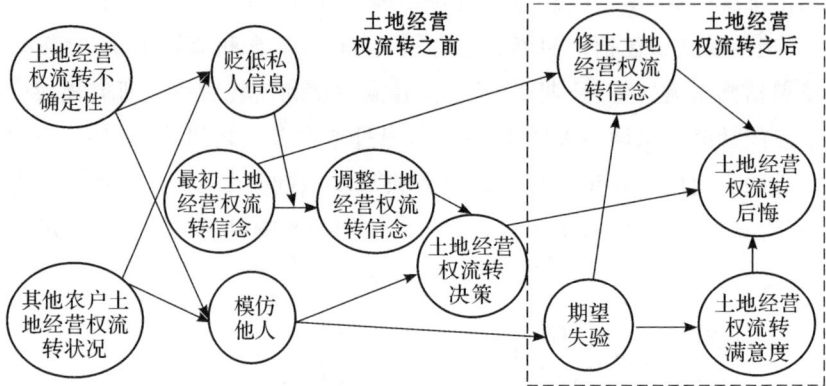

图 1-5 农村土地经营权流转中农户羊群行为的影响因素、
影响结果及后续效应研究的理论框架

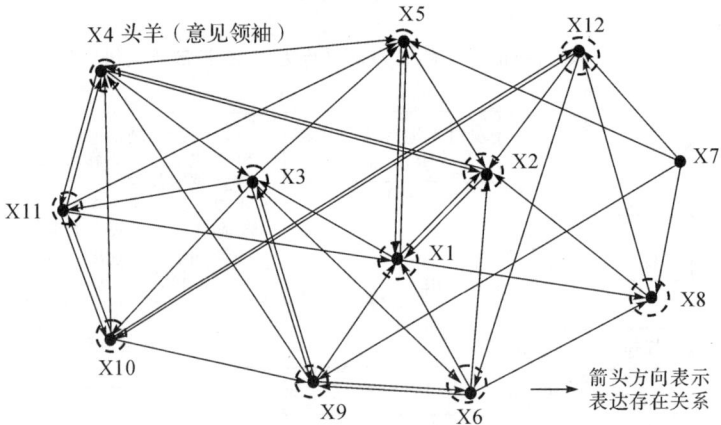

图 1-6 农村土地经营权流转中的头羊(意见领袖)研究的理论框架

四、研究目的与意义

(一) 研究目的

本书研究的基本目的是:在我国农村土地制度改革背景下,揭示农村土地经营权流转中农户羊群行为现象、产生机理、影响效应和头羊(意见领袖)等问题,为促进农村土地经营权流转和推进农村土地制度创新实践提供理论方法与实证依据。具体研究目的分解如下。

1.理论目的

第一,通过理论探讨和实证研究,揭示农村土地经营权流转中农户羊群行为的机理与规律。

第二,通过构建农户自身固有倾向或实际需要(创新因子)、已流转农户数量(模仿因子)对农村土地经营权流转实践影响的扩散模型,并进行实证研究,以揭示农村土地经营权流转中的农户羊群行为现象。

第三,通过构建农村土地经营权流转政策信息成本、社会网络信息对农村土地经营权流转影响的决策树模型,并进行实证研究,以揭示农村土地经营权流转中农户羊群行为的产生机理。

第四,通过构建私人信息、公共信息对农村土地经营权流转影响的信息瀑布模型,并进行实证研究,以进一步揭示农村土地经营权流转中农户羊群行为的产生机理。

第五,通过构建农村土地经营权流转中的农户"羊群行为影响因素"到"羊群行为维度结构"到"羊群行为影响结果"再到"羊群行为后续效应"的结构方程模型,并进行实证研究,以揭示农村土地经营权流转中农户羊群行为的影响效应问题。

第六,旨在通过构造有向加权关系网络、综合点势评估方法和信息演化模型以识别和揭示农村土地经营权流转中的头羊(意见领袖)及其影响作用,并通过实地调查数据进行实证。

2. 实践目的

本书的研究成果响应了中央一号文件和中国共产党十八届三中全会关于"乡村振兴"和"三权分置",以及鼓励农村土地经营权流转和构建农业集约化、专业化、组织化、规模化经营的政策号召,将为深入改革我国农村土地制度创新实践提供借鉴。

(二) 研究意义

对农村土地经营权流转中的农户羊群行为现象、机理、影响效应及头羊(意见领袖)问题进行深入研究,具有重要的理论意义和实践意义。

1. 理论意义

通过理论探讨和实证研究,以揭示农村土地经营权流转中农户羊群行为的机理与规律,对现有理论具有以下贡献。

(1)将羊群行为理论等与农村土地经营权流转问题相结合,探索农村土地经营权流转中农户羊群行为现象、产生机理、影响效应及头羊(意见领袖)问题,以期拓展农村土地经营权流转问题的研究空间,丰富相关理论,并获得有效指导农村土地经营权流转制度创新的理论与实践依据。

（2）通过理论分析、模型构建、问卷调查等方式探究农村土地经营权流转中农户羊群行为机理与规律，包括模仿行为、群体心理、信息利用、社会网络、信息瀑布、后续效应、认知心理、头羊（意见领袖）等特征。这必将丰富与发展羊群行为理论、传染病学理论、决策树理论、信息瀑布理论、社会网络理论等。

（3）以传染病学理论为基础，构建农村土地经营权流转的扩散模型，以考察农户自身固有倾向或实际需要、已流转农户数量的影响效应问题，并利用实地调查数据进行实证研究，必将同时丰富与发展传染病学理论、羊群行为理论和农村土地经营权流转理论。

（4）通过纳入农村土地经营权流转信息成本、亲戚朋友参与数量和其他农户参与数量等变量，构建农村土地经营权流转的决策树模型，解析农户羊群行为的产生机理，提出羊群行为产生条件的研究假设，并通过实地调查数据进行验证，必将同时丰富与发展决策树理论、羊群行为理论和农村土地经营权流转理论。

（5）以信息瀑布理论为基础，纳入私人信息和公共信息变量，探讨农村土地经营权流转中农户羊群行为的产生机理，并通过纵向调查数据进行实证研究，必将同时丰富与发展信息瀑布理论、羊群行为理论和农村土地经营权流转理论。

（6）构建农村土地经营权流转中的农户"羊群行为影响因素"到"羊群行为维度结构"到"羊群行为影响结果"再到"羊群行为后续效应"的结构方程模型，并通过纵向调查数据进行实证，必将有利于掌握农村土地经营权流转中农户的认知理论变化过程，从而有利于丰富与发展羊群行为理论和农村土地经营权流转理论。

（7）通过构造有向加权关系网络和综合点势评估方法以确定不同节点，包括头羊（意见领袖）在农村土地经营权流转中的重要性，利用元胞自动机理论来构建信息演化模型以反映节点（元胞），包括头羊（意见领袖）在农村土地经营权流转信息演化中的影响作用，并通过多阶段调查数据进行实证，必将有利于掌握辨识农村土地经营权流转中头羊（意见领袖）的机制和方法，从而有利于丰富和发展头羊（意见领袖）理论和农村土地经营权流转理论。

2. 实践意义

我国在农村土地经营权流转制度改革领域进行了有益的探索，并取得了显著成效，积累了丰富经验，但也存在制度层面缺陷、实践层面失误和农民权益无法得到保障、流转速度仍然很缓慢等问题。本书研究成果选取农村土地制度改革试点为调查区域，以浙江省嘉兴市农户为调查对象，旨在探究农村土地经营权流转中农户羊群行为现象、产生机理、影响效应及头羊（意见领袖）问题，为推进农村土地经营权流转制度改革，提高农民收入和社会保障水平，加快农业发展方式转变，提高农业规模化经营和推进土地经营效率提供实践指导。

五、研究方法与技术路线

（一）研究方法

本书以传染病学理论、决策树理论、信息瀑布理论、结构方程模型、社会网络理论等作为理论基础，以非线性回归估计方法（Logit 回归方法）、PLS（偏最小二乘）估计方法、Matlab 建模等作为方法基础，采用理论与实际相结合、规范研究与实证研究相结合的研究思路。

1. 文献研究方法

文献研究主要以达到研究目的和完成研究问题为目标，系统地分析、整理国内外已有的相关主题的文献资料，并在此基础上构建研究视角和切入点，为进一步的实地调查、实证研究和应用研究提供理论基础。

本书所涉及的文献研究包括如下几个方面。

（1）文献综述。利用图书馆所提供的文献资料和数据库系统（如 Science Direct 数据库、Springer Link 数据库、EBSCOhost 数据库、Emerald 数据库、SAGE 数据库，以及万方数据知识服务平台、维普网、读秀学术搜索和 CKNI 数据库系统等），以及相关搜索引擎（如 Baidu 和 Google），紧紧围绕"土地流转"（land transfer）、"农地流转"（agricultural land transfer）、"羊群行为"（herd behavior）、"羊群效应"（herd effect）、"头羊"（head sheep）、"意见领袖"（opinion leader）、"传染病学"（infectious diseases）、"决策树理论"（decision tree theory）、"社会网络理论"（social network theory）、"信息瀑布理论"（information cascade theory）、"非线性回归估计方法"（nonlinear regression estimation method）、"Logit 回归方法"（logit regression method）、"结构方程模型"（structural equation model）和"PLS 估计方法"（partial least squares estimation method）等内容，对相关文献资料进行跟踪和阅读，并在此基础上进行归纳和总结，为实地调查、实证和应用研究提供理论准备。

（2）概念、模型与假设的提出。本书中的关键概念、研究模型和研究假设，需在深入阅读和本领域紧密相关的文献资料的基础上，结合访谈调查情况，经反复构思、提炼和修正再提出。

（3）相关变量测量方法与量表设计。本书对相关研究变量，包括亲朋好友参与数量、其他农户参与数量、农村土地经营权流转信息成本、私人信息、公共信息、贬低自我信息、模仿他人、期望失验、关系紧密度、决定度、综合点势、流转决策等变量的测量方法与量表设计，遵循两个基本原则：一是吸纳和援引国内学者所开发的、特别是经常被引用的经典量表，如关于"期望失验"的量表；二是根据相关问题的研究背景和实际需要，对相关测量题项进行必要的调整和修订。

2.实证研究方法

实证研究方法是本书采用的主要研究方法。在文献研究和理论分析的基础上，提出理论模型和研究假设，然后通过实证研究方法进行假设检验。

（1）调查访谈。本书的调查访谈主要了解以下三个方面：①农村土地经营权流转方式和补偿机制；②农村土地经营权流转情况；③农户对农村土地经营权流转的感受、态度、观点与想法。通过对政府行政人员、村支书、村主任、村民代表和相关农户的访谈调查，以获得与本书研究相关的第一手资料，为本书研究的初步理论分析与构思提供佐证。调查访谈采用事先拟好的提纲，按照一定的程序进行。

（2）问卷调查。问卷调查是本书为获取研究数据采用的主要方法。它包括设计调查问卷、发放问卷、回收问卷以及对所获得的调查数据进行初步的统计分析等步骤。

（3）数据分析与处理。在调查访谈与问卷调查的基础上，本书拟使用非线性回归分析方法、Logit 回归方法、PLS 估计方法等对各类数据进行相应的分析与处理。分析时所采用的软件工具主要有 SAS(Statistical Analysis System)统计软件、SPSS 19.0 统计软件、Stata(Software for Statistics and Data Science)统计软件、SmartPLS 统计软件和 Matlab 软件等。

3.传染病学理论

SIR 传染病模型(Susceptible Infected Recovered Model)是传染病学理论中最经典的模型。在某传染病传播期间，针对该传染病，通常将人群分为如下三类：

• S 表示易感染者，指未得病者，但缺乏免疫能力，与感染者接触后容易受到感染,其在 t 时刻的数量记作 S_t。

• I 表示感染者,指染上传染病的人,且具有传染性的一类,其在 t 时刻的数量记作 I_t。

• R 表示移出者,指已经死亡、被隔离或者因病愈而具有免疫的一类,其在 t 时刻的数量记作 R_t。

SIR 传染病模型的扩散机制以及基本假设如下:

(1)假设在单位时间内染病个体(记作 I)以平均概率 β 和随机选取的所有状况的个体进行接触,其中易感染个体(记作 S)会转化为染病个体。

(2)染病个体并以平均概率 γ 恢复免疫能力,免疫后记作 R。

上述扩散机制可以用图 1-7 表示。

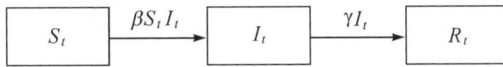

图 1-7 SIR 传染病模型的扩散机制

SIR 传染病模型的扩散机制可由式(1-1)表示:

$$\begin{cases} S(i) + I(j) \xrightarrow{\beta} I(i) + I(j) \\ I(i) \xrightarrow{\gamma} R(i) \end{cases} \tag{1-1}$$

假设 t 时刻系统中处于易感染状态、感染状态和移除状态的个体比重分别为 S_t、I_t 和 R_t。 当易感染个体和感染个体充分混合时,感染个体的增长率为 $\beta I_t S_t - \gamma I_t$,易感个体的下降为 $\beta I_t S_t$,恢复个体的增长率为 γI_t,则 SIR 传染病模型的扩散机制可由式(1-2)表示:

$$\begin{cases} \dfrac{\mathrm{d}S}{\mathrm{d}t} = -\beta I_t S_t \\ \dfrac{\mathrm{d}I}{\mathrm{d}t} = \beta I_t S_t - \gamma I_t \\ \dfrac{\mathrm{d}R}{\mathrm{d}t} = \gamma I_t \end{cases} \tag{1-2}$$

式(1-2)中,在初始时刻三类人群的数量为:$(S_0, I_0, R_0) \geqslant 0$。

SIR 传染病模型主要应用于信息传播的研究。SIR 传染病模型可以描述如下:

(1)最初,所有的节点都处于易感染状态,对应个体不知道信息的情况。

(2)然后,部分节点接触到此信息,变为感染状态。这些节点试着感染处于易感染态的节点,或者进入恢复状态。

(3)感染一个节点,即传递信息或者影响节点对某事的态度。

(4)恢复状态,即免疫,处于恢复状态的节点不再参与信息的传播。

本书将在研究模块 1(农村土地经营权流转中的农户羊群现象:扩散效应)中借鉴 SIR 传染病模型的思想来构建农村土地经营权流转的扩散模型。

4.决策树理论

决策树理论是从决策分析与计算理论发展而来的一种强大的分析工具,可以协助决策者对一系列复杂的多层次问题进行结构化决策(Quinlan, 1987)。决策树是对决策方案和决策局面的一种图解和分析方法。当需要选择某种解决方案或者确定是否存在某种风险时,决策树提供了一种现象化的、基于数据分析和论证的科学方法(胡江洪,2006)。决策树方法通过严密的逻辑推导和逐步逼近的数据计算,从决策点开始,按照所分析问题的各种发展的可能不断产生分枝,并根据每个分枝发生的概率大小以及发生后导致的损益值,计算出各分枝的损益期望值,然后将期望值中的最大值或最小值作为决策依据,从而为选择方案或分析风险做出理性而科学的决策。决策树的基本结构如图 1-8 所示。应用决策树理论,并结合农村经营权流转中农户行为的分析,形成初步的农村土地经营权流转决策树模型,如图 1-9 所示。

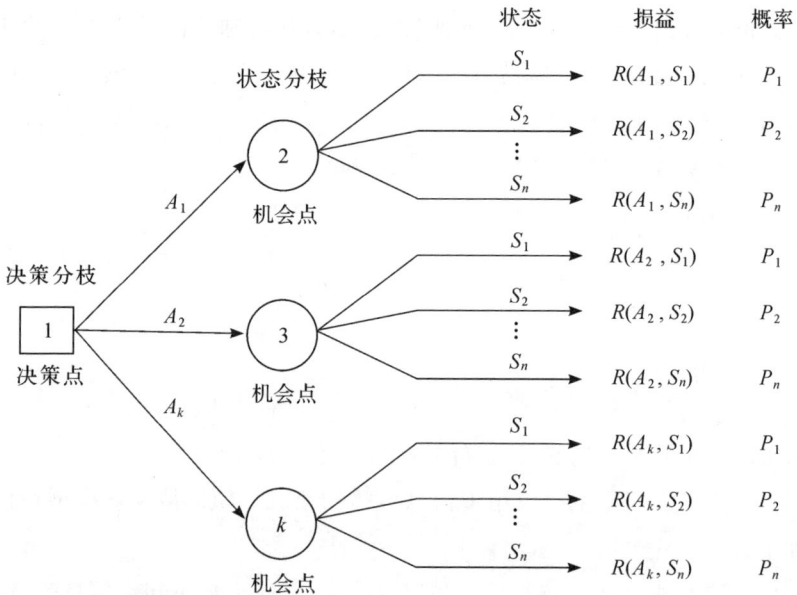

图 1-8　决策树的基本结构

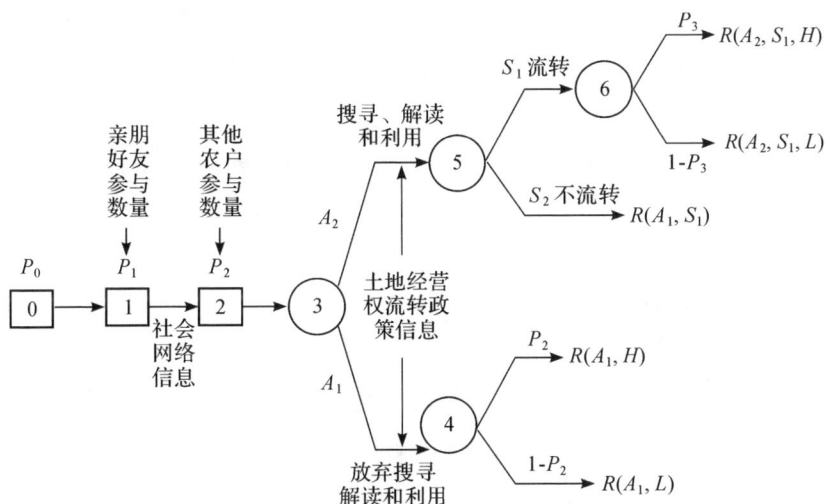

图 1-9 初步的农村土地经营权流转决策树模型

本书将在研究模块 2(农村土地经营权流转中的农户羊群行为机理:社会网络信息的作用)中利用决策树理论构建农村土地经营权流转的决策树模型,并由此揭示农村土地经营权流转中农户羊群行为的形成机理。

5.信息瀑布理论

关于羊群行为的相关理论研究中,Bikhchandani 等(1992)提出的信息瀑布理论对于解析羊群行为的产生机理具有深远的价值。通常,信息瀑布被认为是能够解析个体或组织形成决策或行为时所产生羊群行为的基本原理(Bikhchandani,Sharma,2001)。信息瀑布理论认为,信息瀑布实际上是一种社会学习机制。一群拥有不完全信息和非对称信息的主体依次做出决策,其信息来源于私人信息,以及能够观察到的前人决策或行为所蕴含的信息(公共信息)。由于信息不完全及非对称,主体会综合考虑其私人信息以及前人决策或行为所蕴含的信息(公共信息),并以此来推断各种决策方案的利弊。然而,当有相当数量的主体选择同一决策行为时,后来者将有可能受到这一信息的较显著影响,甚至让其忽视自己的私人信息,而选择模仿前人的决策行为。Banerjee(1992)认为此过程产生了信息瀑布。

本书将在研究模块 3(农村土地经营权流转中的农户羊群行为机理:私人信息还是公共信息?)中使用信息瀑布理论来构建农村土地经营权流转中的信息瀑布模型,并由此揭示羊群行为产生的机理。

6.结构方程模型

结构方程模型(structural equation modeling,SEM)是一种能够把样本

数据间复杂因果联系用相应的模型方程表现出来,并加以测量、进行分析的计量技术(Ralph,1997)。结构方程模型不仅能够分析变量之间的直接效应、间接效应和总效应,还能够分析变量之间的关系,包括显变量[①](manifest variables)与潜变量[②](latent variables)之间的关系(测量模型),以及潜变量与潜变量之间的关系(结构模型),同时亦可对模型参数及关系进行估计及检验(Ruth,1997)。

结构方程模型基本包含以下要素。

(1)结构方程模型的符号

结构方程模型符号的表达,如表 1-2 所示。

表 1-2 结构方程模型的符号表达

表达符号	变量类型	说明
X	外生显变量	结构关系中预测其他显变量而产生的变量
Y	内生显变量	结构关系中被外生显变量所影响(预测)的变量
ξ	外生潜变量	结构关系中用来预测其他潜变量而产生的变量
η	内生潜变量	结构关系中被外生潜变量所影响(预测)的变量
δ	误差值	X(外生显变量)的测量误差或残差值
ε	误差值	Y(内生显变量)的测量误差或残差值
ζ	误差值	η(内生潜变量)和 ξ(外生潜变量)之间的结构方程误差或残差值
Λ_x	因子负荷系数矩阵	X(外生显变量)对 ξ(外生潜变量)的回归系数矩阵(因子负荷)
Λ_y	因子负荷系数矩阵	Y(内生显变量)对 η(内生潜变量)的回归系数矩阵(因子负荷)
Γ	结构方程参数矩阵	结构关系中 ξ(外生潜变量)的系数矩阵
B	结构方程参数矩阵	结构关系中 η(内生潜变量)的系数矩阵

(2)结构方程模型路径符号

○→□,表示显变量对潜变量的回归路径;

○→○,表示 ξ(外生潜变量)对 η(内生潜变量)的影响;

□, 表示 Y(内生显变量)或者 X(外生显变量);

○, 表示 ξ(外生潜变量)或 η(内生潜变量);

---

① 显变量指可以直接观察得到或测量得到的变量。

② 潜变量,与显变量相对,是不能够直接观察或直接测量得到,但是能够通过显变量推断出(通过数学模型)的变量。

□←ε，表示 Y（内生显变量）的测量误差或残差值；

□←δ，表示 X（外生显变量）的测量误差或残差值；

○→ζ，表示预测 η（内生潜变量）和 ξ（外生潜变量）之间的剩余误差或残差值。

（3）结构方程模型估计条件

首先，ζ（误差值）、δ（误差值）和 ε（误差值）之间必须完全没有关系；

其次，ζ（误差值）、δ（误差值）和 ε（误差值）的均值必须为0；

再次，ζ（误差值）、δ（误差值）和 ε（误差值）的方程必须是常数的随机变量；

最后，各变量之间必须是彼此独立的存在。

（4）结构方程模型路径图

结构方程模型路径如图1-10所示。

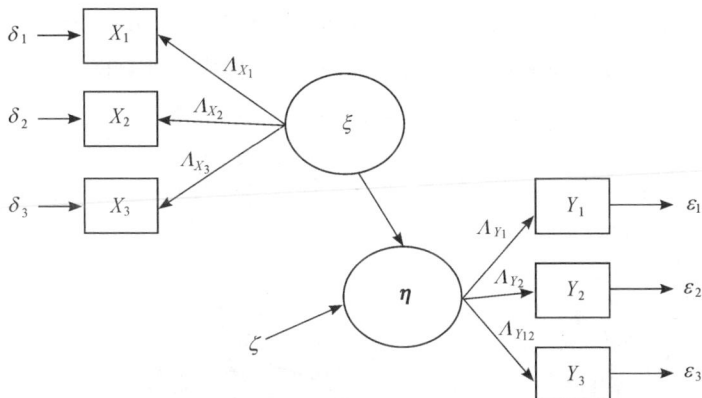

图 1-10　结构方程模型路径

图1-10中，ξ（外生潜变量）由两个及以上的 X（外生显变量）来估计，δ 是 X（外生显变量）的测量误差或残差值，Λ_x 是 X（外生显变量）对 ξ（外生潜变量）的因子负荷系数；η（内生潜变量）由两个及以上的 Y（内生显变量）来估计，ε 是 Y（内生显变量）的测量误差或残差值，Λ_y 是 Y（内生显变量）对 η（内生潜变量）的因子负荷系数；ξ（外生潜变量）可以对 η（内生潜变量）进行影响估计，ζ 是 η（内生潜变量）与 ξ（外生潜变量）之间的测量误差或残差值。

（5）结构方程模型的估计

结构方程模型由测量模型和结构模型两部分构成：

①测量模型：

$$Y = \Lambda_Y \eta + \varepsilon \tag{1-3}$$

$$X = \Lambda_X \xi + \delta \qquad (1\text{-}4)$$

式(1-3)和式(1-4)中，$E(\varepsilon)=0$；$E(\delta)=0$；ε 与 η、ξ 与 δ 彼此独立，无关。

②结构模型：

$$\eta = B\eta + \Gamma\xi + \zeta \qquad (1\text{-}5)$$

式(1-5)中，$E(\eta)=0$；$E(\xi)=0$；$E(\zeta)=0$；协方差 $Cov(\xi,\zeta)=0$。

本书将在研究模块 4（农村土地经营权流转中农户羊群行为的影响因素、影响结果及后续）中使用结构方程模型来构建研究假设模型，并由此揭示农村土地经营权流转中农户羊群行为的影响效应问题。

7. 社会网络理论

社会网络理论（social network theory）产生的标志是 Moreno（1933）提出了"社群图"的概念。社会网络被认为是一种基于"网络"（节点之间的互相连接）的社会组织形式。社会网络用节点表示社会行动者，用线来表示社会行动者之间的关系。如图 1-11 所示，个体网（ego-networks）、局域网（partial networks）和整体网（whole networks）构成了社会网络。

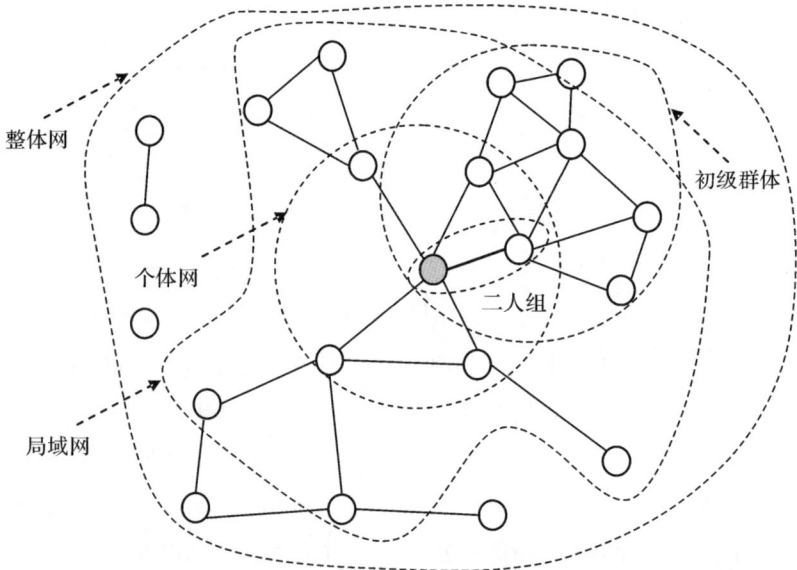

图 1-11　社会网络结构

社会网络强调人际关系、关系内涵以及社会网络结构对社会现象的解析，重点研究网络中的个体如何透过关系，在动态的互动过程中相互影响，从而影响到个体的行为，改变个体间的互动关系，并影响到整体结构（刘阳，2015）。社会网络理论认为，个体的主观能动性得以保留，但个人的行为又同时置于人际关系网络之中,因而个人的行为既是"自主"的,也是"嵌入"在社会网络之中的,并受到社会结构的制约(罗家德,2010)。

本书将在研究模块 5[农村土地经营权流转中的头羊(意见领袖)]中使用社会网络理论来构造有向加权关系网络、综合点势评估方法和信息演化模型,并由此来识别和揭示农村土地经营权流转中的头羊(意见领袖)及其影响作用问题。

(二) 技术路线

技术路线提供了为达到研究目的,科学合理地解决研究中所提出的研究问题的指导性框架。本书将在总结相关理论与方法的基础上,通过对前述五个模块的研究,系统性探索农村土地经营权流转中农户羊群行为问题。本书的技术实现路线如图 1-12 所示。

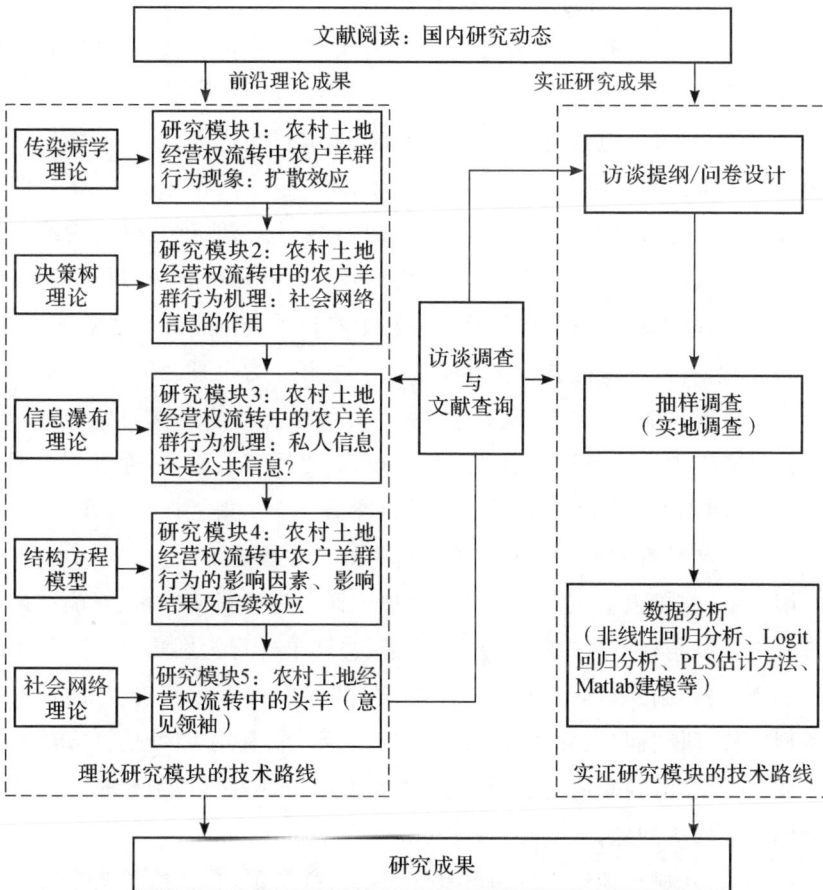

图 1-12　本书的技术路线

六、研究框架与内容安排

本书主要分为七个研究部分,具体结构如下:

第一章:绪论。在阐述本书研究的理论与实践背景的基础上,主要关注"研究什么——研究的目的与探究的问题"、"为什么要研究——研究意义"以及"怎样研究——研究的方法与技术路线"等三个问题。

第二章:理论基础。主要关注土地产权理论、土地规模经济理论、制度变迁理论、土地经营权流转理论和羊群行为理论等文献研究,为后续研究提供理论基础。

第三章:农村土地经营权流转中的农户羊群行为现象:扩散效应。以传染病学理论为基础,构建扩散模型,通过实地调查收集数据,利用非线性回归对扩散模型的拟合度进行检验,进而探讨农户自身固有倾向或实际需要和已流转农户数量在农村土地经营权流转实践中扮演的角色,以检验羊群行为现象存在与否。

第四章:农村土地经营权流转中的农户羊群行为机理:社会网络信息的作用。以决策树理论为基础,纳入农村土地经营权流转信息成本、亲戚朋友参与数量和其他农户参与数量三个变量,构建农村土地经营权流转的决策树模型,并通过实地调查收集数据,利用 Logit 回归分析方法对模型的参数进行估计,进而阐释农村土地经营权流转中农户羊群行为的产生机理。

第五章:农村土地经营权流转中的农户羊群行为机理:私人信息还是公共信息? 以信息瀑布理论为基础,从私人信息和公共信息视角诠释农村土地经营权流转中农户羊群行为的产生机理,提出研究假设,并通过实地调查收集数据,利用 Logit 回归分析方法进行参数估计,检验研究假设,进一步阐释农村土地经营权流转中农户羊群行为的产生机理。

第六章:农村土地经营权流转中农户羊群行为的影响因素、影响结果及后续效应。以结构方程理论为基础,构建农户"羊群行为影响因素"到"羊群行为维度结构"到"羊群行为影响结果"再到"羊群行为后续效应"的理论假设模型,提出研究假设,并通过实地调查收集数据,利用 PLS 估计方法对模型参数进行估计,检验研究假设,重点阐释农村土地经营权流转中农户羊群行为的影响效应问题。

第七章:农村土地经营权流转中的头羊(意见领袖)。通过构造有向加权关系网络和综合点势评估方法以确定不同节点,包括头羊(意见领袖)在农村土地经营权流转中的重要性,利用元胞自动机理论来构建信息演化模型以反映节点（元胞），包括头羊（意见领袖）在信息演化中的影响作用，并通过实地调查数据，识别和揭示农村土地经营权流转中的头羊（意见领袖）及其影响作用。

第八章：结论与展望。首先，总结研究结论。其次，根据研究结论提出政策建议。再次，给出本书在理论、方法上的创新与贡献。最后，提出研究中存在的局限性以及研究展望。

本书的章节安排和相应的研究内容如图 1-13 所示。

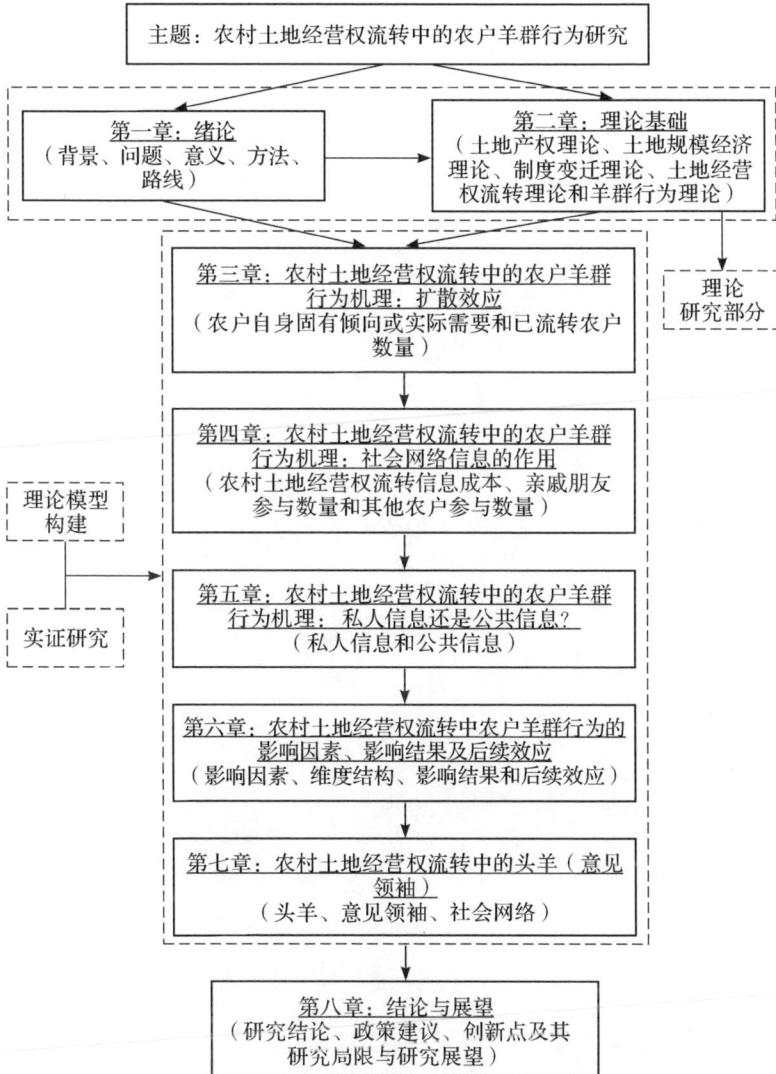

图 1-13　研究内容框架

七、本章小结

本章首先介绍了农村土地经营权流转问题的现实与政策背景。其次，根据研究背景和相关研究，提出本书所要探究的问题。再次，对本书的研究目的和意义进行描述与阐释。又次，介绍本书采用的研究方法与技术路线。最后，给出了本书的结构框架与内容安排。

第二章 理论基础

本章分为四个部分:第一部分是对农村土地经营权流转相关概念进行界定及对相关理论进行梳理;第二部分是对羊群行为相关概念进行界定及对相关理论进行梳理;第三部分是在相关概念和理论的基础上,论述农村土地经营权流转中农户羊群行为的内在逻辑;第四部分为本章小结。

第一节 农村土地经营权流转相关概念与理论

一、农户的界定

按照常规定义,农户是指户口落在农村,参加乡村集体经济组织,并具有明确权利、义务的常住户,且不包括在乡村地区内的国家所有的机关、团体、学校、企业、事业单位的集体户。一般来讲,农户从事农业生产经营活动,拥有农村土地承包权和经营权。

然而,随着社会的转型、经济的发展、城镇化水平的提高,农村人口流动变得越来越自由。广大农村农户的经营出现了兼业化和非农业化,农村人口因进城务工、经商、定居而闲置名下土地的情况也是屡见不鲜。因此,新时期农户的概念相对过去时代发生了巨大变化。2014 年 7 月 30 日,国务院正式印发《关于进一步推进户籍制度改革的意见》,意见中的最大亮点,莫过于建立城乡统一的户口登记制度①。这意味着以"农业"和"非农业"区分户口性质的城乡二元户籍制度将成为历史,由此衍生的蓝印户口等户口类型也将作古,今后每一位中国公民的户口均统一登记为居民户口。

因此,根据形势、政策和研究所需,本书将农户定义为,农村家庭联产承包责任制下,名下拥有农村土地承包权的家庭,且不限于农村常住户,也不限于从事农业经营活动的家庭。

二、农村土地的界定

中国的地理学家普遍认为,土地是地球表面某一地段包括地质、地貌、

---

① 2014 年 7 月 30 日,国务院印发《关于进一步推进户籍制度改革的意见》,参见中国政府网。

气候、水文、土壤、植被等多种自然要素在内的自然综合体(冯广京,2015)。
姜爱林(2000)认为,土地是地球表面一定幅度的四维空间及其中的自然物
(气候、土壤、水文、地形、地质、动物、植物等要素)、经济物、社会物(过去和
现在人类活动对土地的种种影响)、时间物所组成的自然、经济、社会、历史
综合体。从土地管理角度来看,国家土地管理局(今国家自然资源部)于
1992 年出版的《土地管理基础知识》中将土地定义为,地球表面上由土壤、
岩石、气候、水文、地貌、植被等组成的自然综合体,包括人类过去和现在的
活动结果。马克思、恩格斯指出,土地是一切生产和一切存在的源泉,并且
它又是同农业结合着的,而农业是一切多少固定的社会的最初的生产方式
(中共中央马克思、恩格斯、列宁、斯大林著作编译局,1972)。

显然,土地是一种至关重要的、不可或缺的自然资源,承载着人类活动
的历史记忆,是人类生产、生活及发展的重要基础。一般而言,对于农村土
地的界定具有广义和狭义之分。从广义上来看,农村土地包括农用地①、建
设用地②和未利用地③。从狭义上来看,农村土地就是农业地,是农村集体
所有的,依法由农民集体使用的耕地、林地、草地以及其他依法用于农业的
土地④(宋聪,2017;王兴稳,钟甫宁,2009)。本书所研究的农村土地突出狭
义概念的农用地,不包括广义范围的农村建设用地和未利用土地。

按照《中华人民共和国宪法修正案》⑤、《中华人民共和国土地管理法》⑥
和《中华人民共和国农村土地承包法》⑦的相关规定,农村土地所有权依法
给予集体等经济实体组织依法享有、占有、支配和使用属于其所有的土地的
权利,而农民拥有集体所赋予的土地承包权和土地经营权。

---

① 农用地指用于农业生产的土地,包括耕地、园地、林地、牧草地、畜禽饲养地、设施农业用地、农村道路、坑塘水面、其他农用地等。
② 建设用地指乡(镇)村集体经济组织和农村个人投资或集资,进行各项非农业建设所使用的土地,包括乡(镇)村公益事业用地和公共设施用地,以及农村居民住宅用地。
③ 未利用地指农用地和建设用地以外的土地,主要包括荒草地、盐碱地、沼泽地、沙地、裸土地、裸岩等。
④ 截至 2015 年末,全国共有农用地 64545.68 万公顷,其中耕地 13499.87 万公顷(20.25 亿亩),园地 1432.33 万公顷,林地 25299.20 万公顷,牧草地 21942.06 万公顷。
⑤ 2018 年 3 月 11 日,第十三届全国人民代表大会第一次会议通过《中华人民共和国宪法修正案》,参见中华人民共和国中央人民政府网(www.gov.cn),2018 年 3 月 21 日。
⑥ 2004 年 8 月 28 日,第十届全国人民代表大会常务委员会第十一次会议《关于修改〈中华人民共和国土地管理法〉的决定》第二次修正,参见中国人大网(www.npc.gov.cn),2019 年 1 月 7 日。
⑦ 2018 年 12 月 29 日,第十三届全国人民代表大会常务委员会第七次会议《关于修改〈中华人民共和国农村土地承包法〉的决定》第二次修正,参见中国人大网(www.npc.gov.cn),2004 年 8 月 28 日。

三、三权分置的界定

中国共产党第十九次全国代表大会提出,"要巩固和完善农村基本经营制度,深化农村土地制度改革,完善承包地'三权分置'制度"[①]。"三权分置"是顺应时代变化发展的必然结果,是为更好地发展我国现代农业规模化经营的必然要求,同时,也是城乡融合发展的重要推动力,它响应了农村改革实践的需要,成为农村土地制度改革方向的重大制度创新,不仅释放了经营权,还为土地的多元化经营创造了条件,从而促进了土地资源利用效率。

"三权分置"指在农村土地集体所有权、农户承包经营权"两权"分离的制度基础上,进一步将承包经营权分为承包权与经营权,实行农村土地所有权、农村土地承包权和农村土地经营权"三权分置"制度。也就是说,在"三权分置"模式下,土地所有权是农村集体成员所共同持有的[②],土地承包权是农村集体的成员权或资格权,具有明显的社区封闭性和不可交易性,而土地经营权为收益权,具有开放性和交易性。从法律制度层面上来看,"三权分置"将农村土地承包经营权中的使用、经营和收益的权利从中剥离,形成了全新的、独立的农村土地经营权,从而更深层次、更彻底地激发作为稀缺资源的土地的潜在利用价值。从权利束层面上来看,在流转期限内被剥离的农村土地经营权到流转期满后将再度回归到农村土地承包者手中,因而农村土地承包经营权并不会因为"三权分置"的出现而消亡。从政策支持层面上看,"三权分置"模式是国家政策对广大农民群体和新型农业经营主体的政策倾斜和扶持。

"三权分置"可以最大限度地满足现阶段不同主体的经济利益追求。非农化程度高的农户可以解除土地羁绊,又同时获得土地经营权流转收益,而新型农业规模经营主体可获得农村土地经营权,以提高土地经营规模和效率,而农村集体仍然享有农村土地所有权,从而避免了农村人地关系的巨大变动。

[①] 2017 年 10 月 18 日,习近平代表第十八届中央委员会在中国共产党第十九次全国代表大会上向大会作的报告《决胜全面建成小康社会 夺取新时代中国特色社会主义伟大胜利》,参见中国共产党新闻网(www.cpcnews.cn),2017 年 10 月 28 日。

[②] 我国《宪法》明确规定了我国农村土地公有制和集体所有制形式,农村土地属于农民集体所有,必须得到充分体现和保障,不能虚置。

四、农村土地经营权流转的界定

"三权分置"背景下,农村土地经营权流转指在不变土地的农业利用性质基础上,农民以出租、转让、转包、入股和抵押等流转方法将农村土地经营权流转给他人或经济组织,因而农村土地集体所有权将不发生改变,土地承包权仍然得以保留,土地经营权则被转移(朱玉龙,2017;张红宇,石薛,2002)。显然,转入方(他人或经济组织)虽然通过支付农村土地经营权流转费用后可享有土地经营和收益的权利,但不能享有土地所有权、承包权和处置权(张良悦,2010)。农村土地经营权流转的主要方式如表 2-1 所示。

表 2-1 农村土地经营权流转的主要方式

序号	流转方式	主要内容
1	出租	承包方将部分或全部土地经营权,以一定期限租赁给他人或经济组织以从事农业生产经营活动,同时,承包方向承租者收取一定的租金
2	转让	在承包方申请和发包方(农村集体)同意的情况下,将部分或全部土地经营权让渡给从事农业生产经营的他人或经济组织,由其履行相应的土地承包合同中所赋予的权利和义务
3	转包	承包方将在一定期限内的土地承包权及其土地经营权部分或者全部转让给同一集体经济组织中的其他农户,由其从事农业生产经营活动,并履行相应的土地承包合同中所赋予的权利和义务
4	入股	承包方将土地经营权折算为股权,入股组成股份公司或者合作社,自愿联合他人,以从事农业合作生产经营活动
5	抵押	承包方将土地经营权及土地附着物抵押给抵押人,并获得某项权益

五、土地产权理论

产权理论是一种被广泛应用于分析社会、经济现象的前沿理论之一(吴易风,2007)。产权是某种财产权利的简称,最初仅是一个法学概念,强调该财产的所有权,且具有绝对性、排他性和永续性(汪军民,2007)。马克思提出的产权理论表明,产权是各种财产权利的总和,并可分为公共产权和私有产权,而生产力将决定财产产权的归属和制度(杨继国,黄文义,2017)。科斯是现代产权理论的代表人物之一,他提出的产权理论表明,财产产权的归属和制度问题是生产力的决定因素,通过明晰财产产权状况可以提高生产效率(吴宣恭,2000)。马克思产权理论和科斯产权理论看似呈对立状态,实质上均强调了生产力的核心地位,认为财产产权的归属和制度安排需要以提高生产效率为前提或根本(Carthy et al.,1998)。因此,根据马克思产权理论和科斯产权理论,可以在始终坚持社会主义公有制条件下,通过明晰各项产权状况,对我国各项社会经济制度进行改革和完善,进而为社会主义经济的快速发展提供服务(高晓红,2000)。

科斯创造性地通过交易费用的概念阐释了产权理论,并探讨了交易费用与产权明晰之间的逻辑关系(科斯等,1994)。科斯提出需要明晰产权的先决条件包括以下几种情况:首先,在产权明晰所产生的交易费用将远远超过预期的情况下,应采取模糊产权的方式。其次,在交易费用为零的情况下,政府只需要清晰地、完整地把产权赋予一方或者另一方,并允许产权在市场上交易,那么,就可以通过市场机制有效地解决外部性问题,并可实现财产资源的有效配置。最后,在交易费用大于零,且未超过预期的情况下,产权的赋予则会对经济社会制度运行的绩效产生一定的影响,那么,政府就应该把产权赋予最终能够使得社会福利最大化或者使社会福利损失最小化的那一方。

简单地讲,科斯所提出的需要明晰产权边界的先决条件实际上是获得产权成本—收益之间的平衡(巴泽尔,1997)。产权界定的成本—收益分析如图 2-1 所示。OR 表示产权界定的收益曲线(一条面向 X 轴的凹形曲线),OC 表示产权界定的交易成本曲线(是一条面向 X 轴的凸形曲线),F 代表产权交易成本和产权收益的均衡点(在此点上,产权的净收益为零),ONM 为产权的净收益曲线,B 为产权费用或产权收益的最高点,H 为产权界定的最高值,RFE 区域为公共区域。显然,在 OFM 区域内,产权明晰的收益值将显著大于产权明晰所产生的费用值,此时,政府就应该明晰产权。而在 RFE 区域内,产权明晰的收益值将小于产权明晰所产生的费用值,此时,政府就应该放弃明晰产权,而这些资源的产权则会滞留在公共领域之中。

进一步地,马克思在地租理论的基础上将产权理论拓展到土地产权理论。马克思(1975)将土地所有权、地租理论和剩余价值理论相结合,指出土地产权是关于土地财产的一切权利的总和,包括土地所有权及与其相联系的和相对独立的各种权利,包括土地所有权、土地使用权、土地租赁权、土地抵押权、土地继承权以及地役权等。以上权利束均以土地所有权为核心,而土地产权的交易也是紧紧围绕着土地所有权而展开。马克思和恩格斯认

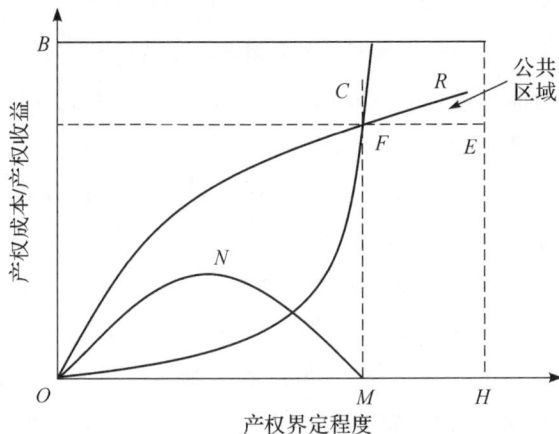

图 2-1　产权界定的成本—收益分析

为,土地所有权并不能直接给土地所有者带来经济收益,而是需要将土地所有权投放到自由市场,按照市场经济的规则,配置到商品经济中,进行优化组合后才能够达到土地资源的最优化配置,并由此才能产生经济效益(中共中央马克思、恩格斯、列宁、斯大林著作编译局,1995)。土地产权交易包括土地所有权的买卖、租赁等,而土地所有权和土地使用权的分离则是地租产生的前提。

从外部性来看,明晰与界定土地产权具有极其关键性的意义。土地产权的明晰与界定将有助于提高土地资源的配置效率,并可降低社会总成本(Coase,1960)。这主要是,清晰的土地产权界定会带来新合约安排,而新合约安排则会订立新的制度或准则,从而能够实现土地资源配置最优化以及交易双方损失最小化的目标。科斯等(1994)认为,当土地经营收益比土地经营费用小时,要优化土地资源配置的话,就应该放弃土地经营权,将土地另作安排。同时,Coase(1960)指出,土地经营收益的最大化是人们追求的最终结果,因为不论是养牛者给农夫钱,让他转让土地使用权以实现扩大土地经营规模,还是养牛者把土地使用权转让给农夫以收取地租,这两种方式的最终目的都是收益最大化。科斯等(1994)发现,土地资源的优化配置程度很大程度上依赖于土地产权的明晰程度以及土地经营权是否得到有效的流转。显然,通过法律、法规以及管理制度的介入,可以内化土地产权的外部性,降低社会总成本,并能够提高土地资源配置的合理性和有效性(丁洁琼,2018)。当土地交易市场的费用较低甚至接近零时,无论土地产权分配与明晰状态如何,最终社会将会自动形成最有效率的土地资源配置方式;而当土地交易费用较高时,如果交易双方能够把交易费用控制在可行范围之内,仍然可以实现土地资源最有效率的配置方式。

综上所述,土地产权理论对我国的农村土地制度具有重要的借鉴意义。依据土地产权理论的逻辑,从理论上可以预期,通过明晰土地产权,推行"三权分置"(土地所有权、土地承包权和土地经营权),将有利于构建农村土地"秩序观念"的约束规则体制,解决农村土地的封闭性,释放土地经营权,提高土地配置和经营效率,降低社会总成本,并可推进我国农村社会经济的快速发展。

六、土地规模经济理论

规模经济(economies of scale),是指随着生产专业化水平的提高以及社会分工进程的加快,在一定范围内长期平均总生产成本会随着生产规模的递增而降低,并由此引发经济效益增加的现象(尼茨坎普,2001)。规模经济表达的是生产要素集中程度与经济收益之间的逻辑关系,是经济学重要理论之一。土地规模经济,顾名思义是指在一定的资金、劳动力、技术和管理水平下,农民可以通过扩大土地经营规模来降低土地经营所需要的总费用,进而实现土地经济效益的最大化。

关于土地规模经济的起源,最早可追溯到古典经济学家针对土地经营规模报酬递减规律的探究。西方经济学鼻祖亚当·斯密论述了农业生产的报酬递减规律,并指出通过土地规模经营和劳动分工,可以显著提高农业生产与经营的效率(斯密,1988)。农业经济学家阿瑟·杨格论证了生产要素比例与生产收益之间的逻辑关系,提出了大规模农业生产与经营胜于小规模农业生产与经营的理论,并极力阐释了提倡开展大规模农业生产与经营的必要性(Arthur,2011)。法国经济学院弗朗斯瓦·魁奈对大农业规模经营(资本富足的租地农场主的三圃式马耕经营)与小规模农业经营(资本贫乏的农场主的二圃式牛耕经营)进行了比较,并从是否可以增进国家财富的角度发现,大规模农业经营比小规模农业经营具有明显的优势(张宏永,2011)。

土地规模经营的必要性,可通过土地规模报酬和土地经营生产率来进行分析。图 2-2 反映了土地规模报酬的情况。横坐标轴代表了劳动力要素投入,纵坐标轴代表了资金要素投入。在既定的土地经营规模下,劳动力要素和资金要素等投入的增加会极大地提高土地经营的生产效率,从而表现为土地经营的规模经济效应。然而,随着劳动力要素和资金要素等投入的进一步增加,要素投入增加所带来的收益将会随之慢慢地降低,达到临界点,并可出现负值,表现为土地经营的规模不经济效应。图 2-2 中,在 A(劳动力投入 15,资金投入 15,产出 20)和 B(劳动力投入 20,资金投入 20,产出 40)之间的区域为土地规模报酬递增区域,B 和 C(劳动力投入 30,资金投入 30,产出 60)之间的区域为土地规模报酬不变的区域,而 C 和 D(劳动力投入 45,资金投入 45,产出 80)之间的区域为土地规模报酬递减的区域。因此,在劳动力要素和资金要素等投入水平较高的情况下,可以适度提高土地经营的规模,以达到规模经济效应,进而提高农业生产效率。

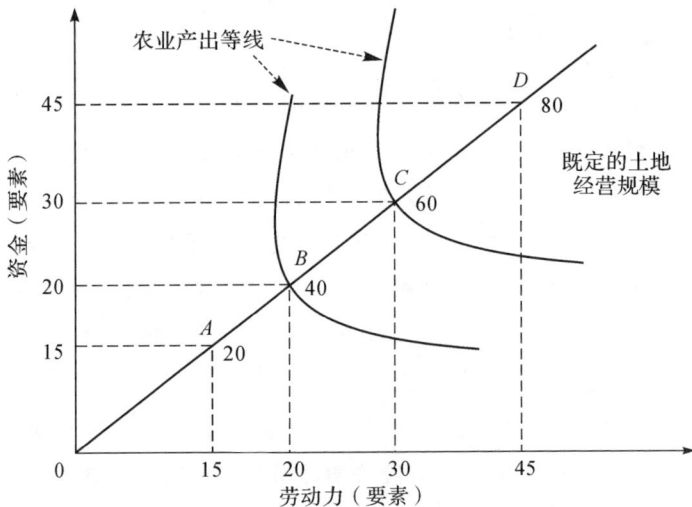

图 2-2　土地规模报酬分析

进一步,可通过土地经营生产率来分析适当提高土地经营规模的必要性。土地经营生产效率是指农业生产活动中农业产出和农业投入的比率,主要包括单要素生产率、多要素生产率和全要素生产率。土地经营的生产率函数如式(2-1)所示:

$$Y = Af(K, L, X) \tag{2-1}$$

式(2-1)中,Y 代表农业产出;K 代表资金要素投入;L 代表劳动力要素投入;X 代表土地规模要素投入;A 代表农业生产技术和管理水平。

根据式(2-1),可画出农业产出(Y)随土地规模(X)要素投入水平变化而变化的曲线,如图 2-3 所示。图 2-3 中,$Af(K, L, X)$ 为最大农业生产的可能曲线。当资金、劳动力、技术和管理水平处于 E 点时,土地规模要素投入为 X_1,便可获得最大农业产出 Y_1(P 点)。当资金、劳动力、技术和管理水平仍然处于 E 点时,若将土地规模要素投入盲目地扩大到 X_2,农业产出也不可能提高,依然停留在 P 点,出现规模不经济效应。当资金、劳动力、技术和管理水平上升到 F 点时,若将土地规模要素投入仍然限制在 X_1 水平上,农业产出也没有能够随着资金、劳动力、技术和管理水平的提高而提高,仍然停留在 P 点。此时,唯有将土地规模要素投入扩大到 X_2,才能获得最大农业产出(Y_2)(H 点),并由此达到规模经济效应。

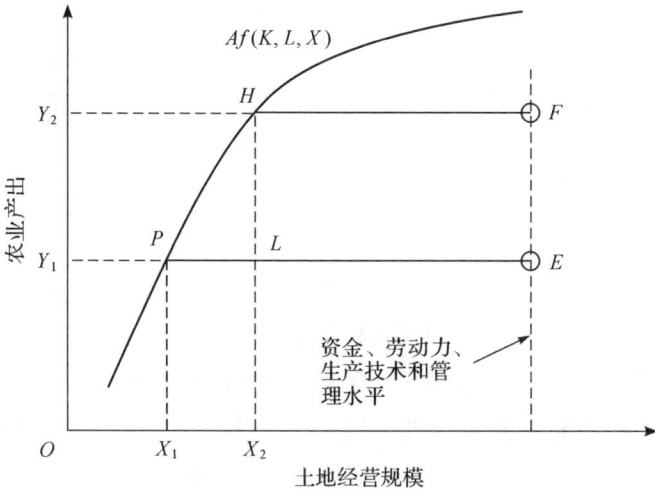

图 2-3　土地经营生产效率分析

通过土地规模报酬分析,以及土地经营生产效率分析可以发现,当资金、劳动力、技术和管理水平达到一定规模和水平时,提高土地经营规模,即可提高农业生产效率,实现土地规模经济效应。根据来源差异,土地规模经济主要表现在以下几个方面:首先,土地经营的生产设备具有不可分割性,这就使得扩大土地规模将能够更好地提高生产设备的使用效率。例如,大型农业生产机械需要在一定规模的土地上才能够发挥作用,若土地规模较小,这些大型农业生产机械将得不到有效利用,从而影响到购买大型农业生产机械的成本回收。因此,随着土地规模的扩大,可以让大型农业生产机械得到更充分的利用。其次,各个生产资料之间因互相联系而具有不可分割性,这就使得扩大土地规模将能够提高劳动生产率。扩大土地规模生产,有利于分工协作,提高劳动效率;扩大土地规模生产,可降低劳动人员的分配比例,从而有效降低农业生产成本;扩大土地规模生产,可提高农业产品的互补性,从而提高农业生产效率。最后,土地规模的扩大和农业产量的增加,将使得所有土地经营主体获得规模经济效应。例如,蔬菜集中产区的规模经营、花卉集中产区的规模经营,将会给全区的土地规模经营者带来经济效益。

改革开放以来,安徽省凤阳县小岗村率先试行了家庭联产承包责任制的农村土地经营制度,这样的土地经营规模虽然比较小,地块分割,但在当时的农业生产技术和管理水平下,仍然在一定的时期内获得了较好的经济效益。然而,随着城镇化、工业化、农业现代化的稳步推进,这种小规模的土地经营方式在一定程度上阻碍了农村经济社会的发展。因此,扩大土地经营规模迫在眉睫。在这样的大环境下,开展农村土地经营制度改革,实施农村土地"三权分置",推进农村土地经营权流转已成为扩大土地经营规模、发展新型农业经营主体(如联产经营、家庭农场、专业大户等)、提高农业生产经营效率的重要途径。

七、制度变迁理论

制度(institution),亦称为建制,泛指通过规则或运作模式来规范个体或群体行动的社会结构。同时,制度又是由个体或群体所产生的公共产品,并带有特定的价值判断,从而能够规范、影响制度范围内所有个体或群体的行为。因此,制度运行彰显一个社会的秩序。然而,制度并不是一成不变或原封不动的。随着外部环境的变化,以及人们社会经验和理性程度的提高,人们会不断通过转换、修正、完善、更改、废除、替代、创新、创立等手段,将一项制度安排转变为另一项制度安排,以此来实现制度需求和制度供给的动态均衡(托马斯,诺斯,1999)。由此,便产生了制度变迁。制度变迁理论(institution change theory)包括马克思制度变迁理论、道格拉斯·诺斯制度变迁理论和青木昌彦的制度演进模型等。

马克思从生产关系及生产力发展视角阐释了制度变迁的根源。马克思(1975)认为,生产力是人类经济、社会、生活中变化最为复杂和频繁的先决性力量,而生产关系则在一定时间范围内表现出稳定或不变的特征。当生产关系能够适应生产力发展时,生产关系就会促进社会、经济的发展;而当生产力发展了,生产关系却没有改变或跟进时,生产关系将会阻碍社会、经济的发展(翟黎明,2018)。此时,制度变迁也变得有必要了。只有通过制度变迁,改变生产关系,才能够使生产关系重新适应生产力发展的要求。

兰斯·戴维斯和道格拉斯·诺斯(2018)认为,制度需求和制度供给的失衡是新制度产生以及制度发生变迁的根本原因,而原有制度未能够实现经济、社会的帕累托效率最优则是发生制度变迁的必要条件。他们发现,尽管原有制度的获益群体会极力维护固有制度,但不完全市场和报酬递增这两股强大的力量将共同驱动制度发生变迁。就不完全市场来讲，由于市场信息的不完全性以及市场本身的复杂性，制度安排将不可能总是按照初始既定的方向或者轨迹进行演化或演进，往往一个偶然的或者突发的事件就有可能导致制度安排脱离既定的方向或者轨迹。就报酬递增来讲，由于人们的言行或目标会以最大化其根本利益为出发点，因此制度安排能否给人们带来报酬递增就决定了制度变迁轨迹或演化方向。同时，道格拉斯·诺斯进一步指出，在一个信息完全以及不存在规模报酬递增的社会里，制度变迁将变得无足轻重，而当这个社会存在不完全市场和规模报酬递增时，制度变迁将变得必不可少，并且社会力量的自我强化机制将会起到至关重要的影响（托马斯，诺斯，1999）。

日本学者青木昌彦于 1998 年 9 月在巴黎召开的新制度经济学国家协会（ISNIE）第二届年会上提出了一个制度演进模型，如图 2-4 所示。青木昌彦认为，制度变迁实际上是一个制度中的内生变量在博弈的过程（科斯等，2005）。

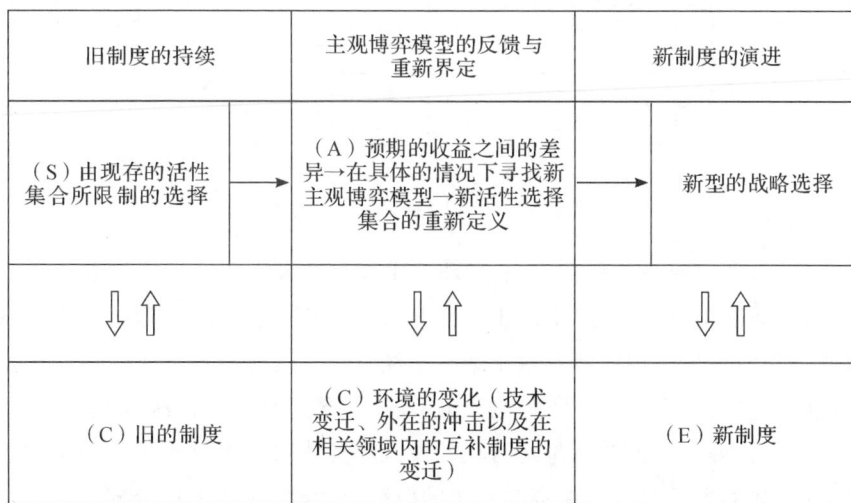

旧制度的持续	主观博弈模型的反馈与重新界定	新制度的演进
（S）由现存的活性集合所限制的选择	（A）预期的收益之间的差异→在具体的情况下寻找新主观博弈模型→新活性选择集合的重新定义	新型的战略选择
⇓⇑	⇓⇑	⇓⇑
（C）旧的制度	（C）环境的变化（技术变迁、外在的冲击以及在相关领域内的互补制度的变迁）	（E）新制度

图 2-4　青木昌彦的制度演进模型

青木昌彦发现，一旦一个特殊意义的（制度的或者生物的）系统被建立起来，它就会倾向于自我维持，保持现状（青木昌彦，2003）。因此，系统发生变迁很有可能从一个巨大的、外在的冲击开始，这种外在的冲击将引发系统内部的嬗变，而且这种嬗变是累积性的或者新的，而不是连续性、逐步地发生的，而在某个关键性的转折点，被选取的选择规则将很有可能对未来产生重要影响，由此，新制度将取代旧制度（卢红岩，2009）。

　　马克思的制度变迁理论、道格拉斯·诺斯的制度变迁理论以及青木昌彦的制度演进模型具有开拓性的理论与实践价值,对于我国农村土地制度变迁也具有重要的价值与启示意义。城乡统筹发展的深入、农村人口的迁移、市场经济的发展和土地使用权交易的财富效应等,使得原有的有关农村土地制度的法律法规已经不大适合中国转型期经济社会的发展要求,面临着严峻的拷问和挑战,并引发了农村土地制度变迁的需要。如图 2-5 所示,我国农村土地制度变迁的缘由主要包括土地资源零碎化、土地闲置现象严重、土地经营转型需要和农村土地资产属性增强等几个方面。

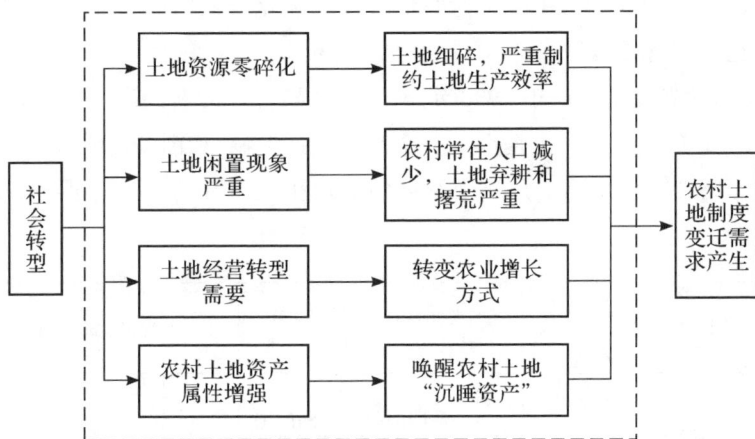

图 2-5　农村土地制度变迁缘由

　　第一,土地资源零碎化。自 1978 年以来,我国长期推行家庭联产承包责任制,即采用"农村人口实现土地普遍占有"的方式,农村人口按照人口数量或劳动力数量平均获得农村土地承包经营权。这充分体现了农民个体作为社区成员或资格成员取得农村土地承包经营权的平等合法权利。然而,这种平均获得农村土地承包经营权的模式尽管体现了农村土地资源配置的公平性,却失去了农村土地资源利用的效率。因为,这种平均分配土地资源的方式使得农村形成了分散、细碎、小规模的土地经营方式,无法形成农业规模化和组织化生产,从而严重制约了土地资源利用效率和农业生产经营效益的提高。

　　第二,土地闲置现象严重。一方面,随着我国工业化和城镇化进程的快速推进,农村人口开始不断向大城市、中小城镇转移,从而使得农村常住人口在不断地减少,尤其从事农业生产和经营活动的人口数量呈显著下降趋势,从而导致土地闲置和撂荒现象严重[1]。另一方面,分散、小规模、低水平的农村生产与经营模式使得现代化的农业生产技术水平始终无法发挥其作用,由此造成了小规模农业的生产成本较高,规模效益较差,出现几年不增收的局面。为此,农民普遍感到从事农业生产与经营活动的效益很差,必然会持续减少农业劳动投入而增加非农业劳动投入,并可以完全放弃农业生产与经营活动,闲置和撂荒土地,流入大城市、中小城镇寻求非农工作(陈飞,翟伟娟,2015)。

第三,土地经营转型需要。一方面,我国农村土地利用较为粗放,导致农业生产与经营效率低下,因而在土地资源有限的情况下无法满足我国近14亿人民群众日益增长的农业物资资源需求。另一方面,随着经济社会的快速发展,我国人民群众的消费能力不断提升,消费结构不断升级,使得农产品消费开始有高端化、个性化、丰富化、多样化和体验化的趋势。这就要求我国的农业生产与经营向规模化、专业化、效率化、品牌化、标准化方向转变。因此,需要推进土地规模化经营、提高农业生产效率、转变农业增长方式以适应我国现代化农业生产与发展的切实需要。

第四,农村土地资产属性增强。随着土地利用价值的日益提高,农村土地经营权的商品属性和财产属性逐步凸显,其价值实现和资产增值要求也变得日益强烈。只有激活农村土地这一"沉睡资产",放开农村土地经营权,农民才可以流转土地经营权,并获得相应的收益。同时,农村迁移人口也可解决"洗脚上岸"的后顾之忧。

显然,以家庭为单位的土地经营模式已经跟不上生产力发展的步伐,迫切需要进行土地规模经营,发展新型农业经营主体。

因一家一户的农业生产面临着迫切的制度变迁的需要,我国在农村土地制度改革上做出了一系列的改革。1984年中央一号文件首次提出了"鼓励土地逐步向种田能手集中。社员在承包期内,因无力耕种或转营他业而要求不包或少包土地的,可以将土地交给集体统一安排,也可以经集体同意,由社员自找对象协商转包"[2],表明我国对土地经营权流转的政策有所松动。2016年中央一号文件聚焦"三权分置"问题,提出"稳定农村土地承包关系,落实集体所有权,稳定农户承包权,放活土地经营权,完善'三权分置'办法,明确农村土地承包关系长久不变的具体规定"。2018年中央　号

---

[1]　具有劳动技能和能力的农村人口更可能向大城市、中小城镇转移,以谋取非农收入。

[2]　1984年中央一号文件[EB/OL].(2008-11-24)[2008-11-30].http://www.ce.cn/cysc/ztpd/08/gg/1984/zcbj/200811/24/t20081124_17478432_1.shtml.

文件聚焦乡村振兴问题,并提出"全面完成土地承包经营权确权登记颁证工作,实现承包土地信息联通共享。完善农村承包地'三权分置'制度,在依法保护集体土地所有权和农户承包权前提下,平等保护土地经营权"。2019年中央一号文件再次聚焦农村土地产权制度改革问题,提出"完善落实集体所有权、稳定农户承包权、放活土地经营权的法律法规和政策体系",以及"健全土地流转规范管理制度,发展多种形式农业适度规模经营,允许承包土地的经营权担保融资"的政策建议。2020年中央一号文件再次聚焦农村土地产权制度改革问题,提出"稳定农村土地承包关系,落实集体所有权,稳定农户承包权,放活土地经营权,完善'三权分置'办法,明确农村土地承包关系长久不变的具体规定"。通过以上"三权分置"政策,农村集体仍然可以拥有土地所有权,农户可以保留土地承包权,而土地经营权可以流转,并可获得相应的收益。这体现了制度变迁理论在我国农村土地制度改革实践中的运用,而农村土地制度的变革顺应了我国经济社会发展的需要,符合广大农民群体的利益诉求。

第二节　羊群行为相关概念与理论

一、羊群行为的界定

羊群行为(herd behavior)又称为"羊群效应",在现实生活中常常被感知到。针对不同的学科背景和研究领域,理论界对羊群行为的定义给出了独到的见解,由此也丰富了羊群行为的本质内涵。

Asch(1956)通过个体暗示和群体压力的心理学研究结果表明,个体的决策常常受到其他人决策结果的影响,社会压力将诱使个体做出不能够完全体现出自己信息状况的决策。通常,在不确定性和模糊性存在的信息不完全情景下,个体通常会表现出某种群体属性,比如社会比较(social comparison)以及羊群行为等(Adler P A,Adler P,1984)。同时,社会比较理论表明,在不存在客观标准或者信息模糊的情况下,个体通常会将自己的决策结果与群体中其他人的决策结果进行比较,然后进行恰当的取舍。

Avery 和 Zemsky(1998)以及 Banerjee(1992)的研究发现,个体的私人信息与社会潮流相悖时①,个体将极有可能选择放弃私人信息,并跟随潮

---

① 私人信息指个体对于某一事物的私人看法。

流,亦即个体虽然拥有私人信息,但害怕选择错误,因而在选择初期并不做最终的决定,直到其观察到群体中多数个体的选择后才做自己最终的决定,也就是该个体做出选择并不是基于事情的本来面目,而是基于群体中其他个体的选择结果,由此,该个体便产生了羊群行为。

Scharfstein 和 Stein(1990)发现,羊群行为是跟随者为了自身的声誉问题而选择忽视私人信息,盲目模仿他人决策结果的行为,且该行为明显违反了贝叶斯后验分布的法则。这在学术上也称为声誉羊群行为。

Devenow 和 Welch(1996)认为,对羊群行为进行精准定义存在较大困难,但从广义上说,羊群行为是个体间相互作用而产生关联的行为,在不考虑相关信息影响的情况下,羊群行为将可能引致整体产生系统性的错误决策。

Shiller(1995)研究表明,羊群行为是社会群体中互相作用的个体趋向于类似的思考方法和行为结果。比如,在某个社会群体中,当多数人的意见一致时,个体趋向于与多数人的意见保持一致(即使多数人的意见不一定正确),而忽视少数人或者自身的意见。

此外,Bikhchandani 和 Sharma(2001)、Bikhchandani 等(1992)、Nofsinger 和 Sias(1998)以及 Cote 和 Sanders(1997)等分别从信息瀑布、不完全信息、社会规范等视角对羊群行为进行了定义。

本书主要从传染病学、社会信息网络、信息瀑布和信息不完全等视角探析农村土地经营权流转中农户羊群行为现象、产生机理、影响效应和头羊(意见领袖)问题。因此,对羊群行为设计了一个操作性定义,即本书的羊群行为是指个体的决策行为受到群体中他人决策行为的影响,忽视私人信息,选择模仿他人决策,或者依赖于舆论(压倒多数的观念)的决策行为。

二、羊群行为的分类

与羊群行为定义情况类似,关于羊群行为分类的看法也是仁者见仁,智者见智。Wermers(1999)将羊群行为分为四类,它们是"声誉"顾虑、私人信息的一致性、分析指标的同质化以及相同的风险偏好。Devenow 和 Welch(1996)将羊群行为分为委托代理问题、直接支付外部性和信息学习/信息瀑布三类。Hirshleifer 和 Teoh(2003)将羊群行为分为信息引致羊群行为和支付外部性引致羊群行为两类。

以上不同的分类方法,反映了学者从不同的视角看待羊群行为。为了更好地理解本书的研究内容,本书对羊群行为进行如下分类。

(一)理性羊群行为与非理性羊群行为

一般地,依据行为后果或行为动机,可将羊群行为划分为理性和非理性[①]。熊维强、宋军(2006)根据个体行为后果的方式提出了自己的见解,他们认为理性的羊群行为能够提高个体自身的经济福利,而非理性的羊群行为则无法提高个体自身的福利水平。这也意味着,如果个体采取"跟风"策略是能够增加其经济收益的,那么,羊群行为就是理性的;而如果个体采取"跟风"策略是不能够增加其经济收益的,那么,羊群行为就是非理性的。由于按行为后果对羊群行为理性与否进行划分容易与本书结构产生混淆,所以,本书从个体行为动机这一视角对羊群行为是理性行为还是非理性行为进行划分。

如果个体是在最大化自身收益的情况下,出于支付外部性的考虑,或在其他因素的激励下,选择放弃私人信息,主动跟随、模仿他人的决策行为,则为理性羊群行为。需要特别说明的是,由于不完全信息,个体是无法做到"完全理性"的。所以,本书的理性羊群行为并不等同于经济学理论中的"理性假设",而是"有限理性假设"。因此,理性羊群行为实际上是有限理性羊群行为。

与理性羊群行为中个体的理性动机不同,非理性羊群行为的动机则多源自个体心理情绪的波动,如集体主义、团体文化、思维惰性、拇指法则、盲目信任、过度自信、启发式直觉等。这说明,非理性羊群行为意味着个体主动放弃理性思考的本能,而选择盲目跟从。Bernardo、Welch(2001)和Hirshleifer等(1994)解释了因过度自信和启发式直觉而产生羊群行为的机理。Ellison和Fudenberg(1993;1995)认为,拇指法则造成了不完全理性,并由此形成了非理性羊群行为。Kuran(1987;1989)发现,环境压力和偏好导致了绝对的顺从,使得个体的决策结果完全没有理性可言。

(二)伪羊群行为与真实羊群行为

从内部发生机理来看,羊群行为可划分为伪羊群行为和真实羊群行为。其中,伪羊群行为是指群体中的个体面临相似的决策集和相似的信息集,由此造成个体不约而同地采用相类似的决策选择。与伪羊群行为不同,真实羊群行为是指群体中的个体观察他人,选择忽视私人信息,并模仿他人的决策行为。

[①] 简便起见,在无特殊说明的情况下,本书中的理性羊群行为和非理性羊群行为仅限于对"个体"属性的描述,而不包括对"群体"属性的描述。

由此可见，伪羊群行为并不是真正意义上的羊群行为。从表面上看，伪羊群行为似乎在声明，群体中的大部分个体选择了一致的决策结果。然而，伪羊群行为中，个体并未模仿他人，以及选择忽视私人信息。恰恰相反，伪羊群行中，私人信息刚好与群体中大部分他人的决策结果保持了一致。

伪羊群行为与真实羊群行为的最大区别在于个体在决策过程中是否与群体中的其他个体存在互动。在真实羊群行为中，跟随者选择与大众保持一致的根本原因在于他们观察到了他人的决策行为，并认为他人的决策行为是正确的，由此放弃了原有的计划。因此，真实羊群行为源自个体明显有意地复制他人的决策结果，而伪羊群行为则无意与他人做出相类似的决策行为，只是相似的决策集和相似的信息集才无意地导致个体的决策结果与群体中他人的决策结果相似。

(三)信息引致羊群行为和支付外部性引致羊群行为

Hirshleifer 和 Teoh(2003)从社会学视角考察了羊群行为的产生机理，发现语言、对他人行为的观察以及对他人行为结果的观察将影响到个体的思想、感情和行为。Hirshleifer 和 Teoh(2003)进一步从观察层级(observational hierarchy)和支付交互层级(payoff interaction hierarchy)两个维度将羊群行为分为信息引致羊群行为和支付外部性引致羊群行为两类(见图 2-6)。

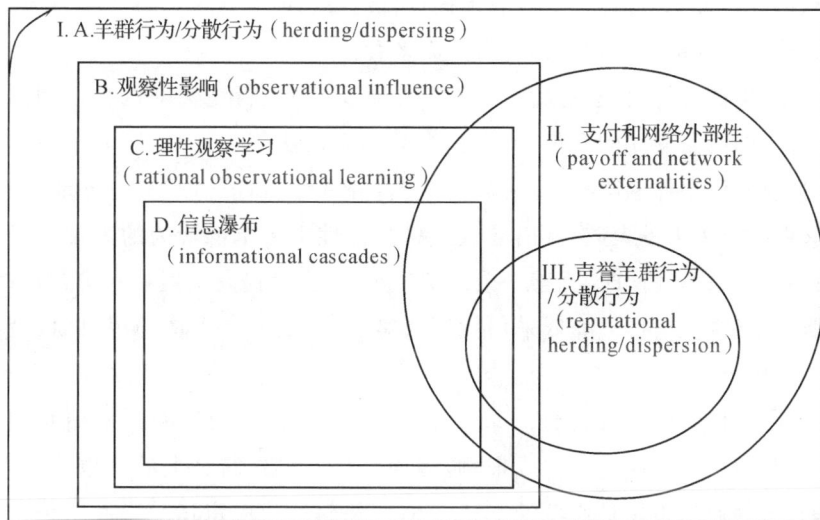

图 2-6 信息引致羊群行为和支付外部性引致羊群行为

如图 2-6 所示，信息引致羊群行为分为羊群行为/分散行为(A)、观察性影响(B)、理性观察学习(C)和信息瀑布(D)四个层级,而支付外部性引致羊群行为分为羊群行为/分散行为(I)、支付和网络外部性(II)以及声誉羊群行为/分散行为(III)三个层级。图 2-6 中,信息引致羊群行为和支付外部性引致羊群行为的内容存在一定的重叠,即表明在某一特定的羊群行为之中,信息引致和支付外部性引致共同发挥了作用。

从信息引致羊群行为方面来看:

A. 羊群行为/分散行为。由于信息的不确定性、不对称性和不充分性等因素,个体往往会观察他人的决策行为,并以此作为自己决策的依据,此时就容易产生信息引致羊群行为。需要注意的是,对他人决策行为的观察并不必然导致信息引致羊群行为,偏好相反的情况下也可能导致个体间的分散行为。

B. 观察性影响。个体自身的决策、行为依赖于个体观察到群体中他人的决策、行为或他人的行为结果,且这种依赖可能导致非理性的羊群行为。

C. 理性观察学习。理性观察学习是观察性影响的一种,强调个体将运用贝叶斯法则来对自身所观察到的信息进行加工,并以此作为自身决策、行为的参考。

D. 信息瀑布。信息瀑布是理性观察学习中的一种情形,当群体中相当数量的前人选择同一个决策行为时,其对后来的决策个体的影响将会很大,甚至使其忽视私人信息信号,而选择盲目地模仿前人。

从支付外部性引致羊群行为方面来看:

I. 羊群行为/分散行为。当某一个体的决策、行为会降低采用相同决策、行为的所有个体的支付,或者提高采用相同决策、行为的所有个体的报酬时,就称该个体的决策、行为具有"支付外部性",且这种"支付外部性"将引起群体行为上的聚敛,从而导致支付外部性引致羊群行为的大规模发生(王雪莹,2010)。同时,当某一个体的决策、行为会提高采用相同决策、行为的所有个体的支付,或降低采用相同决策、行为的所有个体的报酬时,就有可能导致个体间的分散行为。

II. 支付和网络外部性。某一个体的决策、行为会影响到采用相同决策、行为的所有个体的支付或报酬,因而会导致群体行为上的聚敛或分散。例如,移动通信市场是典型的支付和网络外部性效应市场。当使用单一相同产品的使用者人数不断增加时,其直接使用产品的效用将不断提升,且将吸引更多的未使用者加入。

III. 声誉羊群行为/分散行为。这类决策、行为上的聚敛或分散来源于个体试图对其他观察者保持良好声誉的动机。这种保持良好声誉的动机会引发支付与否的决策结果,并由此导致群体行为上的聚敛或分散。因此,声誉羊群行为/分散行为(Ⅲ)是支付和网络外部性(Ⅱ)的一个子集。

三、羊群行为的效应

社会经济学家认为,社会群体常常可以通过群体信念、价值观和行为规范等对相关或所属主体的心理和行为产生影响(布赖,1987)。羊群行为常常表现出"时尚"(epidemics)、"群体心理"(intergroup emotions)、"群体极化"(group polarozation)、"互相传染"(contagion)、"随大流"(follow the crowd)、"示范效应"(demonstration effect)、"从众效应"(conformity behavior)、"邻里效应"(neighborhood effect)、"模仿行为"(imitation)和"遵同效应"(conformity)等(Christie,Huang,1995)。

第三节　理论评述及机理分析

一、理论评述

传统经济学理论中,价格机制是整个经济学的核心,不同主体之间的相互影响完全通过市场信号来体现,完全符合经典经济学理论的理性人假设(Becker,Murphy,2000)。相比之下,羊群行为则长期处于经济学研究的边缘,尽管人类学家和社会学家反复强调群体、社会规范和社会结构等因素的重要性。目前,这一状况已经发生显著变化,越来越多的经济学理论和实证研究开始重视羊群行为的影响效应问题。Durlauf 和 Young(2001)从多重均衡、羊群行为的动态过程、群体互动和偏好演化等视角探究了羊群行为的影响效应。刘海月等(2018)研究显示,东道国特征以及公司治理机制与投资羊群行为显著相关,且东道国与行业投资羊群行为的影响因素存在差异:东道国选择的羊群行为主要受到诸如资源禀赋、劳动力成本等东道国特征的显著影响,而行业投资羊群行为则受董事会规模、独立董事比例、高管持股等公司治理机制的显著影响。张峰等(2019)研究发现,政府干预越多,或者市场的技术和需求波动性越强,企业越有可能跟风研发,即联动程度越高,而研发联动将显著降低企业的经营绩效。Kinoshita 和 Mody(2001)对日本公司的投资行为进行了研究,结果显示,公司对亚洲发展中国家是否进行直接投资的关键因素是别的公司是否也投资了那个国家。胡金焱、宋唯实(2018)研究表明,网络借贷中的羊群效应有利于提升投资者的投资效率,具体表现在羊群效应提高了投资者成功投资的概率,并且有助于投资者在低质量标的中将资金投资到潜在违约风险更低的标的之中。

显然,羊群行为理论能够成为解释中国农村人口问题的有效理论工具,因为他们的行为决策除考虑自身基本利益之外,常常受到群体心理、社会规范、亲朋好友、邻里等因素的影响。例如,高庆鹏、胡拥军(2013)研究显示,弱社区记忆的村社区成员仅仅作为"经济人"理性地计算来自公共产品供给的直接性收益,而强社区记忆的村社区成员同时也作为"社会人"来权衡参与公共产品供给所形成的关联性收益,因此强社区记忆的农村社区能够收敛于合作互惠的演化稳定均衡,而弱社区记忆的农村社区却无法有效组织公共产品供给的集体行动。王岩等(2017)认为,"道义经济"而非"经济理性"在农村土地流转中发挥重要功能。罗琦等(2016)通过对全国9个省的样本农户的调查发现,农民创业存在极强的模仿性,羊群效应明显。此外,徐静(2014)通过分析Y村的三批村民搬迁过程中的行为动机发现,第二批村民搬迁中行动的大多数人以初步搬迁的示范效应和多样的经济收入刺激等保持经济理性。事实上,已有相关研究发现,流转者意见、亲戚朋友支持、示范、从众、攀比、村庄社会场域等因素在农村土地经营权流转中扮演了重要角色(吴关芸,万洋,2019;陆益龙,张龙,2018;王欢,2018;常志强,2010;吴华,2017;汪姝邑,2016)。因此,有充分理由相信,羊群行为在我国农村土地经营权流转问题中具有嵌入性,导致单个农户的土地经营权流转的偏好、信念及其面临的预算约束等受到他人、群体、社会、规范等的直接影响,并最终导致农村土地经营权流转问题呈现出非完美理性和非同质期望。

二、机理分析

本书将通过个体视角和群体视角来论述农村土地经营权流转中农户羊群行为的内在逻辑。对比图2-7和图2-8,不难发现,两种不同视角解析农村土地经营权流转问题之间存在显著差异。仅从个体视角解析农村土地经营权流转问题时,农户被认为只针对农村土地经营权流转问题的价格机制而进行间接联系,且单个农户均不与其他农户产生直接联系。如果从群体视角解析农村土地经营权流转问题,除考虑农户通过农村土地经营权流转问题进行间接联系外,还要考虑参照群体中其他农户的影响①。由此,农村

---

① 参照群体是指与农户直接相连的其他农户个体的集合,且不同农户间的参照群体存在差异。

土地经营权流转中农户羊群行为的产生就有了社会基础。

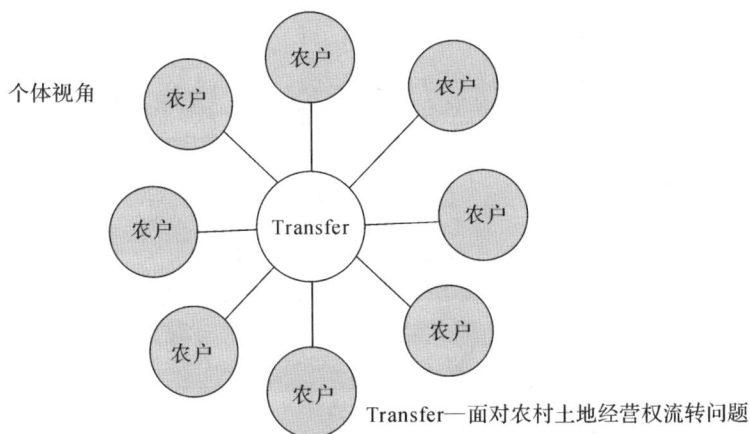

图 2-7 个体视角解析农村土地经营权流转问题

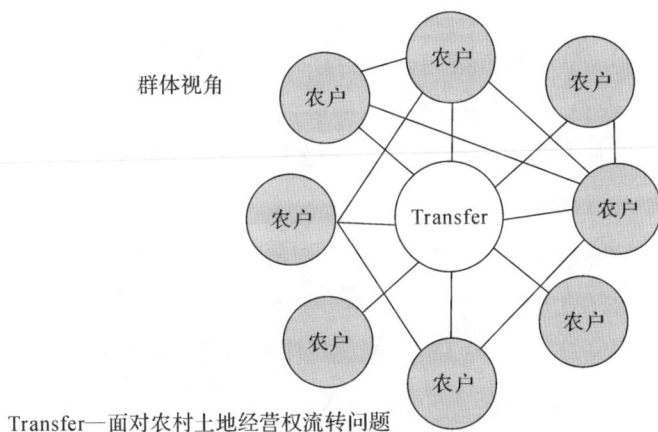

图 2-8 群体视角解析农村土地经营权流转问题

如图 2-9 所示,进一步将个体视角转向群体视角来解析农村土地经营权流转问题。面对农村土地经营权流转问题时,农户彼此之间会尽可能将事件相关者纳入身份建构框架内,这些事件相关者可能完全参与到事件中,可能以旁观者"半置身"于事件,甚至从未参与过事件。在社会互动驱动下,农户对他们认定的事件相关者进行身份建构,赋予他们以复杂的角色,并将他们与事件主体相连接。此时,事件相关者之间的关系及其行为判断就构成了农户关于事件的建构,由此个体事件将上升为群体事件,并完成了个体视角向群体视角的转变。

在此群体视角建构过程中,农户总体效用函数也将由个体效用函数转

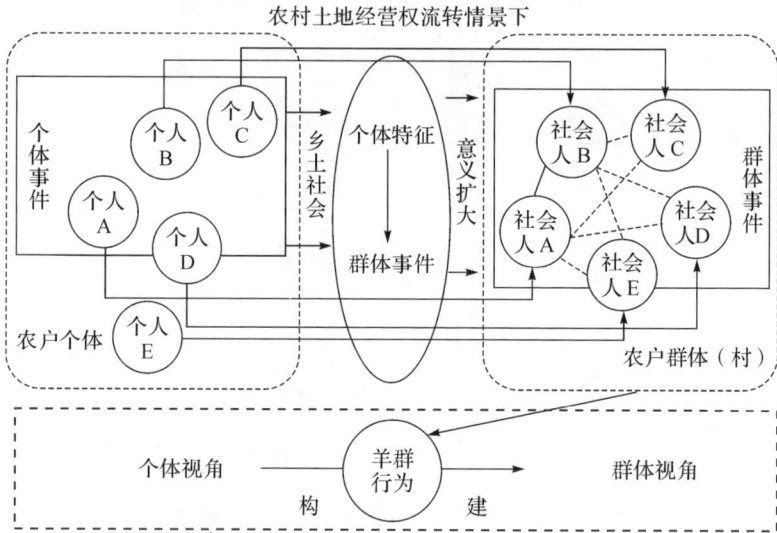

图 2-9 由个体视角向群体视角转化解析农村土地经营权流转问题

变为个体效用函数与社会效用函数的复合体。假设由 I 个农户组成的群体（村落），每个农户 i 在时间点 t 上均面临农村土地经营权流转问题，并通过选择 $\omega_{i,t} \in \Omega$ 使其效用最大化，农户 i 做出关于 $\omega_{i,t}$ 的选择时受到个体因素和社会因素的双重影响。

假设 $\widetilde{\omega}_{-i,t}$ 为 t 时刻社会因素对农户 i 产生的影响效应，X_i 为影响农户 i 选择土地经营权流转的个体因素。那么，农户 i 在 t 时刻选择 $\omega_{i,t}$ 的总体效应函数由其个体效用函数 $\upsilon(\omega_{i,t}, X_i)$ 和社会效用函数 $S(\widetilde{\omega}_{-i,t})$ 组成：

$$U_i(\omega_{i,t}, \widetilde{\omega}_{-i,t}, X_i) = \upsilon(\omega_{i,t}, X_i) + S(\widetilde{\omega}_{-i,t}) \qquad (2\text{-}1)$$

式(2-1)体现了个体因素和社会因素结合的关键特征，即个体效用函数 $\upsilon(\cdot)$ 所代表的个体动机和社会效用函数 $S(\cdot)$ 所代表的社会影响共同决定了个体激励(Zanella,2004)。同时，农户 i 的选择集取决于个体效用函数和社会效用函数，记为 $\Omega_{i,t}(X_i, S(\cdot))$。显然，农户 i 的选择 $\omega_{i,t}$ 是最大化其总体效用函数：

$$(\Omega_{i,t}, \omega_{i,t}) = \underset{\Omega, \omega}{\operatorname{argmax}} U_i \qquad (2\text{-}2)$$
$$\text{s.t.} \ \omega_{i,t} \in \Omega_{i,t}(X_i, S(\cdot))$$

式(2-2)是关于个体因素和社会因素对农村土地经营权流转影响的一般模型，其均衡是使得群体中的每个农户均达到了效用最大化，并导致单个农户决策问题(个体农户土地经营权流转问题)上升到农户群体决策问题(农村土地经营权流转问题)。

　　由此,在农村土地经营权流转中,当农户追求总体效应(个体效用和社会效用)最大化时,羊群行为便产生了。

第四节　本章小结

　　本章界定了相关概念,并对相关理论进行了梳理。第一部分,首先对农户、农村土地、三权分置以及农村土地经营权流转进行了界定,然后对土地产权理论、土地规模经济理论、制度变迁理论进行梳理,进而得出通过明晰产权、开展土地规模经营以及实施三权分置,以推进农村土地经营权流转的必要性。第二部分,首先对羊群行为进行了界定,然后对羊群行为的分类方法进行了梳理,并总结归纳了羊群行为的效应问题。最后一部分,在对相关概念和理论进行梳理的基础上,提出探究农村土地经营权流转中农户羊群行为的必要性,并通过探讨我国乡土社会情景下,从群体视角和社会效用视角分析农村土地经营权流转问题的必要性,达到分析羊群行为与农村土地经营权流转问题之间内在逻辑的目的。图 2-10 为理论基础分析后所得出的总结性研究结果。

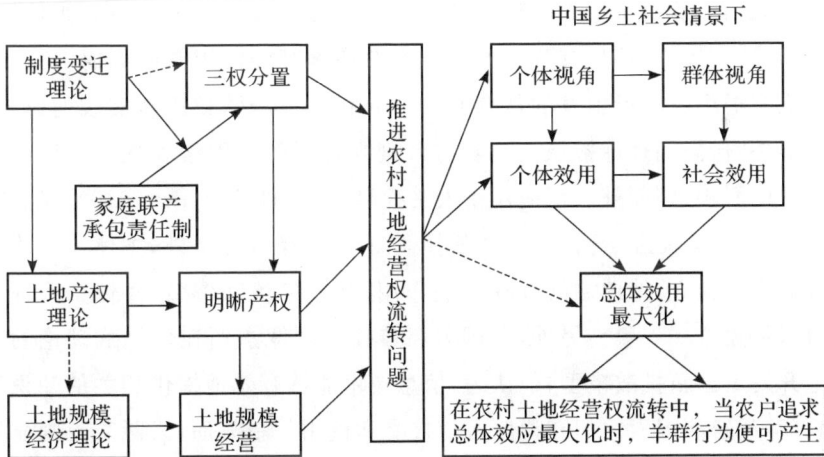

图 2-10　理论基础分析结果

第三章 农村土地经营权流转中的 农户羊群行为现象:扩散效应

本章分为八个部分:第一部分是对农村土地经营权流转中的农户羊群行为现象进行阐释;第二部分是对农村土地经营权流转的扩散模型进行构造;第三部分至第六部分是实证研究;第七部分为研究结论与政策建议;第八部分为本章小结。

第一节 问题提出

相关研究发现,客观经济因素(农户固有倾向或自身实际需要),以及农户群体中其他农户的退出决策所引发的从众心理将显著影响农村土地经营权流转进程(洪名勇,关海霞,2012;罗必良等,2012;孔祥智,徐珍源,2010;罗必良,2019;张桂颖,吕东辉,2017;王劲屹,2019;何欣等,2016;张桂颖,2017;蒋永甫等,2015)。因此,有必要在关注客观经济因素的同时,关注由其他农户退出决策所引发的从众心理对农村土地经营权流转实践的影响。理论界中,传染病理论被认为能够有效刻画客观经济因素和从众心理对社会事件的影响,因而被广泛应用于人文社科领域(Hill et al.,2010)。比如,Jackson(2008)认为,经济社会网络中,除了客观经济因素外,主体与主体之间并非完全独立,彼此之间存在影响作用、互相模仿和传染,而传染病理论则可以描述这一现象。另外,美国著名传播学者罗杰斯在传染病理论的基础上开发了创新扩散模型,他认为,信息技术能够有效地提供相关的知识和信息(客观经济因素),但在说服人们接受和使用创新方面,人际交流则显得更为直接、有效,且当采用者达到一定数量("临界数量")后,扩散过程将加快(Rogers,2003)。欧阳煌、李思(2016)研究发现,新型农业经营主体在生产要素网络中的初始位置(客观经济因素)越高,越能提高创新扩散速度,而其聚类系数越高,则越能促进创新扩散在具有较低传播临界值的潜在采用者之间传播。朱月季(2016)研究表明,作为传播者,最初接受农业技术培训的农户对创新在社会网络中扩散的整体进程存在显著影响。同时,张旭、侯光明(2018)研究显示,作为产品体验的集中体现,口碑对新产品扩散的影响已越发明显。显然,有足够的理由相信,传染病理论也能够刻画好客观经济因素和从众心理因素对农村土地经营权流转实践的影响。

因此,本章试图应用传染病学理论构建农村土地经营权流转的扩散模型,考察客观经济因素(农户自身固有倾向或实际需要)以及从众心理(已流转农户数量)在农村土地经营权流转的扩散过程中所扮演的角色,探讨农村土地经营权流转中的农户羊群行为现象存在与否,并以嘉兴市 BBZDS 村和WJJZMZ 村的数据进行实证研究。

第二节　扩散模型

运用传染病学理论(Diez Canedo,Jaramillo,2009;米传民等,2007),将农村土地经营权流转的扩散过程定义为"某村级社会体系的成员,通过特定渠道(邻里、亲戚和朋友等),传播自身有关土地经营权流转的决策信息,加上受到客观经济因素(固定倾向或自身实际需要)的驱动,农村土地经营权流转开始产生不断扩散的过程"。传染病学的"危险函数"应用于农村土地经营权流转的扩散过程,其含义则为"条件概率",亦即"某成员在 t 时点之前未曾流转农村土地经营权,而在 t 时点会发生流转农村土地经营权的概率"。用数学公式表示则为:

$$\lim_{\Delta \to 0} [Pr(k \leqslant t + \Delta / k \geqslant t)]$$
$$= \lim_{\Delta \to 0} \left[\frac{Pr(k \leqslant t + \Delta) - Pr(k \geqslant t)}{Pr(k \geqslant t)} \right] \to \frac{f(t)}{1 - F(t)} \tag{3-1}$$

式(3-1)中,k 为时间变量;t 为农村土地经营权流转的时点;$F(t)$ 为一个非递减连续函数,其值会随着时间 t 的推移越来越大,并趋近于 1,代表某农户在时间 t 之前会流转农村土地经营权的累积概率;$f(t)$ 为概率密度函数,是函数 $F(t)$ 的导数,表示农村土地经营权流转的概率随时间 t 变化的速度。假设 $H(t)$ 为某农户在时点 t 流转农村土地经营权的概率,条件是在该时点 t 之前该农户一直未决定是否要流转农村土地经营权。那么,条件概率 $H(t)$ 的表达式为:

$$H(t) = \frac{f(t)}{1 - F(t)} \tag{3-2}$$

假设 $N(t)$ 为在时点 t 之前已经决定流转农村土地经营权的农户数,$\overline{N}$ 为最终流转农村土地经营权的农户总数(固定常数),$n(t)$ 为恰在时点 t 上流转农村土地经营权的农户数,可得:

$$n(t) = \overline{N} f(t) \tag{3-3}$$

$$N(t) = \int_0^t n(t)\,\mathrm{d}x = \overline{N} \int_0^t f(t)\,\mathrm{d}t = \overline{N} F(t) \tag{3-4}$$

根据传染病学理论(Matesanz,Ortega,2015),进一步将 $H(t)$ 定义为:

$$H(t) = \alpha + \delta F(t) \tag{3-5}$$

将式(3-4)代入式(3-5),可得:

$$H(t) = \alpha + \beta N(t) \tag{3-6}$$

式(3-6)中,$\beta = \delta/\overline{N}$。$\alpha$ 是一个独立系数,即在 t 时点一定有 α 比例的农村土地经营权未流转者转变为农村土地经营权流转者[①]。按照传染病学理论,α 表示农村土地经营权流转的客观经济因素(固定倾向或自身实际需要),且这种固有倾向或自身实际需要与时点 t 前决定流转农村土地经营权的农户数量无关。同时,α 系数亦为创新系数(或外部影响系数),表示受到户主特征、家庭特征、土地特征、非农化程度等外部驱动因素的影响,而选择有偿流转农村土地经营权的概率(黎翠梅等,2019;陈雪婷等,2019;付振奇,陈淑云,2017;黄宇虹,樊纲治,2017)。β 为农村土地经营权流转的累积系数,即在 t 时点还有 $\beta N(t)$ 比例的农户数从农村土地经营权未流转者转变为农村土地经营权流转者。β 系数亦为模仿系数(或从众心理的影响系数),其大小受到累积已流转农村土地经营权的农户数的影响,表示尚未流转农村土地经营权的农户,受到已流转农村土地经营权的农户数量大小的影响,决定流转农村土地经营权的概率。

令式(3-2)和式(3-6)两个方程相等,可得到扩散模型的初始表达式:

$$\frac{f(t)}{1 - F(t)} = \alpha + \beta N(t) \tag{3-7}$$

经计算,可得农村土地经营权流转的扩散方程:

$$n(t) = \alpha \overline{N} + (\beta \overline{N} - \alpha) N(t) - \beta \left[N(t) \right]^2 \tag{3-8}$$

根据农村土地经营权流转的扩散方程,只需获得 $\overline{N}$、α 和 β 的估计值,便可得到农村土地经营权流转的动态变化曲线(见图 3-1),并可依据 α 和 $\beta\overline{N}$ 值的大小来判断农村土地经营权流转的动态变化趋势。如果 $\beta\overline{N} > \alpha$,则农村土地经营权流转速度将由慢变快,经历高峰后,速度开始缓慢下降,并使得 $n(t)$ 关于时间 t 的图像呈倒 U 形。反之,如果 $\alpha > \beta\overline{N}$,则最高农村土地经营权流转速度将出现在前期阶段,此后流转速度持续下降。不仅如此,$\beta\overline{N}$ 值越小,农村土地经营权流转数量增长所需时间就越长。如果 α 和 $\beta\overline{N}$

---

① 流转包括即将发生、已经确定和有意向的土地经营权流转。

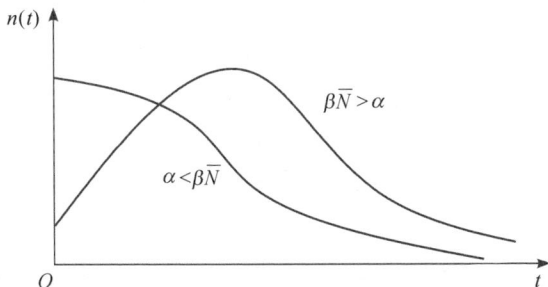

图 3-1 农村土地经营权流转的动态变化曲线

值都较大,则农村土地经营权流转速度将迅速上升,达到最大值后又迅速下降。

第三节 调查区域

嘉兴市位于浙江省东北部、长江三角洲杭嘉湖平原腹心地带,陆地总面积 3915 平方千米,下辖南湖区和秀洲区两个区,平湖、海宁、桐乡三个市,嘉善、海盐两个县,共有 44 个镇、246 个城市社区、115 个城镇社区、809 个行政村。随着工业化、城市化的快速推进,嘉兴市农村大批劳动力向第二、三产业转移。为促进农业适度规模经营,加快农业转型升级和现代农业的发展,嘉兴市从 2008 年开始率先开展了以"两分两换"为重点的农村土地产权制度改革①,在贯彻落实《中华人民共和国农村土地承包法》,切实维护农民土地承包权益的基础上,结合统筹城乡综合配套改革的实践,多模式、全方位鼓励和引导农民开展农村土地经营权流转,创新农业经营体制,培育和发展家庭农场、农民专业合作社、农业龙头企业等经营主体,吸纳流转土地,以提高农用土地的集约经营水平(详见附录 1)。截至 2016 年 3 月底,全市累计流转土地 88.46 万亩,占全市承包土地面积的 36.18%,累计建立土地股份合作社 52 家,入股土地面积 2.55 万亩。

本章选取嘉兴市 BBZDS 村和 WJJZMZ 村为被调查村落。目前,BBZDS 村和 WJJZMZ 村已经完成全部的农村土地经营权流转规划。

(1)BBZDS 村。BBZDS 村位于嘉兴市海盐县东北部,全村区域面积 2.68 平方千米,耕地面积 2314 亩,农户总数 369 户,总人口 1331 人。2008

---

① "两分两换"指承包地与宅基地分开,农房搬迁与土地流转分开,以宅基地置换城镇房或异地建房,以土地经营权换取社会保障。

年,BBZDS 村被列为嘉兴市"两分两换"试点村,全面开展农村集体土地所有权确权登记发证工作。截至 2010 年底,BBZDS 村开展农村集体土地所有权地籍调查 415 宗,调查面积 2314 亩,完成率 100%;共划定争议地数 2 宗,面积 12.6 亩;应登记发证面积 2301.4 亩,已登记发证面积 2301.4 亩,完成率 100%。到 2012 年 6 月底,BBZDS 村累计流转土地 2314 亩,实现了整村流转的目标。

(2)WJJZMZ 村。WJJZMZ 村紧靠京杭大运河东侧,全村区域面积 1.73 平方千米,下辖 14 个村民小组、5 个片区,耕地面积 1331 亩,农户总数 439 户,总人口 1946 人。截至 2014 年 7 月,WJJZMZ 村累计流转土地面积 1331 亩,完成整村整组流转规划。

第四节　数据收集

本研究采用进入实地现场的方式以获得调查数据。BBZDS 村的调查时间为 2017 年 10 月 28 日,WJJZMZ 村的调查时间为 2016 年 11 月 16 日,中间穿插其他时间展开进一步调查。调查对象为村党支部书记、村民委员会主任、村民委员会副主任和村民委员会成员等。为有效获得调查数据,调查者准备了由单位开具的身份证明和调查介绍信,并展示给调查对象。调查内容包括:①该村的土地经营权流转方式;②该村的土地经营权流转情况;③村民对农村土地经营权流转的感受、态度、观点与想法;④各时间点农村土地经营权流转的农户数。经正式的调查访谈及查阅农村土地经营权流转的记录资料,整理得到 BBZDS 村和 WJJZMZ 村土地经营权流转的数据资料,如表 3-1 所示。

表 3-1　BBZDS 村和 WJJZMZ 村的土地经营权流转数据

BBZDS 村			WJJZMZ 村		
时间/天	流转农户数/户	流转农户数增量/户	时间/天	流转农户数/户	流转农户数增量/户
0(起始时间)	7	7	0(起始时间)	16	16
15	19	12	18	28	12
30	34	15	36	39	11
45	45	11	54	51	12

续表

BBZDS 村			WJJZMZ 村		
时间/天	流转农户数/户	流转农户数增量/户	时间/天	流转农户数/户	流转农户数增量/户
60	64	19	72	74	23
75	86	22	90	99	25
90	109	23	108	126	27
105	136	27	126	161	35
120	158	22	144	187	26
135	182	24	162	210	23
150	197	15	180	229	19
165	213	16	198	247	18
180	227	14	216	258	11
195	243	16	234	274	16
210	249	6	252	293	19
225	256	7	270	305	12
240	262	6	288	320	15
255	270	8	306	329	9
270	272	2	324	334	5
285	283	11	342	341	7
300	286	3	360	347	6
315	289	3	378	352	5
330	295	6	396	359	7
345	302	7	414	364	5
360	308	6	432	367	3
375	317	9	450	369	2
390	326	9	468	373	4
405	328	2	486	376	3
420	332	4	504	383	7
435	338	6	522	386	3
450	343	5	540	394	8
465	350	7	558	396	2

续表

BBZDS 村			WJJZMZ 村		
时间/天	流转农户数/户	流转农户数增量/户	时间/天	流转农户数/户	流转农户数增量/户
480	356	6	576	405	9
495	361	5	594	407	2
510	363	2	612	411	4
525	369	6	630	416	5
农户总数(369)			648	419	3
			666	424	5
			684	427	3
			702	431	4
			720	433	2
			738	436	3
			756	437	1
			774	439	2
			农户总数(439)		

BBZDS 村土地经营权流转历经 525 天的生命周期,完成 369 户农户的土地经营权流转规划。WJJZMZ 村土地经营权流转历经 774 天的生命周期,完成 439 户农户的土地经营权流转规划。

第五节　参数估计方法

扩散模型的参数估计方法可由最小二乘法、最大似然法和非线性回归估计方法进行估计,目前非线性回归估计方法被普遍认为是误差最小的估计方法(Clouser McCann et al.,2015;Gray,1973;Walker,1969)。本节将采用非线性回归估计方法,以获得农村土地经营权流转的扩散方程的参数估计。

将方程 $f(t) = [\alpha + \beta N(t)][1 - F(t)]$ 进行离散化处理,得到:

$$f(t) = [\alpha + \beta N(t-1)][1 - F(t-1)] \tag{3-9}$$

将该方程两边同时乘以 $\overline{N}$,得到:

$$\overline{N} f(t) = n(t) = [\alpha + \beta N(t-1)][\overline{N} - N(t-1)] \tag{3-10}$$

　　根据表 3-1 所列的农村土地经营权流转的观察值，即可利用非线性回归估计方法来确定参数值（α 和 β 值），并使得方差和最小。

第六节　结果与分析

　　本章采用 SAS 统计软件对 BBZDS 村和 WJJZMZ 村的土地经营权流转数据进行非线性回归[①]，从而得到 α 和 β 的参数估计值。同时，SAS 计算结果显示，在 BBZDS 村和 WJJZMZ 村中，农村土地经营权流转的扩散模型拟合结果显示均为收敛，且拟合 R^2 均在 0.98 以上。F 检验结果显示农村土地经营权流转的扩散模型均通过了显著性检验，这表明扩散模型拟合较好地反映了实际数据的变化规律。此外，BBZDS 村的 α 和 β 参数估计值分别在 1％ 和 5％ 水平上显著，而 WJJZMZ 村的 α 和 β 参数估计值分别在 1％ 和 10％ 水平上显著。

　　在完成 α 和 β 参数估计，以及拟合度检验等后，进一步通过 Excel 计算 α 和 $\beta\overline{N}$ 参数估计值及农村土地经营权流转的预测数值，如表 3-2 所示。

表 3-2　BBZDS 村和 WJJZMZ 村的土地经营权流转趋势及预测结果

BBZDS 村					WJJZMZ 村				
时间/天	流转农户数/户	流转农户数增量/户	预测流转农户数/户	预测流转农户数增量/户	时间/天	流转农户数/户	流转农户数增量/户	预测流转农户数/户	预测流转农户数增量/户
0	7	7	14.84	14.84	0	16	16	17.84	17.84
15	19	12	30.31	15.48	18	28	12	36.33	18.48
30	34	15	46.35	16.03	36	39	11	55.36	19.03
45	45	11	62.84	16.49	54	51	12	74.81	19.45
60	64	19	79.67	16.83	72	74	23	94.56	19.75
75	86	22	96.72	17.05	90	99	25	114.48	19.92
90	109	23	113.86	17.14	108	126	27	134.42	19.94
105	136	27	130.95	17.09	126	161	35	154.24	19.82
120	158	22	147.84	16.90	144	187	26	173.80	19.55

[①]　SAS 是由美国北卡罗来纳州立大学 1966 年开发的统计分析软件，由数十个专用模块构成，功能包括数据访问、数据储存及管理、应用开发、图形处理、数据分析、报告编制、运筹学方法、计量经济学与预测等。

续表

BBZDS 村					WJJZMZ 村				
时间/天	流转农户数/户	流转农户数增量/户	预测流转农户数/户	预测流转农户数增量/户	时间/天	流转农户数/户	流转农户数增量/户	预测流转农户数/户	预测流转农户数增量/户
135	182	24	164.42	16.58	162	210	23	192.95	19.15
150	197	15	180.55	16.13	180	229	19	211.58	18.63
165	213	16	196.13	15.57	198	247	18	229.56	17.99
180	227	14	211.05	14.92	216	258	11	246.81	17.25
195	243	16	225.23	14.19	234	274	16	263.24	16.43
210	249	6	238.63	13.39	252	293	19	278.79	15.55
225	256	7	251.18	12.55	270	305	12	293.42	14.63
240	262	6	262.87	11.69	288	320	15	307.10	13.68
255	270	8	273.70	10.82	306	329	9	319.82	12.72
270	272	2	283.66	9.96	324	334	5	331.59	11.77
285	283	11	292.78	9.12	342	341	7	342.43	10.84
300	286	3	301.09	8.31	360	347	6	352.36	9.93
315	289	3	308.63	7.54	378	352	5	361.43	9.07
330	295	6	315.43	6.81	396	359	7	369.67	8.25
345	302	7	321.56	6.13	414	364	5	377.15	7.47
360	308	6	327.05	5.49	432	367	3	383.90	6.75
375	317	9	331.96	4.91	450	369	2	389.98	6.08
390	326	9	336.34	4.38	468	373	4	395.45	5.47
405	328	2	340.24	3.89	486	376	3	400.35	4.90
420	332	4	343.69	3.46	504	383	7	404.73	4.38
435	338	6	346.76	3.06	522	386	3	408.64	3.91
450	343	5	349.46	2.71	540	394	8	412.13	3.49
465	350	7	351.85	2.39	558	396	2	415.24	3.10
480	356	6	353.96	2.11	576	405	9	417.99	2.76
495	361	5	355.82	1.86	594	407	2	420.44	2.45
510	363	2	357.45	1.63	612	411	4	422.62	2.17
525	369	6	358.88	1.43	630	416	5	424.54	1.92

BBZDS 村					WJJZMZ 村				
时间/天	流转农户数/户	流转农户数增量/户	预测流转农户数/户	预测流转农户数增量/户	时间/天	流转农户数/户	流转农户数增量/户	预测流转农户数/户	预测流转农户数增量/户
农户总数	369				648	419	3	426.24	1.70
α	0.040211626***				666	424	5	427.75	1.51
β	0.00023502**				684	427	3	429.08	1.33
$\beta \overline{N}$	0.086724224				702	431	4	430.26	1.18
					720	433	2	431.30	1.04
					738	436	3	432.21	0.92
					756	437	1	433.02	0.81
					774	439	2	433.74	0.71
					农户总数	439			
					α	0.04064887***			
					β	0.00018128*			
					$\beta \overline{N}$	0.079758225			

注:*表示统计检验达到 10% 显著水平;**表示统计检验达到 5% 显著水平;***表示统计检验达到 1% 显著水平。

　　根据 BBZDS 村土地经营权流转的趋势及预测结果,便可画出 BBZDS村土地经营权流转的动态变化曲线,如图 3-2 所示。参数估计结果表明,α和 β 均显著,$\beta \overline{N}$(0.086724224)略大于 α(0.040211626),使得农村土地经营权流转速度 $n(t)$ 迅速由慢变快,经历高峰后,速度开始缓慢下降,最高农村土地经营权流转速度出现在前期阶段。BBZDS 村土地经营权流转的生命周期为 525 天,流转农户数增量迅速增加,并在第 105 天达到最高点,以105 天为分界点,在其生命周期的后半段,每天流转农户数增量开始逐步递减,且减速逐步增加,越到后期,其递减的速度将越快。

　　根据 WJJZMZ 村土地经营权流转的趋势及预测结果,便可画出WJJZMZ 村土地经营权流转的动态变化曲线,如图 3-3 所示。参数估计结果表明,α 和 β 均显著,$\beta \overline{N}$(0.07958225)略大于 α(0.04064887),且两者均较大,使得农村土地经营权流转速度 $n(t)$ 迅速由慢变快,经历高峰后,速度开始缓慢下降,最高农村土地经营权流转速度出现在前期阶段。WJJZMZ

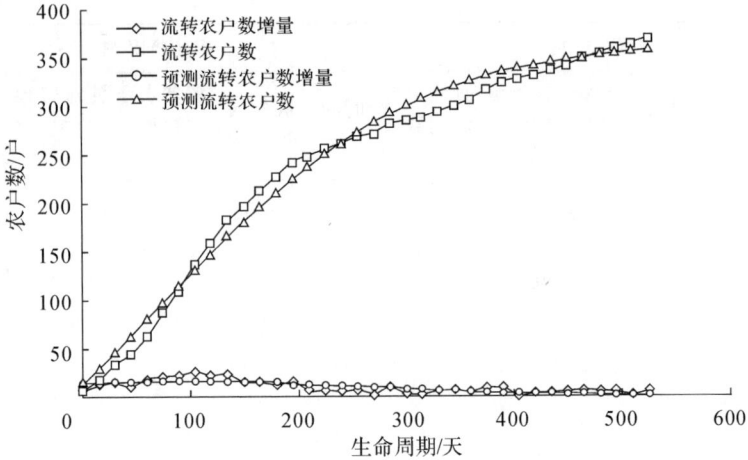

图 3-2　BBZDS 土地经营权流转的动态变化

村土地经营权流转的生命周期为 774 天,流转农户数增量迅速增加,并在第
126 天达到最高点,以 126 天为分界点,在其生命周期的后半段,每天流转
农户数增量将开始逐步递减,且减速将逐步增加,越到后期,其递减的速度
将越快。

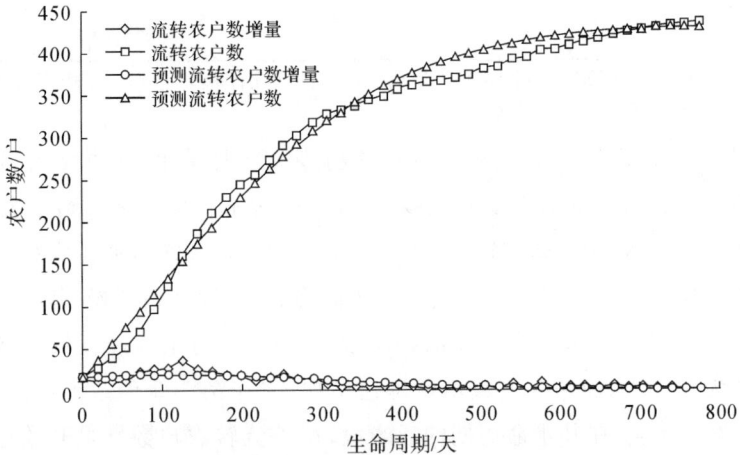

图 3-3　WJJZMZ 村土地经营权流转的动态变化

第七节　研究结论与对策建议

　　本章以传染病学理论为理论基础,构建了农村土地经营权流转的扩散
模型,探讨客观经济因素(农户自身固有倾向或实际需要)和从众心理因素

(已流转农户数量)对农村土地经营权流转的影响作用,进而探究农村土地经营权流转中的农户羊群行为现象,并利用嘉兴市 BBZDS 村和 WJJZMZ 村的调查数据进行了实证研究。

一、研究结论

第一,农村土地经营权流转中的农户自身固有倾向或实际需要和已流转农户数量对农村土地经营权流转的影响均达到显著水平,共同推进农村土地经营权流转的扩散过程。这表明,农村土地经营权流转问题是一个外部客观经济条件驱动及内部成员互相作用的过程,表现出明显的羊群行为现象。

第二,农村土地经营权流转受到外部客观经济因素驱动条件的显著影响,表现为农户自身固有倾向或实际需要是影响农村土地经营权流转的重要因素。

第三,农村土地经营权流转受到内部成员决策结果(从众心理因素)的显著影响,表现为已流转农户数量是农户决定是否参加农村土地经营权流转的重要参考依据。

第四,农村土地经营权流转的从众效应凸显,表明农户土地经营权流转决策将有可能出现以已流转农户数量信息作为行动参考的情形,并由此表现出羊群行为。

二、对策建议

第一,在推进农村土地经营权流转实践的过程中,除关注外部客观经济驱动条件外,还需同时关注从众心理因素(已流转农户数量)的影响效应问题。

第二,外部客观经济驱动条件(自身固有倾向或实际需要)需在推进农村土地经营权流转实践中得到密切关注。

第三,农村土地经营权流转的推进可以通过"示范效应"来实现:当部分农户率先通过参与农村土地经营权流转政策并获得了显著的收益时,其他农户也会逐渐开始模仿其成功经验。

第四,农村土地经营权流转问题会引发羊群行为,并可能导致盲目跟风和流转后后悔等现象。因此,有必要形成正确的舆论导向,以有序引导适合流转的农户自愿有偿流转土地经营权。

第八节　本章小结

本章探析农村土地经营权流转的扩散过程中,外部客观经济因素(自身固有倾向或实际需要)和从众心理因素(已流转农户数量)的影响效应问题,并据此探析农村土地经营权流转中的农户羊群行为现象存在与否。以传染病学理论为基础,构建了农村土地经营权流转的扩散模型,并利用嘉兴市BBZDS村和WJJZMZ村的调查数据进行实证研究。研究结果表明:①外部客观经济因素和从众心理因素均对农村土地经营权流转产生显著影响,表现出显著的羊群行为现象。②农户自身固有倾向或实际需要是农村土地经营权流转的重要因素。③已流转农户数量是农户决定是否参加农村土地经营权流转的重要依据。④农村土地经营权流转的模仿效应凸显,表现为羊群行为。关注农户自身固有倾向或实际需要以及已流转农户数量的影响效应问题,有助于推进农村土地经营权流转实践。

第四章　农村土地经营权流转中的农户羊群行为机理:社会网络信息的作用

本章分为十个部分:第一部分是对农村土地经营权流转中社会网络信息引致羊群行为问题进行阐释;第二部分是对农村土地经营权流转中的农户羊群行为机理进行理论推演并提出研究假设;第三部分至第八部分为实证研究;第九部分为研究结论与政策建议;第十部分为本章小结。

第一节　问题提出

农户的羊群行为与其获取、解读和利用信息的能力密切相关(Bandiera,Rasul,2006)。段力誌(2011)、刘亚(2012)和郭斌等(2013)认为,国家和集体的土地经营权流转政策以及社会网络是农户交流和获取信息的主要渠道,均对农户的决策行为产生深刻影响。于传岗(2011)认为,农村土地经营权流转过程中存在信息搜寻、传递和评估成本。石冬梅(2013)认为,农村土地经营权流转中的信息非对称会导致流转效率低、资源配置不合理等问题。关艳(2011)和王安春(2011)研究发现,农户对土地经营权流转政策信息有着强烈的需求,但由于政府提供信息的渠道狭窄、作用有限,农户必须花费大量时间和精力去搜寻土地经营权流转政策信息。面对过高的搜寻成本,农户更倾向于依靠熟人、亲朋好友和其他农户所提供的信息(关艳,2011)。宋伟、任大延(2011)认为,农户土地经营权流转意愿不仅受到经济理性人逻辑的支配,还受到其所处社会网络的影响。首先,社会网络充当了重要的信息流通载体,降低了农户搜寻信息的成本(吴玉锋,吴中宇,2011;Nahapiet,Ghoshal,1998)。其次,社会网络在信息共享中的重要性甚至超过了正式的合作程序(Andrews,Delahaye,2000)。第三,社会网络富含积极的情感,这种情感激发了普遍信任和制度信任的产生(Paxton,1999)。最后,社会网络中个体的决策行为易受到参照群体的影响(Manski,2000)。个体对群体的认同程度越高,越易受群体意见影响;个体决策行为与群体关系越密切,越易受群体意见影响;个体决策信心越低,越易受群体意见影响(Henderson,Thesse,2004)。由此可见,当农户土地经营权流转决策行为更倾向于依赖来自熟人、亲朋好友和其他农户等的社会网络信息而非农村土地经营权流转政策信息时,农户将有可能表现出羊群行为。

因此,本章通过纳入农村土地经营权流转信息成本、社会网络信息(亲戚朋友参与数量和其他农户参与数量)等变量,构建农村土地经营权流转决策树模型,探究农户在农村土地经营权流转过程中出现羊群行为的机理,提出农户羊群行为产生条件的研究假设,并通过浙江省嘉兴市农户土地经营权流转决策行为的调查数据来验证研究假设。

第二节 理论模型与研究假设

根据农村土地经营权流转决策树模型(见图 4-1),将农户土地经营权流转决策过程分以下 3 个步骤。

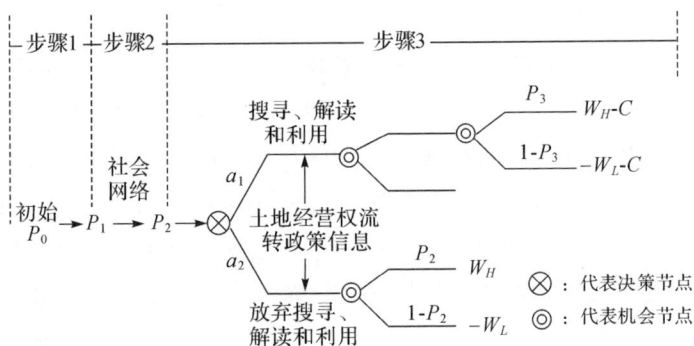

图 4-1 农村土地经营权流转决策树模型

步骤 1:假设农户参与农村土地经营权流转将带来高"H"与低"L"两种可能,分别对应于"W_H"和"W_L"两种收益状态。最初,农户土地经营权流转信念来自他对参与农村土地经营权流转能够带来收益的判断,且分别产生 P_0 和 $1-P_0$ 两种流转概率。因此有:

$$\begin{cases} p(收益=H)=P_0 \\ p(收益=L)=1-P_0 \end{cases} \quad (4-1)$$

假设农户土地经营权流转信念受到亲戚朋友参与数量的影响。当观察到亲戚朋友参与农村土地经营权流转时,农户土地经营权流转信念将发生变化。因此有:

$$\begin{cases} p(收益=H \mid 亲戚朋友参与数量)=P_1 \\ p(收益=L \mid 亲戚朋友参与数量)=1-P_1 \end{cases} \quad (4-2)$$

步骤 2:假设农户土地经营权流转信念还受到其他农户参与数量①的影响。当观察到其他农户参与土地经营权流转时,农户土地经营权流转信念将发生变化。因此有:

$$\begin{cases} p(\text{收益}=H \mid \text{亲戚朋友参与数量},\text{其他农户参与数量})=P_2 \\ p(\text{收益}=L \mid \text{亲戚朋友参与数量},\text{其他农户参与数量})=1-P_2 \end{cases}$$

$$(4\text{-}3)$$

由式(4-3)可知,当亲戚朋友和其他农户参与数量增加时,农户土地经营权流转信念也将增加。此时,农户的期望收益 ER_2 为:$ER_2=P_2 \times W_H - (1-P_2) \times W_2$。

步骤 3:如果农户进一步搜寻、解读和利用农村土地经营权流转政策信息,并据此对参与农村土地经营权流转所产生的收益进行评估,其土地经营权流转信念将发生变化。因此有:

$$\begin{cases} p(\text{收益}=H \mid \text{亲戚朋友参与数量},\text{其他农户参与数量}, \\ \qquad \text{土地经营权流转政策信息})=P_3 \\ p(\text{收益}=L \mid \text{亲戚朋友参与数量},\text{其他农户参与数量}, \\ \qquad \text{土地经营权流转政策信息})=1-P_3 \end{cases}$$

$$(4\text{-}4)$$

农户搜寻、解读和利用农村土地经营权流转政策信息,必将产生一系列成本,包括信息获得难度、信息获得时间与金钱耗费以及信息解读与利用难度所造成的成本。农户搜寻、解读和利用农村土地经营权流转政策信息对其参与农村土地经营权流转所产生收益进行评估得到的结果可能是正的、零或负的。如果农户的评价结果是正的,则 $P_3 > P_2$;否则 $P_3 \leqslant P_2$。当 $P_3 \times W_H - (1-P_3) \times W_L > 0$ 时,农户的最优选择是参与农村土地经营权流转。此时,农户的期望收益 ER_3 为:$P_3 \times W_H - (1-P_3) \times W_L - C$。

当农户的最优选择是放弃搜寻、解读和利用农村土地经营权流转政策信息,而直接从亲戚朋友和其他农户参与情况中获取足够的农村土地经营权流转信念来决定参与农村土地经营权流转时,农户表现出羊群行为②。

---

① "其他农户"指农户所知道的、除亲戚朋友外,所有参与农村土地经营权流转的农户,且不限于同一个村。

② 羊群行为可分为隐性羊群行为和显性羊群行为两种。本章中隐性羊群行为指农户放弃搜寻、解读和利用土地经营权流转政策信息,但从亲戚朋友和其他农户参与情况中又无法获取足够的土地经营权流转信念而决定个参与土地经营权流转的行为;显性羊群行为指农户的最优选择是放弃搜寻、解读和利用土地经营权流转政策信息,而直接从亲戚朋友和其他农户参与情况中能够获取足够的土地经营权流转信念来决定参与土地经营权流转的行为。与大多数研究一样,本章只研究显性羊群行为,并在无特殊说明的情况下将显性羊群行为标记为羊群行为(Chiang,Zheng,2010)。

农户表现出羊群行为需满足以下不等式条件：

$$\begin{cases} ER_{\text{社会网络信息+土地经营权流转政策信息}} < ER_{\text{社会网络信息}} \\ P_3 \times W_H - (1-P_3) \times W_L > 0 \end{cases} \tag{4-5}$$

根据式(4-5)，可推出如下命题：

命题 1：保持其他因素不变，如果农户搜寻、解读和利用农村土地经营权流转政策信息的成本增加，农户表现出羊群行为的概率将增加。

命题 2：保持其他因素不变，如果农户从亲戚朋友和其他农户参与土地经营权流转情况中能够获取足够的农村土地经营权流转信念，农户表现出羊群行为的概率将增加。

证明：首先，考虑 ER_3 是 ER_2 和一个随机变量的线性组合：

$$ER_3 = ER_2 + \zeta - C \tag{4-6}$$

根据图 4-1 的农村土地经营权流转决策树模型，农户进一步搜寻、解读和利用农村土地经营权流转政策信息的期望收益为：$ER_{\text{社会网络信息+土地经营权流转政策信息}} = p(s_1) \times ER_3 - [1-p(s_1)] \times C$；且农户放弃搜寻、解读和利用土地经营权流转政策信息，而直接依据社会网络信息来决定参与农村土地经营权流转的期望收益为：$ER_{\text{社会网络信息}} = ER_2$。因此，农户表现出羊群行为的概率为：

$$\begin{aligned} p_{\text{羊群行为}} &= p(s_1) \times p(ER_{\text{社会网络信息+土地经营权流转政策信息}} < ER_{\text{社会网络信息}}) \\ &= p(s_1) \times p[p(s_1)] \times ER_3 - [1-p(s_1)] \times C < ER_2 \end{aligned} \tag{4-7}$$

由于 $ER_3 = P_3 \times W_H - (1-P_3) \times W_L \times C$，并且 $ER_3 = ER_2 + \zeta - C$，因此，根据图 4-1，有：$p(s_1) = p[P_3 \times W_H - (1-P_3) \times W_L > 0] = p(ER_3 + C > 0) = p(ER_2 + \zeta > 0)$。如果保持不变，当 C 增加时，$p(s_1)$ 将保持不变，但 $p(ER_{\text{社会网络信息+土地经营权流转政策信息}} < ER_{\text{社会网络信息}})$ 会随之增加。

这意味着，农户搜寻、解读和利用农村土地经营权流转政策信息成本的增加将导致农户表现出羊群行为概率的增加。

由此，命题 1 得到证明。

根据式(4-7)，如果保持不变，假使 $ER_2 > 0$，则有：

$$p(s_1) \times (ER_2 + \zeta - C) - [1-p(s_1)] \times C < ER_2 \tag{4-8}$$

$$p(s_1) \times ER_2 + p(s_1)\zeta - p(s_1)C - C + p(s_1)C < ER_2 \tag{4-9}$$

$$p(s_1) \times ER_2 + p(s_1)\zeta - C < ER_2 \tag{4-10}$$

由于 $0 \leqslant p(s_1) \leqslant 1$，当 $\dfrac{|ER_2|}{|\zeta|}$ 增加时，$p(ER_{\text{社会网络信息+土地经营权流转政策信息}} < ER_{\text{社会网络信息}})$ 也会增加。

这意味着，如果能够从亲戚朋友和其他农户参与农村土地经营权流转情况中获取足够的农村土地经营权流转信念，则农户表现出羊群行为的概率将增加。

由此，命题 2 得到证明。

依据命题 1 和命题 2，得出以下推论：

推论：命题 1 和命题 2 表明，当搜寻、解读和利用农村土地经营权流转政策信息的成本足够高，农户却可以免费地依靠社会网络信息获取足够的土地经营权流转信念而决定参与农村土地经营权流转时，他们表现出羊群行为。

推论还需佐以实证检验。

因此，本章基于理论推导提出以下有待验证的研究假设：

当农户需要花费额外的、足够高的成本去搜寻、解读和利用农村土地经营权流转政策信息，却可以免费地从亲戚朋友和其他农户参与农村土地经营权流转情况中获取足够的土地经营权流转信念时，农户仍对参与农村土地经营权流转具有强烈意愿，并表现出羊群行为。

第三节　数据收集

本章研究的数据收集采用实地调查的方法，实地调查的时间为 2015 年 6 月 26 日至 2017 年 9 月 29 日，调查对象为 18～75 岁的农户户主。调查地点包括嘉兴市南湖区的余新镇、凤桥镇、新丰镇、大桥镇、七星镇，秀洲区的王店镇、洪合镇、新塍镇、王江泾镇、油车港镇，海盐县的沈荡镇、百步镇、于城镇、澉浦镇、通元镇。这些目标地区为嘉兴市农村土地经营权流转的示范镇，并已在农村产权制度改革方面取得一定的成效，能够充分反映嘉兴市农户对农村土地经营权流转的总体反应情况。本次调查通过费用函数确定总体样本量[①]，并采用多阶段抽样方法确定样本农户[②]，在 15 个镇共发放 966

---

① 若给定调查费用要求，则可以通过费用函数确定样本量。通常的费用函数公式为：$n = (C_r - c_0)/c_1$，其中，C_r 表示总费用，c_0 表示固定费用，c_1 表示调查一个样本的平均费用，n 表示样本量。本次调查中，C_r 为 18720 元，c_0 为 1332 元，c_1 为 18 元，因此，可确定样本量的上限为 966 个。

② 多阶段抽样方法分为分层抽样、整群抽样和系统抽样三个阶段。第一阶段抽样，以每个示范镇农业户籍人口占 15 个示范镇农业户籍人口总数的比例作为 966 个样本在各个示范镇的分配比例，计算出每个示范镇所需要的样本量。第二阶段抽样，将每个示范镇内所有村庄按拼音顺序排序，通过摇号的方式确定 4 个样本村，平均分配样本量。第三阶段抽样，由调查员采用"隔五抽一"方式选择样本农户。若样本村农户数量不足，则将差额分配到第 5 甚至第 6 个样本村，并以此类推。

份问卷。删除遗漏信息、明显不符合逻辑的无效问卷,获得有效问卷 673 份,问卷有效率达到 69.97%。

第四节　变量设定与测量

为了验证研究假设,本章将农村土地经营权流转中的农户羊群行为研究转化为亲戚朋友参与数量、其他农户参与数量、土地经营权流转政策信息成本、二元交互项(亲戚朋友参与数量×其他农户参与数量、亲戚朋友参与数量×土地经营权流转政策信息成本、其他农户参与数量×土地经营权流转政策信息成本)和三元交互项(亲戚朋友参与数量×其他农户参与数量×土地经营权流转政策信息成本)对农户土地经营权流转意愿影响的回归分析。通过加入交互项,本章可分析社会网络信息在土地经营权流转政策信息成本与农户土地经营权流转意愿之间的调节作用。社会网络信息在土地经营权流转政策信息成本与农户土地经营权流转意愿的负向关系中起到减弱的调节作用一旦得到确定,则说明农户具有羊群行为。各变量的定义与说明见表 4-1。表 4-1 中,农户户主特征变量和农户家庭特征变量为控制变量,亲戚朋友参与数量、其他农户参与数量、土地经营权流转政策信息成本、二元交互项及三元交互项为解释变量,农户土地经营权流转意愿为因变量(被解释变量)。

表 4-1　变量定义与说明

类别	变量名称	变量定义与说明
农户户主 特征变量	年龄	年龄(岁)
	受教育程度	①学历(文盲、小学、初中、高中、大专、本科、硕士和博士) ②受教育年限(实际接受正规教育年限/年)
	健康状况	不好=1(参照组);一般=2;良好=3
	职业类别	农业=1(参照组);兼业=2;非农业=3
农户家庭 特征变量	家庭成员非农就业能力	弱=1(参照组);一般=2;强=3
	土地养老保障作用	不重要=1(参照组);可有可无=2;重要=3
	家庭成员结构	无小孩=1(参照组);有小孩=2
	家庭规模	家庭人口数(人)
	非农收入比重	家庭非农收入占总收入的比重(%)

续表

类别	变量名称	变量定义与说明
社会网络信息变量	亲戚朋友参与数量	参与土地经营权流转的亲戚朋友数量(户)
	其他农户参与数量	参与土地经营权流转的其他农户数量(户)
土地经营权流转政策信息成本变量	信息获得难度	容易＝1;困难＝2
	信息获得时间与金钱耗费	少＝1;多＝2
	信息解读和利用难度	容易＝1;困难＝2
因变量	农户土地经营权流转意愿	选择不流转＝0;选择流转＝1

如表 4-1 所示,健康状况、职业类别、家庭成员结构、家庭成员非农就业能力、土地养老保障作用均为多级分类变量,在进入回归模型时均按哑变量处理。健康状况生成哑变量健康状况(1)和健康状况(2),对应"一般"和"良好",以"不好"为参照组。职业类别生成哑变量职业类别(1)和职业类别(2),对应"兼业"和"非农业",以"农业"为参照组。家庭成员非农就业能力生成哑变量家庭成员非农就业能力(1)和家庭成员非农就业能力(2),对应"一般"和"强",以"弱"为参照组。土地养老保障作用生成哑变量土地养老保障作用(1)和土地养老保障作用(2),对应"可有可无"和"重要",以"不重要"为参照组。自变量家庭成员结构、信息获得难度、信息获得时间与金钱耗费、信息解读和利用难度均为二分类变量,因二分类变量的赋值方法做回归分析时,回归系数的绝对值与假设检验的显著性水平不受影响,因此,无须将它们作哑变量赋值(胡良平,2001)。

表 4-1 中,土地经营权流转政策信息成本($Cost$)由信息获得难度($Obtainment$)、信息获得时间与金钱耗费($Time\text{-}money$)、信息解读和利用难度($Usage$)3 个变量进行测量。为得到土地经营权流转政策信息成本变量,需进行主成分分析,本章使用 SPSS19.0 统计软件中的因子分析进行主成分分析。

检验结果显示,KMO 值为 0.588,Bartlett 球形度检验的 χ^2 为 42.672($p < 0.0001$),且仅有一个大于 1 的特征根(1.295)。由此可知,对 3 个变量可做降维处理。由成分矩阵可得特征向量,并可得到土地经营权流转政策信息成本的结构表达式:

$$Cost = (0.445 \times Obtainment + 0.537 \times Time\text{-}money + 0.535$$
$$\times Usage)/\sqrt{1.295} \tag{4-11}$$

式(4-11)中,$Obtainment$、$Time\text{-}money$、$Usage$ 分别表示标准化后的信息获

得难度、信息获得时间与金钱耗费、信息解读和利用难度。

第五节　样本基本信息

一、样本人口特征统计

1. 性别

在总计 673 份有效问卷中，从被调查对象的性别分布来看，男性被调查者为 623 人，约占总人数的 92.57％，女性被调查者 50 人，约占总人数的 7.43％。考虑到农村农户户主男性比例比较高的现实，总体来看，调查对象的性别比例大致是合理的。样本在性别方面的分布如表 4-2 所示。

表 4-2　调查样本的性别分布

性别	人数	百分比/％	累计百分比/％
男	623	92.57	92.57
女	50	7.43	100.00
合计	673	100.00	

2. 年龄

在本次调查中，被调查对象被划分为 5 个年龄段，30 岁及以下为 141 人，占 20.95％，31～40 岁为 119 人，占 17.69％，41～50 岁为 117 人，占 17.38％，51～60 岁为 125 人，占 18.57％，61 岁及以上为 171 人，占 25.41％。

从年龄分布来看，本次调查对象的年龄段较为均匀，各年龄段分布比例大致相同。值得注意的是，61 岁及以上的农户户主占据较大比例，仍然是家庭中不可或缺的核心成员。样本在年龄方面的分布如表 4-3 所示。

表 4-3　调查样本的年龄分布

年龄	人数	百分比/％	累计百分比/％
30 岁及以下	141	20.95	20.95
31～40 岁	119	17.69	38.64
41～50 岁	117	17.38	56.02
51～60 岁	125	18.57	74.59

续表

年龄	人数	百分比/%	累计百分比/%
61 岁及以上	171	25.41	100.00
合计	673	100.00	

3.受教育程度

在本次调查中,受教育程度被认为是农户户主构成特征的重要衡量指标。在具体的调查设计中,为了探究受教育程度对农村土地经营权流转的影响效应问题,设置了学历和受教育年限两个等同指标。在样本人口特征统计上,使用学历进行描述,并将学历分为文盲、小学、初中、高中中专、大专、本科、硕士(含 MBA/EMBA)和博士 8 个阶段。其中,文盲占 6.54%(44人),小学占 36.40%(245 人),初中占 36.70%(247 人),高中中专占19.02%(128 人),大专占 1.34%(9 人),本科及以上占比为 0。样本在学历方面的分布如表 4-4 所示。

表 4-4 调查样本的学历分布

学历	人数	百分比/%	累计百分比/%
文盲	44	6.54	6.54
小学	245	36.40	42.94
初中	247	36.70	79.64
高中中专	128	19.02	98.66
大专	9	1.34	100.00
本科	0	0	100.00
硕士	0	0	100.00
博士	0	0	100.00
合计	673	100.00	

4.健康状况

从健康状况上看,认为身体健康状况"不好"的农户户主占比 33.28%(224 人),认为身体健康状况"一般"的农户户主占比 34.92%(235 人),认为身体健康状况"良好"的农户户主占比 31.80%(214 人)。样本在健康状况方面的分布如表 4-5 所示。

表 4-5　调查样本的健康状况分布

健康状况	人数	百分比/%	累计百分比/%
不好	224	33.28	33.28
一般	235	34.92	68.20
良好	214	31.80	100.00
合计	673	100.00	

5. 职业类别

在本次调查中,农户户主从事纯农业的人数为 125 人,占 18.57%,从事兼业的人数为 291 人,占 43.24%,从事非农业的人数为 257 人,占 38.19%。由此可见,从事纯农业的农户户主数量明显少于从事兼业和非农业的农户户主数量。这在一定程度上说明嘉兴市农村的非农化程度较高。样本在职业类别方面的分布如表 4-6 所示。

表 4-6　调查样本的职业类别分布

职业类别	人数	百分比/%	累计百分比/%
农业	125	18.57	18.57
兼业	291	43.24	61.81
非农业	257	38.19	100.00
合计	673	100.00	

二、样本家庭特征统计

1. 家庭成员非农就业能力

从家庭成员非农就业能力上看,认为家庭成员非农业就业能力"弱"的占比 33.43%(225 户),认为家庭成员非农业就业能力"一般"的占比 32.99%(222 户),认为家庭成员非农业就业能力"强"的占比 33.58%(226 户)。样本家庭在成员非农就业能力方面的分布如表 4-7 所示。

表 4-7　调查样本家庭的成员非农就业能力分布

成员非农就业能力	户数	百分比/%	累计百分比/%
弱	225	33.43	33.43
一般	222	32.99	66.42

续表

成员非农就业能力	户数	百分比/%	累计百分比/%
强	226	33.58	100.00
合计	673	100.00	

2.土地养老保障作用

在本次调查中,为了探究土地养老保障作用对于农村土地经营权流转的影响效应,将土地养老保障作用分为 3 个类别。其中,土地养老保障作用对家庭"不重要"的占比 38.19%(257 户),土地养老保障作用对家庭"可有可无"的占比 42.49%(286 户),土地养老保障作用对家庭"重要"的占比 19.32%(130 户)。以上数据显示,土地养老保障对于嘉兴市农村家庭的重要程度已不太高。调查样本家庭对土地养老保障作用认识的分布如表 4-8 所示。

表 4-8　调查样本家庭对土地养老保障作用认识的分布

土地养老保障作用	户数	百分比/%	累计百分比/%
不重要	257	38.19	38.19
可有可无	286	42.49	73.68
重要	130	19.32	100.00
合计	673	100.00	

3.家庭成员结构

在本次调查中,家庭成员结构被认为是影响农村土地经营权流转的重要因素,因而将家庭成员结构分为 2 个类别。其中,家庭中没有未满 18 周岁小孩(无小孩)的占比 36.40%(245 户),家庭中有未满 18 周岁小孩(有小孩)的占比 63.60%(428 户)。调查样本家庭在成员结构方面的分布如表 4-9 所示。

表 4-9　调查样本家庭的成员结构分布

成员结构	户数	百分比/%	累计百分比/%
无小孩	245	36.40	36.40
有小孩	428	63.60	100.00
合计	673	100.00	

4. 家庭规模

从调查样本的家庭规模看,1 人占比 0.89%(6 户),2 人占比 9.81%(66 户),3 人占比 19.47%(131 户),4 人占比 21.84%(147 户),5 人占比 19.76%(133 户),6 人占比 13.37%(90 户),7 人占比 11.29%(76 户),8 人占比 2.82%(19 户),9 人占比 0.75%(5 户)。调查样本中以 3~5 口之家所占比重最大(61.07%)。调查样本家庭在人口规模方面的分布如表 4-10 所示。

表 4-10 调查样本家庭规模分布

家庭规模	户数	百分比/%	累计百分比/%
1 人	6	0.89	0.89
2 人	66	9.81	10.70
3 人	131	19.47	30.17
4 人	147	21.84	52.01
5 人	133	19.76	71.77
6 人	90	13.37	85.14
7 人	76	11.29	96.43
8 人	19	2.82	99.25
9 人	5	0.75	100.00
合计	673	100.00	

5. 非农收入比重

在本次调查中,非农收入比重被认为对农村土地经营权流转有重要影响,因而将非农业收入比重分为 10 个类别。其中,非农收入比重大于等于 0 而小于等于 10%的农户家庭占比 5.05%(34 户),非农收入比重大于 10% 而小于等于 20%的农户家庭占比 8.02%(54 户),非农收入比重大于 20% 而小于等于 30%的农户家庭占比 4.76%(32 户),非农收入比重大于 30% 而小于等于 40%的农户家庭占比 10.40%(70 户),非农收入比重大于 40% 而小于等于 50%的农户家庭占比 11.44%(77 户),非农收入比重大于 50% 而小于等于 60%的农户家庭占比 11.89%(80 户),非农收入比重大于 60% 而小于等于 70%的农户家庭占比 11.44%(77 户),非农收入比重大于 70% 而小于等于 80%的农户家庭占比 14.27%(96 户),非农收入比重大于 80% 而小于等于 90%的农户家庭占比 11.29%(76 户),非农收入比重大于 90%

而小于等于 100% 的农户家庭占比 11.44%（77 户）。调查样本中，非农收入比重超过 50% 的农户家庭占比 60.33%。调查样本家庭在非农收入比重方面的分布如表 4-11 所示。

表 4-11　调查样本家庭的非农业收入比重分布

非农收入比重	户数	百分比/%	累计百分比/%
$0 \leqslant ratio \leqslant 10\%$	34	5.05	5.05
$10\% < ratio \leqslant 20\%$	54	8.02	13.07
$20\% < ratio \leqslant 30\%$	32	4.76	17.83
$30\% < ratio \leqslant 40\%$	70	10.40	28.23
$40\% < ratio \leqslant 50\%$	77	11.44	39.67
$50\% < ratio \leqslant 60\%$	80	11.89	51.56
$60\% < ratio \leqslant 70\%$	77	11.44	63.00
$70\% < ratio \leqslant 80\%$	96	14.27	77.27
$80\% < ratio \leqslant 90\%$	76	11.29	88.56
$90\% < ratio \leqslant 100\%$	77	11.44	100.00
合计	673	100.00	

三、样本的数据描述

表 4-12 为本章研究所涉及变量的描述性统计，包括最小值、最大值、均值、标准差、偏态和峰态。从各个变量的描述性统计结果来看，变量大多服从或者近似服从正态分布。

表 4-12　变量的描述性统计

变量	样本量	最小值	最大值	均值	标准差	偏态	峰态
年龄	673	18	75	46.62	16.556	−0.003	−1.156
受教育年限	673	0	13	5.85	3.081	−0.200	−0.725
健康状况	673	1	3	1.99	0.807	0.027	−1.464
职业类别	673	1	3	2.20	0.728	−0.320	−1.069
家庭成员非农就业能力	673	1	3	2.00	0.819	−0.003	−1.510
土地养老保障作用	673	1	3	1.81	0.735	0.312	−1.103

续表

变量	样本量	最小值	最大值	均值	标准差	偏态	峰态
家庭成员结构	673	1	2	1.64	0.482	−0.566	−1.684
家庭规模	673	1	9	4.54	1.664	0.267	−0.597
非农收入比重	673	0.00	1.00	0.57	0.266	−0.283	−0.918
亲戚朋友参与数量	673	0	29	14.49	8.624	0.023	−1.190
其他农户参与数量	673	0	473	240.94	137.634	0.005	−1.188
信息获得难度	673	1	2	1.49	0.500	0.027	−2.005
信息获得时间与金钱耗费	673	1	2	1.51	0.500	−0.051	−2.003
信息解读和利用难度	673	1	2	1.53	0.500	−0.116	−1.992
信息成本	673	−1.5550	1.4778	−0.000001	0.9999991	−0.113	−1.031
农户土地经营权流转意愿	673	0	1	0.51	0.500	−0.027	−2.005

第六节　验证模型设定

由于因变量农户土地经营权流转意愿为一个"选择不流转"或"选择流转"的二分类变量,因此使用基于 OLS(普通最小二乘法)估计的线性概率模型将导致误差项分布的异质性和预测值超出概率合理取值范围等问题(Kleinbaum,1994),因此,本章选择 Binary Logistic(二元逻辑斯蒂)回归模型进行分析,并使用 MLS(移动最小二乘法)估计参数。Binary Logistic 回归模型的基本形式如下:

$$Y = F\left(\alpha + \sum_{i=1}^{m}\beta_i T_i + \sum_{j=1}^{p}\beta_j X_j + u\right)$$

$$= 1 / \left\{1 + \exp\left[-\left(\alpha + \sum_{i=1}^{m}\beta_i T_i + \sum_{j=1}^{p}\beta_j X_j + u\right)\right]\right\} \qquad (4\text{-}12)$$

根据式(4-12)进行 Logit 变换,得到概率的函数与自变量之间的回归线性模型:

$$\ln\frac{Y}{1-Y} = \alpha + \sum_{i=1}^{m}\beta_i T_i + \sum_{j=1}^{p}\beta_j X_j + u \qquad (4\text{-}13)$$

式(4-13)中,Y 表示个体采取某一行动的概率,在此表示农户土地经营权流转意愿;$T_i(i=1,2,\cdots,m)$为控制变量,$X_j(j=1,2,\cdots,p)$为解释变量;β_i和$\beta_j(i=1,2,\cdots,m;j=1,2,\cdots,p)$为自变量的回归系数,表示当其他自变量取值不变时,自变量每变化一个单位所引起的发生比率(odds ratio),即exp(B)的自然对数的变化,其中,odds 表示样本农户选择流转与选择不流转的概率之比(王济川,郭志刚,2001);α为截距项,u为误差项。

第七节　验证结果与分析

在进行 Binary Logistic 回归分析之前,需检验亲戚朋友参与数量、其他农户参与数量、土地经营权流转政策信息成本、二元交互项和三元交互项可能因高度相关而产生的多重共线性问题。一般认为,方差膨胀因子VIF(variance inflation factor)值越大,说明变量间多重共线性越严重,若VIF≤10,便可认为变量间不存在严重的共线性问题(Cohen et al.,2003)。VIF 检验结果如表 4-13 所示。经检验,解释变量的 VIF 满足这一条件。这表明,亲戚朋友参与数量、其他农户参与数量、土地经营权流转政策信息成本、二元交互项和三元交互项满足独立性原则,且不存在严重的共线性问题。

表 4-13　方差膨胀因子 VIF 检验结果

变量	VIF
亲戚朋友参与数量	4.075
其他农户参与数量	3.683
土地经营权流转政策信息成本	5.412
亲戚朋友参与数量×其他农户参与数量	6.815
亲戚朋友参与数量×土地经营权流转政策信息成本	5.905
其他农户参与数量×土地经营权流转政策信息成本	5.747
亲戚朋友参与数量×其他农户参与数量×土地经营权流转政策信息成本	6.257

本章运用 SPSS19.0 统计软件对调查数据进行 Binary Logistic 回归分析,在检验交互效应之前,将控制变量、亲戚朋友参与数量和其他农户参与数量进行标准化处理①(参见 Dawson,2014),并对多级分类变量进行哑变

---

① 由于土地经营权流转政策信息成本是标准化后的信息获得难度、信息获得时间与金钱耗费、信息解读和利用难度的复合,因而无须进一步对土地经营权流转政策信息成本进行标准化处理。

量赋值。

本章采用强迫进入法,分四步进行回归:

第一步,将控制变量放入回归模型(回归1);

第二步,将控制变量、亲戚朋友参与数量、其他农户参与数量、土地经营权流转政策信息成本放入回归模型(回归2);

第三步,将控制变量、亲戚朋友参与数量、其他农户参与数量、土地经营权流转政策信息成本和二元交互项放入回归模型(回归3);

第四步,将控制变量、亲戚朋友参与数量、其他农户参与数量、土地经营权流转政策信息成本、二元交互项和三元交互项放入回归模型(回归4)。

模型估计结果如表4-14所示。

从表4-14中的模型估计结果看,4个回归的Hosmer-Lemeshow检验的 p 值均远大于0.10,说明在该水平上可以接受模型对调查数据的拟合程度。同时,$-2Log\ likelihood$ 值呈现递减的趋势,而 Cox & Snell R^2 和 Nagelkerke R^2 呈现递增的趋势,均表明4个模型的拟合程度在逐步提高。回归1、回归2、回归3和回归4中各自变量的显著性和系数符号基本保持一致,体现出较好的模型稳健性。

表 4-14　模型估计结果

变量	回归 1 系数 (exp(B))	回归 2 系数 (exp(B))	回归 3 系数 (exp(B))	回归 4 系数 (exp(B))
年龄	−0.074*** (0.929)	−0.052** (0.949)	−0.062** (0.940)	−0.067*** (0.935)
受教育年限	0.050** (1.051)	0.059** (1.061)	0.057** (1.059)	0.051** (1.052)
健康状况一般	0.043 (1.044)	0.090 (1.094)	0.085 (1.089)	0.071 (1.074)
良好	0.035 (1.036)	0.029 (1.029)	0.000 (0.999)	−0.009 (0.991)
职业类别兼业	0.016* (1.016)	0.010* (1.010)	0.007* (1.007)	0.032* (1.032)
非农业	0.124** (1.132)	0.123** (1.131)	0.128*** (1.137)	0.126*** (1.134)
家庭成员非农就业能力一般	0.070 (1.072)	0.075 (1.078)	0.064 (1.066)	0.060 (1.062)
强	0.139* (1.149)	0.143* (1.154)	0.137* (1.147)	0.126* (1.135)

续表

变量	回归 1 系数 (exp(B))	回归 2 系数 (exp(B))	回归 3 系数 (exp(B))	回归 4 系数 (exp(B))
土地养老保障作用可有可无	−0.002 (0.998)	−0.000 (0.999)	−0.012 (0.998)	−0.006 (0.994)
重要	−0.147* (0.863)	−0.144* (0.867)	−0.149* (0.862)	−0.151* (0.860)
家庭成员结构	0.006 (1.006)	0.006 (1.006)	0.012 (1.012)	0.005 (1.005)
家庭规模	0.089 (1.093)	0.087 (1.091)	0.082 (1.086)	0.081 (1.085)
非农收入比重	0.124** (1.132)	0.125** (1.133)	0.122** (1.130)	0.120** (1.127)
亲戚朋友参与数量	—	0.426*** (1.531)	0.430*** (1.537)	0.458*** (1.581)
其他农户参与数量	—	0.337*** (1.401)	0.323*** (1.381)	0.375*** (1.455)
土地经营权流转政策信息成本	—	−0.429*** (0.651)	−0.436*** (0.647)	−0.435*** (0.647)
亲戚朋友参与数量×其他农户参与数量	—	—	0.196*** (1.216)	0.171*** (1.187)
亲戚朋友参与数量×土地经营权流转政策信息成本	—	—	0.101** (1.106)	0.104** (1.109)
其他农户参与数量×土地经营权流转政策信息成本	—	—	0.091* (1.095)	0.087* (1.091)
亲戚朋友参与数量×其他农户参与数量×土地经营权流转政策信息成本	—	—	—	0.129** (1.138)
常数项	−0.105 (0.900)	−0.104 (0.901)	−0.100 (0.905)	−0.091 (0.913)
Hosmer-Lemeshow 检验 p 值	0.367	0.676	0.369	0.294

续表

变量	回归 1	回归 2	回归 3	回归 4
	系数 (exp(B))	系数 (exp(B))	系数 (exp(B))	系数 (exp(B))
−2Log likelihood	923.733	923.484	918.444	916.211
Cox & Snell R^2	0.023	0.034	0.051	0.074
Nagelkerke R^2	0.018	0.038	0.058	0.083

注:*、**和***分别表示统计检验达到10%、5%和1%显著性水平。

回归1显示了所有控制变量对农户土地经营权流转意愿的影响。年龄变量的系数为−0.074,且它每增加一个单位将使农户选择流转的发生比率变成原来的0.929倍,出现边际递减效应,说明户主年龄对农户土地经营权流转意愿具有负向影响,主要原因是,年龄较大的户主思想观念相对保守,不肯轻易将土地使用权流转出去。这与乐章(2010)的研究结果大致相同。受教育年限变量的系数为0.050,且它每增加一个单位将使农户选择流转的发生比率变成原来的1.051倍,出现边际递增效应,这主要是因为受教育程度高的户主拥有相对丰富的见识与阅历,能更好地解读国家与集体有关土地经营权流转的政策,且承担土地经营权退出风险的能力相对较强。健康状况对农户土地经营权流转意愿影响不显著,说明户主健康状况"不好"、"一般"和"良好"的农户选择流转的意愿并无显著差别。在职业类别方面,选择流转发生比率最高的是"非农业"农户,该组发生比率为"农业"农户的1.132倍,为"兼业"农户的1.114倍(1.132除以1.016),说明"非农业"农户具有相对较高程度的土地经营权流转意愿。这一结果与陈成文、赵锦山(2008)的研究结果类似。在家庭非农就业能力方面,选择流转发生比率最高的是家庭非农就业能力"强"的农户,其选择流转的发生比率为家庭非农就业能力"弱"的农户的1.149倍,"一般"农户的1.072倍(1.149除以1.072),所以,随着家庭非农就业能力的提高,农户选择流转的发生比率的边际变化是递增的。其主要原因是,家庭非农就业能力强,意味着农户拥有良好的非农生计资本,因而愿意选择流转土地经营权。这与许恒周、郭忠兴(2011)的研究结果基本一致。相对于认为土地养老保障作用"不重要"的农户,认为土地养老保障作用"可有可无"和"重要"的农户选择流转的发生比率分别为认为"不重要"农户的0.998倍和0.863倍,出现边际递减效应。这主要是因为有些农户视土地为将来养老的重要经济来源而选择不放弃。这印证了洪名勇、关海霞(2012)的研究结果。家庭成员结构和家庭规模对农户土地经营权流转意愿影响不显著。农户非农收入比重变量的系数为0.124,且它每增加一个单位将使农户选择流转的发生比率变成原来的1.132倍,出现边际递增效应。其主要原因是,非农收入比重越高的农户,越不依靠土地作为主要的经济来源,因而愿意选择土地经营权流转。

回归2的估计结果显示了亲戚朋友参与数量、其他农户参与数量以及土地经营权流转政策信息成本对农户土地经营权流转意愿的影响。亲戚朋友参与数量对农户土地经营权流转意愿具有正向影响,且它每增加一个单位将使农户土地经营权流转意愿的发生比率变成原来的1.531倍,出现边际递增效应。这主要是因为,亲戚朋友作为农户认可度最高、关系最密切的群体,其行为具有重要参照价值。其他农户参与数量的回归系数为0.337,且它每增加一个单位将使农户选择流转的发生比率变成原来的1.401倍,出现边际递增效应。这主要是因为农户与其他农户面临相似的决策问题且拥有相似的信息集,因而视其他农户的决策行为自己的参照。土地经营权流转政策信息成本的回归系数为−0.429,且它每增加一个单位将使得农户选择流转的发生比率变成原来的0.651倍,出现边际递减效应。这说明,土地经营权流转政策信息成本对农户土地经营权流转意愿具有负向影响,认为获取和利用土地经营权流转政策信息成本越高的农户,越倾向于不流转土地经营权。这主要是农户没有足够的知识和技能去获取、解读和利用土地经营权流转政策信息,因此惧怕出现决策失误而选择不流转。

从回归3的估计结果看,亲戚朋友参与数量和其他农户参与数量交互项的系数为0.196,且它每增加一个单位将使农户选择流转的发生比率变成原来的1.216倍,表明亲戚朋友参与数量和其他农户参与数量交互项对农户土地经营权流转意愿具有正向影响。这主要是因为亲戚朋友参与数量与其他农户参与数量存在互补效应,当亲戚朋友参与数量"少",但其他农户参与数量"多"时,农户仍具有较高程度的土地经营权流转意愿;反之亦然。亲戚朋友参与数量与土地经营权流转政策信息成本交互项、其他农户参与数量与土地经营权流转政策信息成本交互项的回归系数分别为0.101和0.091,且它们每增加一个单位将使农户选择流转的发生比率分别变成原来的1.106倍和1.095倍,均出现边际递增效应。由于土地经营权流转政策信息成本影响显著且系数为负,所以,亲戚朋友参与数量和其他农户参与数量在土地经营权流转政策信息成本与农户土地经营权流转意愿的负向关系中均起到了减弱性的调节作用。这表明,当搜寻、解读和利用土地经营权流转政策信息成本很高,但能够从亲戚朋友参与情况或其他农户参与情况中获取足够的土地经营权流转信念时,农户仍然具有较高程度的土地经营权流转意愿,从而表现出羊群行为。

从回归 4 的估计结果看,亲戚朋友参与数量、其他农户参与数量与土地经营权流转政策信息成本交互项对农户土地经营权流转意愿有显著的正向影响,且它每增加一个单位将使农户选择流转的发生比率变成原来的1.138 倍,出现边际递增效应。由于土地经营权流转政策信息成本对农户土地流转意愿影响显著且系数为负,所以,亲戚朋友参与数量和其他农户参与数量共同在土地经营权流转政策信息成本与农户土地经营权流转意愿的负向关系中起到了减弱性的调节作用。根据 Dawson(2014)的方法,可画得交互效应图(见图 4-2)①。如图 4-2 所示,当亲戚朋友参与数量"少"且其他农户参与数量也"少"时,农户土地经营权流转意愿随着土地经营权流转政策信息成本的增加而下降,表现出隐性羊群行为。当亲戚朋友参与数量"少"而其他农户参与数量"多"时,农户土地经营权流转意愿随着土地经营权流转政策信息成本的增加刚开始下降不明显,然后出现快速下降,但仍然保持较高程度的流转意愿,农户仍表现出羊群行为。当亲戚朋友参与数量"多"而其他农户参与数量"少"时,农户土地经营权流转意愿随着土地经营权流转政策信息成本的增加刚开始下降不明显,然后出现快速下降,但仍然保持较高程度的流转意愿,农户仍表现出羊群行为。当亲戚朋友参与数量"多"且其他农户参与数量也"多"时,农户土地经营权流转意愿随着土地经营权流转政策信息成本的增加,几乎没有下降或者下降不明显,农户表现出羊群行为。

综上所述,本章的研究假设得到证实。

---

① 首先,将亲戚朋友参与数量、其他农户参与数量与土地经营权流转政策信息成本的均值分别加减一个标准差(由于已被标准化,均值均为 0,标准差均为 1),取得亲戚朋友参与数量"多"的代表值为"1","少"的代表值为"-1",其他农户参与数量"多"的代表值为"1","少"的代表值为"-1",土地经营权流转政策信息成本"高"的代表值为"1","低"的代表值为"-1"。其次,在土地经营权流转政策信息成本从"低"到"高"的系列代表值(-1,-0.75,-0.5,-0.25,0,0.25,0.5,0.75,1)下,分别计算 4 种情景(亲戚朋友参与数量"多"且其他农户参与数量"多"、亲戚朋友参与数量"多"而其他农户参与数量"少"、亲戚朋友参与数量"少"而其他农户参与数量"多"、亲戚朋友参与数量"少"且其他农户参与数量"少")时的 $\ln Y/(1-Y)$ 值[由常数项代替截距项、误差项和控制变量部分,将常数项、代表值和回归系数代入非标准化系数所构成的回归方程(回归 4)中可求得]。再次,将系列 $\ln Y/(1-Y)$ 值进行反函数处理,分别得到 4 种情景下 Y 随土地经营权流转政策信息成本变化的系列值。最后,分别将 4 种情景下的 Y 系列值进行圆滑连接,可得交互效应图。

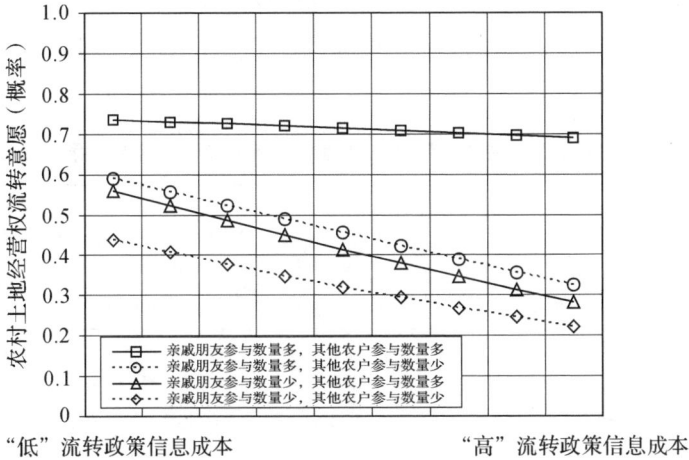

图 4-2　交互效应分析

第八节　稳健性检验

样本回归结果获得了稳健性的结论。为进一步确认结论的可靠性，进行三方面的稳健性检验。

1. 以户主年龄分组进行回归分析

根据世界卫生组织的年龄划分标准，将 44 岁及以下的列入"青年"组，将大于 44 岁以上的列入"中老年"组，以户主年龄特征划分样本进行回归。如表 4-15 所示，户主年龄的分组回归结果表明，亲戚朋友参与数量、其他农户参与数量、土地经营权流转政策信息成本、亲戚朋友参与数量×其他农户参与数量、亲戚朋友参与数量土地×经营权流转政策信息成本、其他农户参与数量×土地经营权流转政策信息成本、亲戚朋友参与数量×其他农户参与数量×土地经营权流转政策信息成本对农村土地经营权流转的影响结果仍然稳健。

2. 以户主受教育程度分组进行回归分析

将接受正规教育年限小于等于 6 年的列为"小学及以下"组，接受正规教育年限大于 6 年的列为"初中及以上"组，以户主受教育程度划分样本进行回归。如表 4-16 所示，户主受教育程度的分组回归结果显示，亲戚朋友参与数量、其他农户参与数量、土地经营权流转政策信息成本、亲戚朋友参与数量×其他农户参与数量、亲戚朋友参与数量×土地经营权流转政策信息成本、其他农户参与数量×土地经营权流转政策信息成本、亲戚朋友参与数量×其他农户参与数量×土地经营权流转政策信息成本对农村土地经营权流转的影响结果仍然稳健。

表 4-15　户主年龄和受教育程度分组的稳健性检验结果

变量	回归5 "青年"组	回归6 "中老年"组	回归7 "小学及以下"组	回归8 "初中及以上"组
	系数 (exp(B))	系数 (exp(B))	系数 (exp(B))	系数 (exp(B))
亲戚朋友参与数量	0.375*** (1.455)	0.498*** (1.645)	0.527*** (1.694)	0.411*** (1.508)
其他农户参与数量	0.317*** (1.373)	0.432*** (1.540)	0.413*** (1.511)	0.312*** (1.366)
土地经营权流转政策信息成本	−0.390*** (0.677)	−0.456*** (0.634)	−0.479*** (0.619)	−0.375*** (0.687)
亲戚朋友参与数量×其他农户参与数量	0.125*** (1.133)	0.193*** (1.213)	0.182*** (1.199)	0.121*** (1.129)
亲戚朋友参与数量×土地经营权流转政策信息成本	0.097** (1.102)	0.127** (1.135)	0.195** (1.215)	0.092** (1.096)
其他农户参与数量×土地经营权流转政策信息成本	0.116* (1.123)	0.083* (1.087)	0.156* (1.169)	0.075* (1.078)
亲戚朋友参与数量×其他农户参与数量×土地经营权流转政策信息成本	0.117** (1.124)	0.143** (1.154)	0.136** (1.147)	0.101** (1.106)
常数量	−0.002 (0.998)	0.038 (1.039)	−0.015 (0.985)	0.049 (1.050)
Hosmer-Lemeshow 检验 p 值	0.176	0.288	0.258	0.325
−2Log likelihood	432.790	511.325	490.763	420.984
Cox & Snell R^2	0.023	0.015	0.019	0.044
Nagelkerke R^2	0.033	0.020	0.025	0.059
样本量	318	355	359	314

注：*、**和***分别表示统计检验达到10%、5%和1%的显著性水平。

3. 以职业类别分组进行回归分析

将标记为"1"的列为"农业"组，将标记为"2"的列为"兼业"组，将标记为"3"的列为"非农业"组，以职业类别划分样本进行回归。如表 4-16 所示，"农业"组和"兼业"组的回归结果均显示，亲戚朋友参与数量、其他农户参与数量、土地经营权流转政策信息成本、亲戚朋友参与数量×其他农户参与数量、亲戚朋友参与数量×土地经营权流转政策信息成本、其他农户参与数量×土地经营权流转政策信息成本、亲戚朋友参与数量×其他农户参与数量×土地经营权流转政策信息成本对农村土地经营权流转的影响结果仍然稳健。而"非农业"组的回归结果显示，亲戚朋友参与数量、其他农户参与数量、土地经营权流转政策信息成本、亲戚朋友参与数量×其他农户参与数量、亲戚朋友参与数量×土地经营权流转政策信息成本、其他农户参与数量×土地经营权流转政策信息成本、亲戚朋友参与数量×其他农户参与数量×土地经营权流转政策信息成本均未对农村土地经营权流转产生显著影响。这说明，"非农业"组的农户受土地经营权流转政策信息成本的制约程度较轻或者不重视土地经营权流转信息问题，且"非农业"组的农户不易受到亲戚朋友参与数量以及其他农户参与数量的影响而改变流转决策，因此也不易产生羊群行为[1]。

总体看来，稳健性检验结果与总体样本回归结果保持较高的稳健性。因此，研究结果支持理论假设的结论，研究假设得到支持。

表 4-16　职业类别分组的稳健性检验结果

变量	回归 9 "农业"组 系数 (exp(B))	回归 10 "兼业"组 系数 (exp(B))	回归 11 "非农业"组 系数 (exp(B))
亲戚朋友参与数量	0.512*** (1.669)	0.379*** (1.461)	0.056 (1.058)
其他农户参与数量	0.421*** (1.523)	0.275*** (1.317)	0.046 (1.047)

[1]　造成差异的可能原因是：相对"农业"农户和"兼业"农户，"非农业"农户基本摆脱了土地的束缚，且由于职业不同以及生活环境的变化，农户在认知和偏好等方面均出现了巨大差异。显然，"非农业"农户在土地经营权流转决策中处于相对信息优势地位，或者认为不需要土地经营权流转政策信息、亲戚朋友参与数量信息以及他农户参与数量信息，仅依靠自我判断或者自己的实际情况也能很好地做出流转决策。因此，"非农业"农户不易产生羊群行为。

续表

变量	回归 9 "农业"组	回归 10 "兼业"组	回归 11 "非农业"组
	系数 (exp(B))	系数 (exp(B))	系数 (exp(B))
土地经营权流转政策信息成本	−0.512*** (0.599)	−0.319*** (0.727)	−0.063 (0.939)
亲戚朋友参与数量×其他农户参与数量	0.232*** (1.261)	0.132*** (1.141)	0.042 (1.043)
亲戚朋友参与数量×土地经营权流转政策信息成本	0.211** (1.235)	0.098** (1.103)	0.043 (1.044)
其他农户参与数量×土地经营权流转政策信息成本	0.137** (1.147)	0.081* (1.084)	0.037 (1.037)
亲戚朋友参与数量×其他农户参与数量×土地经营权流转政策信息成本	0.187** (1.206)	0.110** (1.116)	0.063 (1.065)
常数项	−0.014 (0.986)	−0.098 (1.103)	−0.024 (0.976)
Hosmer-Lemeshow 检验 p 值	0.225	0.174	0.201
−2Log likelihood	168.922	391.409	354.323
Cox & Snell R^2	0.034	0.039	0.007
Nagelkerke R^2	0.046	0.052	0.010
样本量	125	291	257

注：*、**和***分别表示统计检验达到10%、5%和1%的显著性水平。

第九节　研究结论与对策建议

农户作为土地经营权流转主体，他们的行为对土地经营权流转政策能否达到预期目标有着极其重要的影响。为探究土地经营权流转中农户羊群行为的机理与经验证据，本章通过构建农户土地经营权流转决策树模型来解析农户产生羊群行为的机理，在此基础上提出了农户羊群行为产生条件的研究假设，并通过嘉兴市样本农户的调查数据进行了验证。本章得出如下研究结果：

第一，农户土地经营权流转意愿嵌入农村社会网络之中，且农村社会网络对农户土地经营权流转意愿产生深刻影响。农户可以从亲戚朋友和其他农户参与土地经营权流转情况中获取土地经营权流转信念，作为是否参与土地经营权流转的参考。

第二,农村社会网络中,作为"强关系"的亲戚朋友参与数量和作为"弱关系"的其他农户参与数量均对农户土地经营权流转意愿产生了正向影响,但"强关系"的正向效应更为显著[①]。

第三,农村土经营权流转政策信息成本对农户土地经营权流转意愿产生了显著的负向影响。当搜寻、解读和利用土地经营权流转政策信息成本过高时,农户土地经营权流转意愿将受到抑制。

第四,当搜寻、解读和利用土地经营权流转政策信息成本过高,却能够从亲戚朋友参与数量或其他农户参与数量中获取足够的土地经营权流转信念时,农户仍具有较高程度的土地经营权流转意愿,从而表现出羊群行为。

基于以上研究结论,可以得出如下对策含义:

第一,农户可以从农村社会网络中提取土地经营权流转的相关信息,这些信息将有利于农户做出土地经营权流转决策。因此,在推进农村土地经营权流转实践中,明显存在"示范效应",故不可忽视农村社会网络中亲戚朋友和其他农户的影响作用。当部分农户率先通过参与土地经营权流转获得显著的收益时,其他农户会逐渐开始模仿其成功经验。

第二,农村社会网络中,相对其他农户而言,亲戚朋友对农户土地经营权流转意愿的影响更为强烈。因此,在推进农村土地经营权流转实践中,要特别关注拥有"强关系"的头羊(意见领袖)对农村土地经营权流转的影响作用。

第三,针对农村土地经营权流转问题,农户与政府部门之间存在信息不对称问题,较高的土地经营权流转政策信息成本将会抑制农户土地经营权流转意愿。因此,有必要加大力度,构建适应土地经营权流转的信息传播渠道,使农户能够及时、准确、有效地掌握土地经营权流转政策信息。

第四,农村土地经营权流转对于农户来说是复杂性决策行为,大部分农户没有足够的能力结合自身情况分析其中的利弊,往往出现盲目跟风现象。因此,有必要针对不同情况,合理、有效地引导农户,使其做出使自身效用最大化的土地经营权流转决策。

---

① 正如边燕杰(1998)指出,中国社会是一个"强关系"社会,"强关系"和同质构成关系的作用比"弱关系"和异质构成关系的作用要强。费孝通(2005)也认为,中国文化背景下个体社会关系基本是血缘关系的延伸和扩展。这就决定了建立在先赋性血缘关系基础上的和朋友间的"强关系"对农户土地经营权流转意愿的影响强于与其他农户之间"弱关系"的影响。

第十节　本章小结

　　本章旨在通过社会网络信息视角探究土地经营权流转中农户羊群行为的产生机理与经验证据，为促进土地经营权顺利流转提供参考。通过构建农户土地经营权流转决策树模型，本章解析了农户羊群行为的产生机理，提出了羊群行为形成条件的研究假设，并通过嘉兴市的调查数据进行了验证。结果表明：① 当搜寻、解读和利用农村土地经营权流转政策信息的成本过高，却能够从社会网络信息中获取足够的土地经营权流转信念时，农户仍具有较强的土地经营权流转意愿，表现出羊群行为。②农村土地经营权流转政策的落实可通过"示范效应"来实现。③农村土地经营权流转可通过建立与完善信息传播渠道与中介服务机构进行合理、有效的引导。

第五章 农村土地经营权流转中的
农户羊群行为机理：私人信息还是公共信息？

本章分为十二个部分：第一部分是对农村土地经营权流转中私人信息和公共信息如何引致羊群行为问题进行阐释；第二部分是对农村土地经营权流转中的信息瀑布模型进行构造，并提出研究假设；第三部分至第十部分为实证研究；第十一部分为研究结论与政策建议；第十二部分为本章小结。

第一节 问题提出

户主年龄、文化程度、流转政策、预期收益、机会成本、流转价格、早期饥荒经历、阶层意识、阶层特点、补偿价格、财政支持体系、农村子女受教育水平、非农户口、家庭负担、农户土地经营规模、损失厌恶、禀赋效应、农业补贴力度、亲缘和地缘关系、家庭收入、土地流转规范性、确权、是否具有非农就业技能、从事非农工作、非农就业工资、非农就业时长、非农就业区域选择、非农收入比重、人际关系、不同家庭生命周期阶段、差序格局、风险规避程度、家庭耕地利用功能、交易费用、政府行为与模式、职业类别、新型农村合作医疗制度（新农合）、新型农村社会养老保险等农户私人情况（私人信息）被认为是影响农村土地经营权流转的重要影响因素（洪名勇，关海霞，2012；罗必良等，2012；张亚丽等，2019；朱文珏，罗必良，2018；Wang et al.，2020；Xin et al.，2019；拜茹，2019；蔡洁，夏显力，2017；陈成文，赵锦山，2008；陈楚，2017；丁洁琼，2018；龚映梅，吕梦晓，2018；江永红，程杨洋，2019；胡霞，丁浩，2015；冀县卿等，2015；孔祥智，徐珍源，2010；李昊等，2017；李金宁等，2017；李宁等，2018；李琴等，2015；李星光等，2016；林善浪等，2018；林文声等，2017；刘瑞峰等，2018；钱龙等，2015；宋伟，任大延，2011；苏岚岚等，2018；孙小龙，郭沛，2016；王亚运，蔡银莺，2017；伍振军等，2011；许恒周，郭忠兴，2011；许庆等，2017；张锦华等，2016；张瑞娟，2017；张璋，周海川，2017；朱建军，杨兴龙，2019）。同时，也有学者发现，熟人、亲朋好友、其他农户、村干部、乡村社区关系等公共信息也将影响到农村土地经营权流转的进程(关艳,2011;黄婉如,2011;蒋永甫等,2015;王劲屹,2019;张桂颖,吕东辉,2017)。那么,当农户更多地以公共信息作为自身土地经营权流转决策的依据,而选择不完全依赖私人信息,或者忽视私人信息时,羊群行为便有可能产生。

因此,本章将以信息瀑布理论为基础,从私人信息和公共信息视角分析农村土地经营权流转中农户羊群行为的产生机理,提出相关研究假设,并通过纵向调查数据进行验证,以获得有效指导实践的理论与实证依据。

第二节　理论模型与研究假设

假设农户面临土地经营权流转和不流转两个事件状态,分别用 A 和 B 表示, $R=\{A,B\}$ 。真实情况非 A 即 B ,表示为 $\nu \in R$ 。假设 $P(A)$ 和 $P(B)$ 分别为 A 和 B 的先验概率,即初始状态,代表所有农户的初始流转态度,且有 $P(A)+P(B)=1$ 。当初始状态显示流转明确优于不流转时, $P(A)>P(B)$,反之亦然。

定义 1　记 $\tau_i=(a,b)$ 为农户关于 A 和 B 的私人信息集,其中, $i=1,2,\cdots,n$ 。 $\tau_i=a$ 为私人信息显示流转更有利;而 $\tau_i=b$ 为私人信息显示不流转更有利。由于私人信息是关于决策结果的不完全信息,因此可设 p_i 为私人信息与决策结果相一致的概率,则存在如表 5-1 所示的私人信息概率。

表 5-1　私人信息概率

条件	$p(a\mid\nu)$	$p(b\mid\nu)$
$\nu=A$	p_i	$1-p_i$
$\nu=B$	$1-p_i$	p_i

进一步,得到如下函数:

$$P(v\mid\tau_i=a)=\begin{cases}p_i & v=A\\ 1-p_i & v=B\end{cases} \tag{5-1}$$

$$P(v\mid\tau_i=b)=\begin{cases}1-p_i & v=A\\ p_i & v=B\end{cases} \tag{5-2}$$

式(5-1)和式(5-2)中,0.5< p_i <1, p_i 越接近 0.5 说明私人信息与决策结果越不一致,越接近 1 说明私人信息与决策结果越一致。假设公共信息按贝叶斯规则发布,有一定先后顺序,先前发布信息对后来发布信息产生影响。假设农户可观察到其他农户决策结果并能依据已有知识范畴判断其准

确性①。按照时间序列，农户 i 之前已有 K 个农户选择流转和 L 个农户选择不流转，即有 $K+L=i-1$。假设 $p'_{ik}(0<p'_{ik}<1;k=1,2,\cdots,K)$ 为农户 i 判断第 k 个其他农户选择流转的准确性，$p'_{il}(0<p'_{il}<1;l=1,2,\cdots,L)$ 为农户 i 判断第 l 个其他农户选择不流转的准确性。那么，p'_{ik} 和 p'_{il} 越接近 0 说明农户 i 认为其他农户的决策越不准确，越接近 1 说明农户认为其他农户 i 的决策越准确②。

定义 2　根据 Anderson 等的信息瀑布框架模型（Anderson，Holt，1997），农户土地经营权流转概率为：

$$P(A\mid K,L,\tau_i=a)$$

$$=\frac{P(K,L\mid A)P(A)p_i}{P(K,L\mid A)P(A)p_i+P(K,L\mid B)P(B)(1-p_i)}$$

$$=\frac{\prod_{k=1}^{K}p'_{ik}\cdot\prod_{l=1}^{L}(1-p'_{il})\cdot P(A)p_i}{\prod_{k=1}^{K}p'_{ik}\cdot\prod_{l=1}^{L}(1-p'_{il})\cdot P(A)p_i+\prod_{k=1}^{K}(1-p'_{ik})\cdot\prod_{l=1}^{L}p'_{il}\cdot P(B)(1-p_i)}$$

$$=\frac{1}{1+1/\left(\prod_{k=1}^{K}\dfrac{p'_{ik}}{1-p'_{ik}}\cdot\prod_{l=1}^{L}\dfrac{1-p'_{il}}{p'_{il}}\cdot\dfrac{P(A)}{1-P(A)}\cdot\dfrac{p_i}{1-p_i}\right)}$$

$$(5\text{-}3)$$

$$P(A\mid K,L,\tau_i=b)$$

$$=\frac{P(K,L\mid A)P(A)(1-p_i)}{P(K,L\mid A)P(A)(1-p_i)+P(K,L\mid B)P(B)p_i}$$

$$=\frac{\prod_{k=1}^{K}p'_{ik}\cdot\prod_{l=1}^{L}(1-p'_{il})\cdot P(A)(1-p_i)}{\prod_{k=1}^{K}p'_{ik}\cdot\prod_{l=1}^{L}(1-p'_{il})\cdot P(A)(1-p_i)+\prod_{k=1}^{K}(1-p'_{ik})\cdot\prod_{l=1}^{L}p'_{il}\cdot P(B)p_i}$$

$$=\frac{1}{1+1/\left(\prod_{k=1}^{K}\dfrac{p'_{ik}}{1-p'_{ik}}\cdot\prod_{l=1}^{L}\dfrac{1-p'_{il}}{p'_{il}}\cdot\dfrac{P(A)}{1-P(A)}\cdot\dfrac{1-p_i}{p_i}\right)}$$

$$(5\text{-}4)$$

---

① "其他农户"指农户所能了解的、参与土地经营权流转决策的农户，且不限于同一个村。

② 由于不易判断前人信息的准确性，信息瀑布框架模型均假设个体判断前人决策结果准确性是一样的。然而，现实生活中，农户个体情况差异往往较大，且由于亲缘和地缘的关系，农户较易观察其他农户决策结果并依据已有知识范畴判断其准确性，因此，p'_{ik} 和 p'_{il} 均存在显著差异，并可被观察。

在式(5-3)和式(5-4)中，$\dfrac{P(A)}{1-P(A)}$ 表示初始状态显示流转与不流转的发生比；$\dfrac{p_i}{1-p_i}(\tau_i=a)$ 或 $\dfrac{1-p_i}{p_i}(\tau_i=b)$ 表示私人信息显示农户 i 流转与不流转的发生比，即农户最初流转态度；$\prod\limits_{k=1}^{K}\dfrac{p'_{ik}}{1-p'_{ik}}\cdot\prod\limits_{l=1}^{L}\dfrac{1-p'_{il}}{p'_{il}}$ 表示公共信息显示其他农户流转与不流转的发生比，即其他农户流转态度。

根据式(5-3)和式(5-4)，农户土地经营权流转概率将受到初始状态、私人信息和公共信息交互项的影响：

$$P(A\mid K,L)\varpropto 初始状态\times 私人信息\times 公共信息 \tag{5-5}$$

农村土地经营权流转对于农户而言，是个仁者见仁、智者见智的问题，且在初始状态中，大部分农户没有足够的知识经验分析其中的利弊（聂英、聂鑫宇，2018）。因此，可假设 $P(A)=P(B)=0.50$，即表示在初始状态下，流转或者不流转对于大多数农户而言是模糊的。根据式(5-5)，可简化农户土地经营权流转概率的表达式：

$$P(A\mid K,L)\varpropto 私人信息\times 公共信息 \tag{5-6}$$

依据上述理论模型，可得出如下推论：

① 当 $P(A\mid K,L,\tau_i=a)\geqslant 0.50$ 或 $P(A\mid K,L,\tau_i=b)\leqslant 0.50$ 时，农户更倾向于与私人信息保持一致，而不易表现出羊群行为[①]；

② 当 $P(A\mid K,L,\tau_i=a)<0.50$ 时，农户倾向于忽视私人信息，与公共信息保持一致，选择不流转，表现为隐性羊群行为[②]；

③ 当 $P(A\mid K,L,\tau_i=b)>0.50$ 时，农户倾向于忽视私人信息，与公共信息保持一致，选择流转，表现为显性羊群行为。

事实上，当农户觉得按照私人信息自行决策将使其获取的各种比较收益可能小于或等于选择跟随其他农户决策所获取的收益时，农户会倾向于与其他农户决策结果保持一致，反之则会倾向于表达私人信息。

理论推演还需佐以实证检验。因此，基于以上理论推演提出以下待验

---

① 当农户的土地经营权流转决策结果与私人信息、公共信息同时保持一致时，伪羊群行为便会产生。

② 羊群行为可分为隐性羊群行为和显性羊群行为两种。本章中隐性羊群行为指农户选择忽视私人信息，但从公共信息中又无法获取足够的土地经营权流转信念而决定不参与土地经营权流转的行为；显性羊群行为指当农户的最优选择是放弃私人信息，而直接从公共信息中获取足够的土地经营权流转信念来决定参与土地经营权流转的行为。与大多数研究一样，本章只研究显性羊群行为，并在无特殊说明的情况下将显性羊群行为标记为羊群行为（参见 Chiang，Zheng，2010）。

证的研究假设：

农村土地经营权流转中，受到公共信息的影响，农户选择忽视私人信息，与其他农户保持一致时，将表现出羊群行为。

第三节 数据收集

数据收集采用两阶段纵向数据调查方法①。调查地点为嘉兴市秀洲区的洪合镇、新塍镇、王店镇、王江泾镇、油车港镇，南湖区的大桥镇、凤桥镇、七星镇、新丰镇、余新镇。测量变量包括户主特征（年龄、年龄平方/100、受教育程度、健康状况）、家庭特征（家庭成员结构、家庭规模、家庭收入、职业类别）、村庄特征［村庄人均存款对数、离最近县（区）域商业中心距离］、解释变量（私人信息、公共信息）和被解释变量（土地经营权流转决策）。

第一阶段调查时间为 2013 年 3 月 27 日至 2014 年 7 月 30 日。调查对象为 18～70 周岁农户户主及其所在村集体，样本量由费用函数确定②，采用分层抽样方法确定样本③。问卷涉及调查时间和私人信息等变量的测量。共计发放 1532 份问卷。

第二阶段调查时间为 2014 年 8 月 12 日至 2015 年 3 月 25 日。调查对象为第一阶段所确定的样本。问卷涉及调查日期、年龄、年龄平方/100、受教育程度、健康状况、家庭成员结构、家庭规模、家庭人均可支配收入、职业类别、村庄人均存款、离最近县（区）域商业中心距离、公共信息和土地经营权流转决策等变量的测量。共计发放 1137 份问卷。剔除遗漏关键信息、明显不合逻辑的无效问卷，获得有效的配对问卷 976 份。

---

① 对同一样本的两次调查时间间隔 8 个月以上。

② 费用函数公式为：$n = (C_r - c_0)/c_1$，其中，n 为样本量，C_r 为总费用，c_0 为固定费用，c_1 为调查单个样本的平均费用。受项目经费总额的限定（第一阶段调查费用），C_r 为 35000 元，c_0 为 4360 元，c_1 为 20 元，由此可确定样本量的上限为 1532 个。

③ 首先，由各个镇政府给出近期和计划近期将推行土地经营权流转的村集体，并由此确定了 56 个样本村。然后，以每个样本村农户数占 56 个样本村农户总数的比例作为 1532 个样本在各个样本村的分配比例，并计算出每个样本村所需要的样本量。最后，从不同样本村中随机抽取足量样本，以形成第一阶段调查的基础样本。

第四节　变量设定与测量

本章所涉及的各变量定义与说明如表 5-2 所示。

表 5-2　变量定义与说明

类别	变量名称	变量说明
户主特征	年龄	年龄(周岁)
	年龄平方/100	年龄(周岁)平方除以 100
	受教育程度	学历：文盲、小学、初中、高中中专、大专、本科、硕士(含 MBA/EMBA)和博士 接受正规教育年限(年)
	健康状况	不好＝1(参照组)；一般＝2；良好＝3
家庭特征	家庭成员结构	家庭中无 18 周岁以下小孩＝1； 家庭中有 18 周岁以下小孩＝2
	家庭规模	家庭人口数量
	家庭收入	从过去到受访时的一年时间里的家庭可支配收入(万元)
	职业类别①	农业＝1(参照组)； 兼业＝2； 非农业＝3
村庄特征	村庄人均存款②	村庄的人均存款(万元)
	离最近县(区)域商业中心距离③	村庄最近离县(区)域商业中心距离(千米)

---

① 按照上期农业收入占总收入比重将农户职业类别分为农业、兼业和非农业三种类型。上期农业收入占总收入比重大于等于 90% 的为农业农户，大于 10% 而小于 90% 的为兼业农户，小于等于 10% 的农户为非农业农户。

② 样本村的人均存款委托各村委指定具体人员负责完成数据统计和估算工作。

③ 由调查者根据百度地图计算直线距离。

续表

类别	变量名称	变量说明
解释变量	私人信息①	倾向于不流转＝1； 倾向于流转＝2
	公共信息②	其他农户倾向于不流转＝1； 其他农户倾向于流转＝2
被解释变量	土地经营权流转决策③	不流转＝1； 流转＝2

第五节　样本基本信息

一、样本人口特征统计

1. 性别

在总计 976 份有效问卷中，从被调查对象的性别分布来看，男性被调查者为 926 人，约占总人数的 94.88％，女性被调查者 50 人，约占总人数的 5.12％。考虑到农村农户户主男性比例比较高的现实，总体来看，调查对象的性别比例大致是合理的。样本在性别方面的分布如表 5-3 所示。

表 5-3　调查样本的性别分布

性别	人数	百分比/％	累计百分比/％
男	926	94.88	94.88
女	50	5.12	100.00
合计	976	100.00	

2. 年龄

在本次调查中，被调查对象被划分为 5 个年龄段，30 岁及以下为 194 人，占 20.00％，31～40 岁为 184 人，占 18.97％，41～50 岁为 181 人，占 18.65％，51～60 岁为 225 人，占 23.20％，61 岁及以上为 186 人，

---

① 在问卷中，农户户主被问及："农村土地经营权流转政策背景下，您和您的家人是倾向于流转，还是倾向于不流转？"

② 公共信息的衡量来源于问卷中的问题："农村土地经营权流转政策背景下，您所能了解到的所有农户(不限于同一个村中)，大多数倾向于流转，还是大多数倾向于不流转？"

③ 土地经营权流转决策，包括已经发生的、即将发生和已经确定的流转决策。

占 19.18%。

从年龄分布来看,本次调查对象的年龄段分布较为均匀,各年龄段分布比例大致相同。值得注意的是,61 岁及以上的农户户主仍然占据较大比例,仍然是家庭中不可或缺的核心成员。样本在年龄方面的分布如表 5-4 所示。

表 5-4 调查样本的年龄分布

年龄	人数	百分比/%	累计百分比/%
30 岁及以下	194	20.00	20.00
31~40 岁	184	18.97	38.97
41~50 岁	181	18.65	57.62
51~60 岁	225	23.20	80.82
61 岁及以上	186	19.18	100.00
合计	970	100.00	

3. 受教育程度

在本次调查中,受教育程度被认为是农户户主构成特征的重要衡量指标。在具体的调查设计中,为了探究受教育程度对农村土地经营权流转的影响效应问题,设置了学历和受教育年限两个等同指标。在样本人口特征统计上,使用学历进行描述,并将学历分为文盲、小学、初中、高中中专、大专、本科、硕士(含 MBA/EMBA)和博士 8 个阶段。其中,文盲占 4.87%(47 人),小学占 25.73%(248 人),初中占 39.94%(385 人),高中中专占 27.70%(267 人),大专占 1.76%(17 人),本科及以上占比为 0。样本在学历方面的分布如表 5-5 所示。

表 5-5 调查样本的学历分布

学历	人数	百分比/%	累计百分比/%
文盲	47	4.87	4.87
小学	248	25.73	30.60
初中	385	39.94	70.54
高中中专	267	27.70	98.24
大专	17	1.76	100.00
本科	0	0	100.00

学历	人数	百分比/%	累计百分比/%
硕士	0	0	100.00
博士	0	0	100.00
合计	964	100.00	

4.健康状况

从健康状况上看,认为身体健康状况"不好"的农户户主占比 20.17%（195 人）,认为身体健康状况"一般"的农户户主占比 46.01%（445 人）,认为身体健康状况"良好"的农户户主占比 33.82%（327 人）。样本在健康状况方面的分布如表 5-6 所示。

表 5-6　调查样本的健康状况分布

健康状况	人数	百分比/%	累计百分比/%
不好	195	20.17	20.17
一般	445	46.01	66.18
良好	327	33.82	100.00
合计	967	100.00	

二、样本家庭特征统计

1.家庭成员结构

在本次调查中,家庭成员结构被认为是影响农村土地经营权流转的重要因素,因而将家庭成员结构分为 2 个类别。其中,家庭中没有未满 18 周岁小孩(无小孩)的占比 33.20%（322 户）,家庭中有未满 18 周岁小孩(有小孩)的占比 66.80%（648 户）。调查样本家庭在成员结构方面的分布如表 5-7 所示。

表 5-7　调查样本家庭的成员结构分布

成员结构	户数	百分比/%	累计百分比/%
无小孩	322	33.20	33.20
有小孩	648	66.80	100.00
合计	970	100.00	

2. 家庭规模

从调查样本的家庭规模看,1 人占比 3.30%(32 户),2 人占比 15.65%(152 户),3 人占比 33.37%(324 户),4 人占比 22.45%(218 户),5 人占比 16.17%(157 户),6 人占比 6.28%(61 户),7 人占比 2.47%(24 户),8 人占比 0.31%(3 户)。调查样本中以 2~5 口之家所占比重最大(87.64%)。调查样本家庭在人口规模方面的分布如表 5-8 所示。

表 5-8　调查样本家庭规模分布

家庭规模	户数	百分比/%	累计百分比/%
1 人	32	3.30	3.30
2 人	152	15.65	18.95
3 人	324	33.37	52.32
4 人	218	22.45	74.77
5 人	157	16.17	90.94
6 人	61	6.28	97.22
7 人	24	2.47	99.69
8 人	3	0.31	100.00
合计	971	100.00	

3. 家庭收入

从调查样本的家庭收入看,低于 2 万元的占比 1.13%(11 户),大于等于 2 万元而低于 4 万元的占比 5.28%(51 户),大于等于 4 万元而低于 6 万元的占比 17.81%(172 户),大于等于 6 万元而低于 8 万元的占比 21.95%(212 户),大于等于 8 万元而低于 10 万元的占比 13.04%(126 户),大于等于 10 万元而低于 12 万元的占比 11.70%(113 户),大于等于 12 万元而低于 14 万元的占比 7.87%(76 户),大于等于 14 万元而低于 16 万元的占比 7.76%(75 户),大于等于 16 万元而低于 18 万元的占比 7.04%(68 户),大于等于 18 万元而低于 20 万元的占比 4.87%(47 户),大于等于 20 万元的占比 1.55%(15 户)。调查样本家庭收入方面的分布如表 5-9 所示。

表 5-9 家庭收入分布

家庭收入/万元	户数	百分比/%	累计百分比/%
$income < 2$	11	1.13	1.13
$2 \leqslant income < 4$	51	5.28	6.41
$4 \leqslant income < 6$	172	17.81	24.22
$6 \leqslant income < 8$	212	21.95	46.17
$8 \leqslant income < 10$	126	13.04	59.21
$10 \leqslant income < 12$	113	11.70	70.91
$12 \leqslant income < 14$	76	7.87	78.78
$14 \leqslant income < 16$	75	7.76	86.54
$16 \leqslant income < 18$	68	7.04	93.58
$18 \leqslant income < 20$	47	4.87	98.45
$20 \leqslant income$	15	1.55	100.00
合计	966	100.00	

4. 职业类别

在本次调查中，农户家庭从事纯农业的人数为 305 户，占 31.48%，从事兼业的家庭为 441 户，占 45.51%，从事非农业的家庭为 223 户，占 23.01%。由此可见，从事纯农业的农户家庭数量明显少于从事兼业和非农业的农户家庭数量之和。这在一定程度上说明，嘉兴市农村的非农化程度较高。样本家庭在职业类别方面的分布如表 5-10 所示。

表 5-10 样本家庭职业类别分布

职业类别	户数	百分比/%	累计百分比/%
农业	305	31.48	31.48
兼业	441	45.51	76.99
非农业	223	23.01	100.00
合计	969	100.00	

三、样本村庄特征统计

1. 村庄人均存款

从样本村庄人均存款调查结果看，低于 1 万元的占比 1.79%（1 个），大于等于 1 万元而低于 2 万元的占比 5.36%（3 个），大于等于 2 万元而低于 3 万元的占比 14.29%（8 个），大于等于 3 万元而低于 4 万元的占比 26.78%（15 个），大于等于 4 万元而低于 5 万元的占比 17.85%（10 个），大于等于 5 万元而低于 6 万元的占比 12.50%（7 个），大于等于 6 万元而低于 7 万元的占比 8.93%（5 个），大于等于 7 万元而低于 8 万元的占比 5.35%（3 个），大于等于 8 万元而低于 9 万元的占比 3.57%（2 个），大于等于 9 万元而低于 10 万元的占比 1.79%（1 个），大于等于 10 万元的占比 1.79%（1 个）。调查样本村庄人均存款方面的分布如表 5-11 所示。

表 5-11　村庄人均存款分布

村庄人均存款/万元	个数	百分比/%	累计百分比/%
$deposits < 1$	1	1.79	1.79
$1 \leqslant deposits < 2$	3	5.36	7.15
$2 \leqslant deposits < 3$	8	14.29	21.44
$3 \leqslant deposits < 4$	15	26.78	48.22
$4 \leqslant deposits < 5$	10	17.85	66.07
$5 \leqslant deposits < 6$	7	12.50	78.57
$6 \leqslant deposits < 7$	5	8.93	87.50
$7 \leqslant deposits < 8$	3	5.35	92.85
$8 \leqslant deposits < 9$	2	3.57	96.42
$9 \leqslant deposits < 10$	1	1.79	98.21
$10 \leqslant deposits$	1	1.79	100.00
合计	56	100.00	

2. 村庄离最近县（区）域商业中心距离

从村庄离最近县（区）域商业中心距离看，小于 2 千米的占比 0%（0 个），大于等于 2 千米而小于 4 千米的占比 5.36%（3 个），大于等于 4 千米而小于 6 千米的占比 8.93%（5 个），大于等于 6 千米而小于 8 千米的占比 19.63%（11 个），大于等于 8 千米而小于 10 千米的占比 26.78%（15 个），大于等于 10 千米而小于 12 千米的占比 16.07%（9 个），大于等于 12 千米而小于 14 千米的占比 12.50%（7 个），大于等于 14 千米而小于 16 千米的占比 5.36%（3 个），大于等于 16 千米而小于 18 千米的占比 1.79%（1 个），大于等于 18 千米而小于 20 千米的占比 1.79%（1 个），大于等于 20 千米的占比 1.79%（1 个）。调查样本村庄离最近县（区）域商业中心距离方面的分布如表 5-12 所示。

表 5-12 村庄离最近县（区）域商业中心距离分布

离最近县（区）域商业中心距离/千米	个数	百分比/%	累计百分比/%
$distance < 2$	0	0	0
$2 \leqslant distance < 4$	3	5.36	5.36
$4 \leqslant distance < 6$	5	8.93	14.29
$6 \leqslant distance < 8$	11	19.63	33.92
$8 \leqslant distance < 10$	15	26.78	60.70
$10 \leqslant distance < 12$	9	16.07	76.77
$12 \leqslant distance < 14$	7	12.50	89.27
$14 \leqslant distance < 16$	3	5.36	94.63
$16 \leqslant distance < 18$	1	1.79	96.42
$18 \leqslant distance < 20$	1	1.79	98.21
$20 \leqslant distance$	1	1.79	100.00
合计	56	100.00	

四、样本的数据描述

表 5-13 为本章研究所涉及变量的描述性统计，包括最小值、最大值、均值、标准差、偏态和峰态。从各个变量的描述性统计来看，变量大多服从或者近似服从正态分布。

表 5-13 变量的描述性统计

变量	样本量	最小值	最大值	均值	标准差	偏态	峰态
年龄	970	18	69	45.05	14.35	−0.07	−1.22
年龄平方/100	970	3.24	47.61	22.35	12.91	0.29	−1.16
受教育程度	964	0	15	7.52	2.77	−0.01	−0.48
健康状况	967	1	3	2.14	0.72	−0.21	−1.07
家庭成员结构	970	1	2	1.67	0.47	−0.72	−1.49
家庭规模	971	1	8	3.63	1.34	0.46	−0.04
家庭收入	966	0.54	23.01	6.89	3.21	−0.04	−0.53

续表

变量	样本量	最小值	最大值	均值	标准差	偏态	峰态
职业类别	969	1	3	1.92	0.73	0.13	−1.13
村庄人均存款	976	0.98	10.23	3.76	1.92	0.49	0.01
离最近县（区）域商业中心距离	976	2.78	21.25	9.56	4.86	−0.02	−1.22
私人信息	967	1	2	1.41	0.49	0.38	−1.86
公共信息	967	1	2	1.47	0.50	0.13	−1.99
土地经营权流转决策	976	1	2	1.49	0.50	0.03	−2.00

变量描述性统计结果显示，样本平均年龄为 45.05 岁；平均接受正规教育年限约为 7.52 年，略接近于初中文化水平。从事兼业和非农业的共占 78.52%，仅 31.48% 从事纯农业。样本所在村庄离县域商业中心的平均距离约为 9.56 千米。样本最初流转比例为 40.75%，其他农户倾向于流转比例为 46.85%，而最终选择流转比例为 49.75%。

第六节　计量模型选择

Binary Logistic 模型是一种二元离散选择模型，是将逻辑分布作为随机误差项的概率分布，适合效用最大化原则所进行的决策行为分析工具（王济川，郭志刚，2001）。因此，本章选择 Binary Logistic 模型分析：①农户进行土地经营权流转决策时，如何综合考虑私人信息、公共信息、交互项（私人信息×公共信息）等因素，做出满足其效用最大化的决策；②进而利用私人信息和公共信息的交互效应分析农户产生羊群行为的机理及特征（Dawson，2014）。最终，达到验证研究假设的目的。遵循经典假设理论，本章构建以下 Binary Logistic 回归模型进行极大似然参数估计：

$$\ln\left[\frac{p(y_i=1)}{1-p(y_i=1)}\right] = \alpha_0 + \beta_1 private_i + \beta_2 public_i + \beta_3 private_i$$
$$\times public_i + \gamma X_i + \varepsilon \tag{5-7}$$

式（5-7）中，$i = 1, 2, \cdots, n$ 表示农户，$p(y_i = 1)$ 为农户 i 选择土地经营权流转的条件概率。$private_i$ 为私人信息，$public_i$ 为公共信息。X_i 包括村集体、第一阶段调查时间、第二阶段调查时间、年龄、年龄平方/100、健康状况、家庭成员结构、家庭规模、家庭收入、职业类别、村庄人均存款、离最近县(区)域商业中心距离。α_0 为常数项，β_1、β_2、β_3 和 γ 为回归系数，ε 为残差。

第七节 变量相关性分析

为检验变量之间可能存在的多重共线性问题，对各变量的 Pearson(皮尔森)相关系数(缺失值 Pairwise)进行分析，如表 5-14 所示。Tsui 等(1995)认为，0.75 是多重共线性问题的阈值，后续研究大都采用 0.75 作为存在多重共线性问题的最大允许值。

以上的 Pearson 相关性分析结果表明：

(1)私人信息与土地经营权流转决策呈显著相关。具体而言，私人信息与土地经营权流转决策之间相关系数达到 0.529，并在 1% 的水平上显著。

(2)公共信息与土地经营权流转决策呈显著相关。具体而言，公共信息与土地经营权流转决策之间相关系数达到 0.585，并在 1% 的水平上显著，两者呈现显著正相关。

(3)年龄与私人信息呈显著相关。具体而言，年龄与私人信息之间相关系数为 -0.008，并在 5% 的水平上显著，两者呈现显著负相关。

(4)年龄与土地经营权流转决策呈显著相关。具体而言，年龄与土地经营权流转决策之间相关系数为 -0.006，并在 5% 的水平上显著，两者呈现显著负相关。

(5)受教育程度与私人信息呈显著相关。具体而言，受教育程度与私人信息之间相关系数为 0.026，并在 10% 的水平上显著，两者呈现显著正相关。

(6)受教育程度与土地经营权流转决策呈显著相关。具体而言，受教育程度与土地经营权流转决策之间相关系数为 0.031，并在 5% 的水平上显著，两者呈现显著正相关。

(7)职业类别与私人信息呈显著相关。具体而言，职业类别与私人信息之间相关系数为 0.007，并在 5% 的水平上显著，两者呈现显著正相关。

(8)职业类别与土地经营权流转决策呈显著相关。具体而言，职业类别与土地经营权流转决策之间相关系数为 0.014，并在 1% 的水平上显著，两者呈现显著正相关。

(9)年龄与受教育呈显著相关。具体而言，年龄与受教育程度之间相关系数为 -0.067，并在 10% 的水平上显著，两者呈现显著负相关。

表5-14 变量间的相关系数矩阵

变量	年龄	受教育程度	健康状况	家庭成员结构	家庭规模	家庭收入	职业类别	村庄人均存款	离最近县(区)域商业中心距离	私人信息	公共信息	土地经营权流转决策
年龄 (N)	1 (970)											
受教育程度 (N)	-0.067* (959)	1 (964)										
健康状况 (N)	-0.094** (961)	-0.115 (956)	1 (967)									
家庭成员结构 (N)	-0.104** (964)	0.134 (958)	0.024 (961)	1 (970)								
家庭规模 (N)	-0.008 (965)	-0.055 (959)	0.038 (962)	0.311 (965)	1 (971)							
家庭收入 (N)	-0.066 (960)	0.183 (954)	0.064 (957)	0.163 (960)	0.327 (961)	1 (966)						
职业类别 (N)	-0.090** (963)	0.050 (957)	-0.018 (960)	0.022 (963)	0.035 (964)	0.154** (959)	1 (966)					
村庄人均存款 (N)	0.016 (970)	0.014 (964)	0.015 (967)	-0.023 (970)	-0.009 (971)	0.045 (966)	0.035 (969)	1 (976)				

续表

变量	年龄	受教育程度	健康状况	家庭成员结构	家庭规模	家庭收入	职业类别	村庄人均存款	离最近县(区)域商业中心距离	私人信息	公共信息	土地经营权流转决策
离最近县(区)域商业中心距离(N)	-0.024 (970)	0.048 (964)	-0.060 (967)	0.013 (970)	-0.003 (971)	-0.002 (966)	-0.002 (966)	-0.045 (976)	1 (976)			
私人信息(N)	-0.008** (961)	0.026* (956)	0.057 (958)	0.004 (961)	-0.029 (962)	0.007 (957)	0.007** (957)	0.069 (967)	-0.003 (967)	1 (967)		
公共信息(N)	0.007 (961)	0.024 (955)	-0.029 (958)	-0.054 (961)	-0.067 (962)	0.002 (957)	0.002 (957)	0.026 (967)	0.033 (967)	0.222 (958)	1 (967)	
土地经营权流转决策(N)	-0.006** (970)	0.031** (964)	-0.001 (967)	-0.015 (970)	-0.020 (971)	0.004 (966)	0.014*** (966)	0.032 (976)	-0.000 (976)	0.529*** (967)	0.585*** (967)	1 (976)

注：*表示 $p<10\%$，**表示 $p<5\%$，***表示 $p<1\%$（双侧显著）。

（10）年龄与健康状况呈显著相关。具体而言，年龄与健康状况之间相关系数为－0.094，并在5％的水平上显著，两者呈现显著负相关。

（11）年龄与职业类别呈显著相关。具体而言，年龄与职业之间相关系数为－0.090，并在5％的水平上显著，两者呈现显著负相关。

（12）职业类别与家庭收入呈显著相关。具体而言，职业类别与家庭收入之间相关系数为0.154，并在5％的水平上显著，两者呈现显著正相关。

纵观以上分析，各变量之间的相关系数都没有超过0.75这个多重共线性问题最大允许值，因此，可以初步判定多重共线性问题并不严重，并不会影响回归分析的有效性。

第八节　VIF 检验

在进行 Binary Logistic 回归分析之前，需检验私人信息、公共信息和二元交互项（私人信息×公共信息）可能因高度相关而产生的多重共线性问题。一般认为，方差膨胀因子 VIF 值越大，变量间多重共线性越严重，若 VIF≤10，便可认为变量间不存在严重的共线性问题（Cohen et al.，2003）。VIF 检验结果如表5-15所示。经检验，解释变量的 VIF 满足这一条件。这表明，私人信息、公共信息和二元交互项（私人信息×公共信息）满足独立性原则，且不存在严重的共线性问题。

表 5-15　方差膨胀因子 VIF 检验结果

变量	VIF
私人信息	3.416
公共信息	2.147
私人信息×公共信息	5.571

第九节　模型估计结果与分析

本章采用 Stata 15.0 统计软件对调查数据进行 Binary Logistic 回归分析，在检验交互效应之前，将年龄、年龄平方/100、受教育程度、家庭规模、家庭收入、村庄人均存款、私人信息和公共信息进行标准化处理①（参见Dawson,2014），以解决量纲和可能存在的多重共线性问题。同时，对多级分类变量健康状况②和职业类别③进行哑变量赋值④。

本章采用强迫进入法，分四步进行回归：

第一步，将控制变量放入回归模型（回归1）；

第二步，将控制变量、私人信息放入回归模型（回归2）；

第三步，将控制变量、私人信息和公共信息放入回归模型（回归3）；

第四步，将控制变量、私人信息、公共信息和二元交互项（私人信息×公共信息）放入回归模型（回归4）。

模型估计结果如表5-16所示。

表5-16　模型估计结果

变量	回归1	回归2	回归3	回归4
	系数（标准误）	系数（标准误）	系数（标准误）	系数（标准误）
年龄	−0.1260***	−0.4691***	−0.2348***	−0.2487***
	(0.4772)	(0.5628)	(0.7226)	(0.7247)
年龄平方/100	−0.0914**	−0.4154**	−0.3431**	−0.3565**
	(0.4769)	(0.5624)	(0.7226)	(0.7211)
受教育程度	0.0195**	0.0363**	0.0093**	0.0053**
	(0.0693)	(0.0824)	(0.1022)	(0.1017)
健康状况(不好) 一般	0.0806	0.0919	0.0037	0.0143
	(0.1898)	(0.2115)	(0.2774)	(0.2770)
良好	0.2705	0.1461	0.3794	0.3707
	(0.1806)	(0.2231)	(0.2707)	(0.2693)
家庭成员结构	−0.0571	−0.0993	−0.0336	−0.0286
	(0.1511)	(0.1788)	(0.2292)	(0.2281)

① 数据标准化公式为：$M_i = (m_i - \mu)/\sigma$，其中，M_i 为标准化后数据，m_i 为原始数据，μ 为 m_i 的平均值，σ 为 m_i 的标准差。

② 由于健康状况为多级分类变量，所以，进入回归时，将生成哑变量健康状况(1)和健康状况(2)，分别对应"一般"和"良好"，以"不好"为参照组。当哑变量回归系数显著为正时，说明该变量相对"不好"农户具有相对较高的土地经营权流转概率；当哑变量回归系数显著为负时，说明该变量相对"不好"农户具有相对较低的土地经营权流转概率。

③ 由于职业类别为多级分类变量，所以，进入回归时，将生成哑变量职业类别(1)和职业类别(2)，分别对应"兼业"和"非农业"，以"农业"为参照组。当哑变量回归系数显著为正时，说明该变量相对"农业"农户具有相对较高的土地经营权流转概率；当哑变量回归系数显著为负时，说明该变量相对"农业"农户具有相对较低的土地经营权流转概率。

④ 由于家庭成员结构为二级分类变量，所以，无须进行哑变量处理以及标准化处理。

续表

变量	回归 1 系数（标准误）	回归 2 系数（标准误）	回归 3 系数（标准误）	回归 4 系数（标准误）
家庭规模	−0.0092 (0.0747)	−0.0654 (0.0883)	−0.0694 (0.1096)	−0.0692 (0.1092)
家庭收入	0.0068 (0.0738)	0.0241 (0.0875)	0.0732 (0.1092)	0.0692 (0.1089)
职业类别（农业）兼业	0.0457* (0.1588)	0.0578* (0.1875)	0.0516* (0.2354)	0.0482* (0.2344)
非农业	0.2312** (0.1854)	0.2538** (0.2190)	0.1021** (0.2761)	0.1052** (0.2752)
村庄人均存款	0.0323 (0.2530)	0.2412 (0.2958)	0.5266 (0.3606)	0.5193 (0.3548)
离最近县（区）域商业中心距离	−0.0339 (0.0668)	−0.0607 (0.0790)	−0.1362 (0.0985)	−0.1283 (0.0982)
私人信息	—	1.2128*** (0.0823)	1.5351*** (0.1200)	1.7123*** (0.1821)
公共信息	—	—	1.6930*** (0.1200)	1.8441*** (0.1688)
私人信息×公共信息	—	—	—	0.3209** (0.1904)
样本村	控制	控制	控制	控制
第一阶段调查时间	控制	控制	控制	控制
第二阶段调查时间	控制	控制	控制	控制
常数项	0.0701 (0.6260)	0.3693 (0.7349)	0.9103 (0.8990)	1.1358 (0.9019)
Pseudo R^2	0.0056	0.2183	0.4768	0.5798
LR 统计量	7.14	276.89	598.80	672.56
prob> chi2	0.9537	0.0000	0.0000	0.0000
样本量	923	915	906	906

注：*、**和***分别表示统计检验达到 10%、5%和 1%的显著性水平。

从表 5-16 的回归结果来看，Pseudo R^2 值呈现出递增趋势，表明 4 个回归的拟合程度在逐步提高；同时，尽管 4 个回归的影响系数大小发生了略微变化，但系数方向和显著性并未发生显著变化，表现出良好的稳健性。

因此，回归 4 为最佳预测模型。

分析结果如下：

（1）户主特征变量对农村土地经营权流转的影响。模型4中，户主年龄系数为$-0.2487（p<1\%）$，而户主年龄平方系数为$-0.3565（p<5\%）$，表明在18～70岁范围内，户主年龄对农村土地经营权流转具有显著负向影响。这主要是因为年龄大的户主思想较为守旧，接受新事物能力差，难以放弃现有土地经营权。

户主受教育程度系数$0.0053（p<5\%）$，说明受教育程度对农村土地经营权流转具有显著正向影响。这主要是，受教育程度高的户主具有相对丰富的见识与阅历，更容易接受居住和生活方式的改变。

（2）家庭特征变量对农村土地经营权流转的影响。模型4中，家庭成员结构、家庭规模和家庭收入对农村土地经营权流转的影响并不显著。

职业类别中，"非农业"农户具有相对较高的土地经营权流转率，而"农业"农户相对较低，"兼业"农户则居中。这主要是，相比较于"农业"农户，"非农业"农户对农业的依赖性不强，基本可以脱离土地的束缚，而"兼业"农户处于两者之间。

（3）村庄特征变量对农村土地经营权流转的影响。模型4中，村庄人均存款（万元）和离最近县（区）域商业中心距离对农村土地经营权流转均未产生显著影响。

（4）私人信息和公共信息对农村土地经营权流转的影响。模型4中，私人信息系数为$1.7123（p<1\%）$，表明最初流转态度越积极的农户平均而言选择流转土地经营权的可能性就越大。这主要是，私人信息对决策主体的思想、情感和判断均产生显著影响，影响到决策主体的信息加工过程，是农户决策的基础信息来源。因此，私人信息对农村土地经营权流转的影响，表现为基础性的"锚定"效应[①]。

公共信息系数为$1.8441（p<1\%）$，以及私人信息×公共信息系数为$0.3209（p<5\%）$，表明公共信息在私人信息与农村土地经营权流转之间的正向关系中起到了增强性的调节作用，对农村土地经营权流转具有重要的"调整启发式"影响。这主要是，农户和其他农户均面临同样的土地经营权流转问题，在决策信心不足的情景下愿意观察其他农户的决策结果，并以此作为自己的决策参考。

---

① 锚定效应是指在不确定情境下，判断与决策的结果或目标值向"最初值"即"锚"的方向接近而产生估计偏差的现象。

图 5-1 为交互效应分析图①。

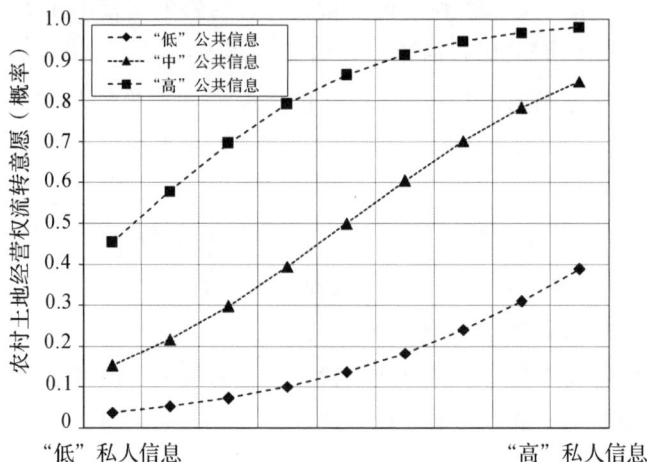

图 5-1 交互效应分析

经分析得出如下结果:

(1)当公共信息"中",即其他农户流转态度不明确时,农村土地经营权流转概率随着农户最初流转水平的提高而提高。

(2)当公共信息"低",即其他农户流转态度倾向于不流转时,农村土地经营权流转概率随着农户最初流转水平的提高而缓慢提高。

这表明,相对"中"公共信息而言,"低"公共信息降低了私人信息对农村土地经营权流转概率的正向影响。

因此,当公共信息"低",私人信息"高"时,农村土地经营权流转决策可能忽视私人信息,与其他农户保持一致,选择不流转,从而表现出隐性羊群行为。

(3)当公共信息"高",即其他农户流转态度倾向于流转时,农村土地经

---

① 首先,将私人信息和公共信息的均值分别加减一个标准差(由于已被标准化,私人信息和公共信息的均值均为 0,标准差均为 1),取得"低"私人信息的代表值为 −1,"高"私人信息的代表值为 1,"低"公共信息的代表值为 −1,"中"公共信息的代表值为 0(表示其他农户对待农村土地经营权流转的态度处于中立状态),"高"公共信息的代表值为 1。其次,在私人信息从低到高的系列代表值($-1, -0.75, -0.5, -0.25, 0, 0.25, 0.5, 0.75, 1$)下,分别计算 3 种情景("低"公共信息、"中"公共信息和"高"公共信息)时的 $\ln\{p(y_i=1)/[1-p(y_i=1)]\}$[将常数项、私人信息、公共信息和私人信息×公共信息的回归系数和代表值代入回归系数所构成的回归(4)中而求得]。再次,将系列 $\ln\{p(y_i=1)/[1-p(y_i=1)]\}$ 值进行反函数处理,可分别求得到 3 种情景下农村土地经营权流转概率 $p(y_i=1)$ 随私人信息变化的系列值。最后,分别将 3 种情景下的农村土地经营权流转概率系列值进行圆滑连接,可画得交互效应分析图。

营权流转概率随着农户最初流转水平的增加而较快速增加。

这表明，相对"中"公共信息而言，"高"公共信息增强了私人信息对农村土地经营权流转概率的正向影响。

因此，当公共信息"高"时，农户最初流转水平即使"不高"，农村土地经营权流转决策也可能忽视私人信息，与其他农户保持一致，选择流转，从而表现出显性羊群行为。

第十节　稳健性检验

样本回归结果获得了稳健性的结论。为进一步确认结论的可靠性，在此进行三方面的稳健性检验。

1. 以户主年龄分组进行回归分析

根据世界卫生组织的年龄划分标准，将 44 岁及以下的列为"青年"组，将 44 岁以上的列为"中老年"组，以户主年龄特征划分样本进行回归。如表 5-17 所示，户主年龄的分组回归结果表明，私人信息、公共信息、私人信息×公共信息对农村土地经营权流转的影响结果仍然稳健。

2. 以户主受教育程度分组进行回归分析

将接受正规教育年限小于等于 6 年的列为"小学及以下"组，接受正规教育年限大于 6 年的列为"初中及以上"组，以户主受教育程度划分样本进行回归。如表 5-16 所示，户主受教育程度的分组回归结果显示，私人信息、公共信息、私人信息×公共信息对农村土地经营权流转的影响结果仍然稳健。

表 5-17　户主年龄和受教育程度分组的稳健性检验结果

变量	回归 5 "青年"组 系数 （标准误）	回归 6 "中老年"组 系数 （标准误）	回归 7 "小学及以下"组 系数 （标准误）	回归 8 "初中及以上"组 系数 （标准误）
私人信息	1.5571*** (0.2550)	1.8993*** (0.2575)	1.5333*** (0.2650)	1.8697*** (0.2499)
公共信息	1.7944*** (0.2334)	1.8576*** (0.2382)	1.8778*** (0.2473)	1.7747*** (0.2275)
私人信息×公共信息	0.3769** (0.2678)	0.3372** (0.2692)	0.3031** (0.2763)	0.4127** (0.2627)
样本村	控制	控制	控制	控制

续表

变量	回归 5 "青年"组	回归 6 "中老年"组	回归 7 "小学及以下"组	回归 8 "初中及以上"组
	系数 (标准误)	系数 (标准误)	系数 (标准误)	系数 (标准误)
第一阶段调查时间	控制	控制	控制	控制
第二阶段调查时间	控制	控制	控制	控制
常数项	0.0820 (0.7776)	0.3672 (0.8495)	0.1581 (0.2398)	0.3379 (0.2178)
Pseudo R^2	0.4489	0.5033	0.4582	0.4812
LR 统计量	276.57	352.79	217.88	410.15
prob> chi2	0.0000	0.0000	0.0000	0.0000
样本量	445	507	343	615

注:*、**和***分别表示统计检验达到 10%、5%和 1%的显著性水平。

3.以职业类别分组进行回归分析

将标记为"1"的列为"农业"组,将标记为"2"的列为"兼业"组,将标记为"3"的列为"非农业"组,以职业类别划分样本进行回归。如表 5-18 所示,"农业"组和"兼业"组的回归结果均显示,私人信息、公共信息、私人信息×公共信息对农村土地经营权流转的影响结果仍然稳健,而"非农业"组的回归结果显示,公共信息对私人信息与农村土地经营权流转之间的正向关系中没有显著调节作用。这说明,"非农业"组的农户不易受公共信息的影响而改变流转决策,因此也不易产生羊群行为[①]。

总体看来,稳健性检验结果与总体样本回归结果保持较高的稳健性。因此,研究结果支持理论假设的结论,研究假设得到支持。

---

① 造成差异的可能原因是:相对"农业"农户和"兼业"农户,"非农业"农户基本摆脱了土地的束缚,且由于职业不同以及生活环境的变化,农户在认知和偏好等方面均出现了巨大差异。显然,"非农业"农户在土地经营权流转决策中处于相对信息优势地位,或者认为不需要公共信息,仅依靠自我判断或者自己的实际情况也可很好地做出流转决策。因此,"非农业"农户不易产生羊群行为。

表 5-18　职业类别分组的稳健性检验结果

变量	回归 9 "农业"组 系数 （标准误）	回归 10 "兼业"组 系数 （标准误）	回归 11 "非农业"组 系数 （标准误）
私人信息	1.4753*** (0.2943)	1.6489*** (0.2023)	1.9137*** (0.3181)
公共信息	1.4596*** (0.2599)	1.6236*** (0.1922)	1.6839 (0.2810)
私人信息×公共信息	0.3978** (0.3136)	0.3406** (0.2087)	0.3674 (0.3391)
样本村	控制	控制	控制
第一阶段调查时间	控制	控制	控制
第二阶段调查时间	控制	控制	控制
常数项	0.2908 (0.5671)	0.1622 (0.1885)	0.2789 (0.2639)
Pseudo R^2	0.4478	0.4734	0.5169
LR 统计量	187.49	280.20	158.61
prob> chi2	0.0000	0.0000	0.0000
样本量	302	427	222

注：*、**和***分别表示统计检验达到 10%、5%和 1%的显著性水平。

第十一节　研究结论与对策建议

为进一步探究农村土地经营权流转中的羊群行为产生机理和经验证据，从私人信息和公共信息视角提出农村土地经营权流转中农户羊群行为产生条件的研究假设，并通过嘉兴市 976 户农户的纵向调查数据进行了假设验证。

得出如下研究结果：

第一，私人信息容易"锚定"随后的估计和判断，导致农村土地经营权流转决策很大程度上被"锚定"于"最初值"；

第二，公共信息对农村土地经营权流转产生"调整启发式"影响；

第三，当农户土地经营权流转更倾向于忽略私人信息而与亲朋好友、熟人和邻居等其他农户信息保持一致时，农户表现出羊群行为。

基于以上结论，得出如下对策建议：

第一,告诫农户在土地经营权流转决策中须谨慎思考,努力追求自身收益最大化,从而尽可能地避免自发"锚定"偏差;

第二,可通过"示范效应"引导农户做出恰当与理性的土地经营权流转决策;

第三,加大信息沟通力度,构建适应性信息传播渠道,使农户能够及时、准确、有效地掌握农村土地经营权流转信息,避免盲目跟风和决策失误。

第十二节　本章小结

本章探究农村土地经营权流转中的农户羊群行为产生机理,以获得有效指导实践的理论与实证依据,基于信息瀑布理论解析农村土地经营权流转中农户羊群行为的产生机理,提出研究假设,并通过嘉兴市 976 户农户的纵向调查数据进行验证。研究结果表明:①私人信息对农村土地经营权流转具有基础性的"锚定"效应。②公共信息在农村土地经营权流转中扮演重要的"调整启发式"影响。③当农户土地经营权流转决策更倾向于忽略私人信息而与公共信息保持一致时,农户表现出羊群行为。因此,要合理利用羊群行为正面效应,同时降低"锚定"和"调整启发式"的负面效应,引导农户做出理性流转决策。

第六章　农村土地经营权流转中农户羊群行为的影响因素、影响结果及后续效应

本章分为十个部分：第一部分是对农村土地经营权流转的影响效应问题进行阐释；第二部分是构建农村土地经营权流转中影响效应问题的理论模型，并提出研究假设；第三部分至第八部分为实证研究；第九部分为研究结论与政策建议；第十部分为本章小结。

第一节　问题提出

第四章和第五章对农村土地经营权流转中农户羊群行为的理论与内涵等做了一定的理论与实证探究，但对于农村土地经营权流转中从"羊群行为影响因素"到"羊群行为维度结构"到"羊群行为影响结果"再到"羊群行为后续效应"这一认知心理变化过程进行完整刻画的理论与实证研究还相当缺乏。

因此，本章将以结构方程模型为方法基础，构建农村土地经营权流转中从农户"羊群行为影响因素"到"羊群行为维度结构"到"羊群行为影响结果"再到"羊群行为后续效应"的研究假设模型，并通过收集纵向调查数据检验研究假设的方法来对农村土地经营权流转中农户羊群行为影响因素、影响结果及后续效应进行实证刻画。

第二节　理论基础与研究假设

本章将农村土地经营权流转中农户羊群行为分为"贬低私人信息"和"模仿他人"两个维度结构，并从"羊群行为影响因素"到"羊群行为维度结构"到"羊群行为影响结果"再到"羊群行为后续效应"构建农户认知心理变化过程的理论假设模型，如图 6-1 所示。

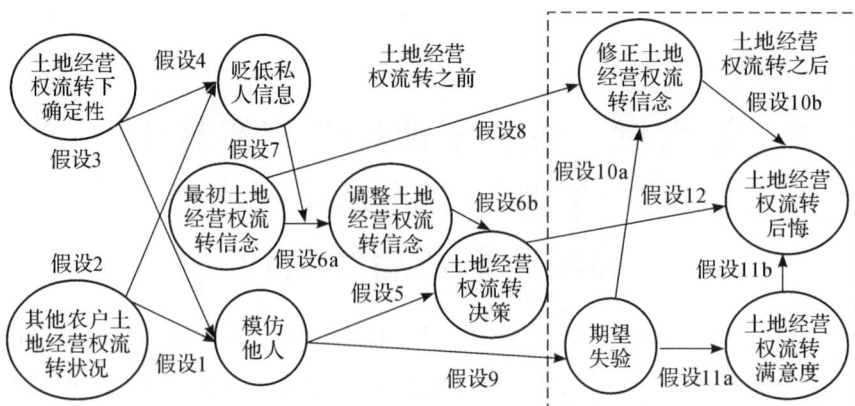

图 6-1　理论模型与研究假设

一、农村土地经营权流转中羊群行为影响因素的理论分析与研究假设

农户对农村土地经营权流转政策信息有着强烈的需求,但由于政府所提供信息往往存在渠道狭窄或作用有限等问题,农户必须花费大量时间和精力去搜寻农村土地经营权流转政策信息(关艳,2011;王安春,2011)。面对过高的农村土地经营权流转政策信息搜寻成本,农户更倾向于依靠熟人、亲朋好友和其他农户所提供的信息(关艳,2011)。因此,当农村土地经营权流转政策的信息黏性使得农户无法完全依赖私人信息而更愿意将其他农户土地经营权流转信息作为自己决策依据时,羊群行为便产生了。基于此,提出以下待验证的研究假设:

假设 1:其他农户土地经营权流转状况对农户模仿他人产生显著正向影响;

假设 2:其他农户土地经营权流转状况对农户贬低私人信息产生显著正向影响。

按照 Zimmermann(2000)的研究,在决策领域,不确定性被定义为在一个特定的情形下,个人没有拥有足够的定量信息或定性信息去对一个系统及其行为或特征给出确定性的描述、规定和预测。Pfeffer 和 Salancik (1978)认为,不确定性指不完全信息将导致主体感知能力缺失而无法对事物发生概率做出准确预测。因此,农村土地经营权流转决策的不确定性可被定义为由于不完全信息,农户无法预测土地经营权流转后果的程度,这些后果包括家庭成员的就业问题、非农业收入问题、养老保障问题等等。由于

农村土地经营权流转是一项复杂的决策问题,对于大对数农户来说,其知识和经验无法使其做出正确的、有效的决策,这都将导致流转决策存在较大的不确定性(张溪,2017)。毫无疑问,当感觉到对某项决策无能为力或没有把握时,主体往往易表现出羊群行为(Walden,Browne,2009)。因此,土地经营权流转的不确定性成为农户在农村土地经营权流转决策中采取羊群行为策略的重要原因之一。当农村土地经营权流转存在高度不确定性时,农户将无法分辨其所带来的利弊,这也将成为农户贬低或忽视私人信息而简单地选择人云亦云、盲目跟风的理由。基于此,提出以下待验证的研究假设:

假设 3:土地经营权流转不确定性对农户模仿他人产生显著正向影响;

假设 4:土地经营权流转不确定性对农户贬低私人信息产生显著正向影响。

二、农村土地经营权流转中羊群行为影响结果的理论分析与研究假设

关于羊群行为的研究表明,模仿他人往往对个体的决策行为产生显著影响(王宗润,潘城城,2018)。报酬羊群行为(compensation-based herding)表明,主体选择模仿他人的重要原因是为了不丧失其竞争优势(居新华,2011)。主体可能会出于担忧选择拒绝参与而使自己错失良机,因而为避免失去机会去选择模仿大多数人的行为以取得平均报酬(申明浩,宋剑波,2008)。在此心理情境下,主体则会表现出风险厌恶,即更看重潜在的风险而忽视潜在的利益,于是倾向于选择折中的方案以避免因拒绝参与而可能产生的潜在风险(胡海峰,宋李,2010)。基于以上考虑,农村土地经营权流转中农户会倾向于与大多数人的行为保持一致以取得平均报酬。基于此,提出以下待验证的研究假设:

假设 5:农户模仿他人对土地经营权流转决策产生显著正向影响。

关于羊群行为的研究表明,当主体观察到他人行为时,其关于事物的决策信念前后将发生明显变化(彭红枫,林川,2018;Rao et al.,2001)。因此,本章将农户土地经营权流转信念分为最初土地经营权流转信念和调整土地经营权流转信念,以区分农户因观察到其他农户土地经营权流转状况而导致其土地经营权流转信念前后发生的变化。最初土地经营权流转信念被定义为农户在观察到其他农户土地经营权流转状况之前的土地经营权流转信念;而调整土地经营权流转信念被定义为农户在观察到其他农户土地经营权流转状况之后的土地经营权信念。最初土地经营权流转信念更能体现农

户自身实际需要,而调整土地经营权流转信念因受到其他农户土地经营权流转状况的影响而无法完全体现农户自身实际需要。调整土地经营权流转信念由最初土地经营权流转信念变化而来,因而最初土地经营权流转信念对调整土地经营权流转信念的产生起基础性的锚定效应。由此可知,最初土地经营权流转信念是基于私人信息而形成的,而调整土地经营权流转信念是由私人信息和公共信息(观察到其他农户土地经营权流转状况)协同而形成的。因此,当农户观察到其他农户土地经营权流转状况之后,调整土地经营权流转信念将代替最初土地经营权流转信念成为土地经营权流转决策的驱动因素。基于此,提出以下待验证的研究假设:

假设 6:调整土地经营权流转信念对最初土地经营权流转信念与土地经营权流转决策之间的关系起中间作用;

假设 6a:最初土地经营权流转信念对调整土地经营权流转信念产生显著正向影响;

假设 6b:调整土地经营权流转信念对土地经营权流转决策产生显著正向影响。

贬低私人信息被定义为农户在做土地经营权流转决策时不依赖自身实际需要的程度。当农户越贬低私人信息时,最初土地经营权流转信念对调整土地经营权流转信念的影响效应将越弱,表现为较弱的锚定效应。反之,当农户贬低私人信息有限时,调整土地经营权流转意愿将从本质上与最初土地经营权流转意愿相差无几,表现为较强的锚定效应。因此,贬低私人信息能够使得最初土地经营权流转意愿对调整土地经营权流转意愿的锚定效应减弱。基于此,提出以下待验证的研究假设:

假设 7:贬低私人信息对最初土地经营权流转意愿与调整土地经营权流转意愿之间的关系具有显著的调节效应,使得两者之间的正向影响关系减弱。

三、农村土地经营权流转中羊群行为后续效应的理论分析与研究假设

最初土地经营权流转信念被贮藏于记忆的长河中,却在农户土地经营权流转后被激活,并将影响到随后的修正土地经营权流转信念。显然,最初土地经营权流转信念最能够反映农户的实际情况,而当农户发生羊群行为后,最初土地经营权流转信念转换为调整土地经营权流转信念,并导致其土地经营权流转决策偏离农户的实际情况,一定程度上反映了其他农户土地

经营权流转状况。然而，当土地经营权流转后，农户会更多地回头想一想流转的好坏，思考一下现实与期望之间的差异，并重新评价流转收益与损失，由此形成修正土地经营权流转信念（廖沛玲等，2018；张桂颖，2018）。

因此，修正土地经营权流转信念更接近于农户的实际情况，使得最初土地经营权流转信念与修正土地经营权流转信念保持较为显著的相关性。基于此，提出以下待验证的研究假设：

假设8：土地经营权流转前的最初土地经营权流转信念对土地经营权流转后的修正土地经营权流转信念产生显著正向影响。

从本质上讲，羊群行为是脆弱的，极易导致主体决策后后悔（赵铮，2016）。期望失验理论认为，主体的期望与实际绩效往往存在一定的差异（Oliver，Desarbo，1998）。蒋多等（2010）认为，当主体模仿他人时，该主体更有可能对事物产生不切实际的评价，并容易导致事后决策后悔。从作用机理上看，当主体受到先前决策者信息的影响时，常常在模仿他人之后出现期望失验，进而改变对事物的信念和态度，并由此产生后悔的心理状态（Parthasarathy，Bhattacherjee，1998；Bhattacherjee，Premkumar，2004）。显然，当农户在土地经营权流转中模仿他人时，容易发现流转结果不符合预期，或与想象中存在差距。因此，可以预见，当农户越倾向于模仿他人时，其在土地经营权流转之后越感到自我需求未得到满足而更易导致期望失验，并由此导致修正土地经营权流转信念和土地经营权流转满意度下降，进而引发农户土地经营权流转后悔的心理状态。基于此，提出以下待验证的研究假设：

假设9：农户模仿他人将对其土地经营权流转之后的期望失验产生正向影响。

假设10：修正土地经营权流转信念对期望失验与土地经营权流转后悔之间的关系起中间作用；

假设10a：期望失验对修正土地经营权流转信念产生显著负向影响；

假设10b：修正土地经营权流转信念对土地经营权流转后悔产生显著负向影响。

假设11：土地经营权流转满意度对期望失验与土地经营权流转后悔之间的关系起中间作用；

假设11a：期望失验对土地经营权流转满意度产生显著负向影响；

假设11b：土地经营权流转满意度对土地经营权流转后悔产生显著负向影响。

在此基础上,本章还探讨了农村土地经营权流转中土地经营权流转决策与土地经营权流转后悔之间的关系。正如张顺明、叶军(2009)和 Kim(2009)所阐述的,事前行为将被长期储存于记忆的长河之中,且可被唤醒成为事后行为动机形成的钥匙。因此,有理由相信,土地经营权流转之前的土地经营权流转决策将对土地经营权流转之后的土地经营权流转后悔有长期的影响效应。基于此,提出以下待验证的研究假设:

假设 12:土地经营权流转决策将对土地经营权流转后悔产生显著影响。

第三节　数据收集

调查地点为嘉兴市农村土地经营权流转示范镇——秀洲区洪合镇、新塍镇、王店镇、王江泾镇、油车港镇,南湖区大桥镇、凤桥镇、七星镇、新丰镇、余新镇,海盐县沈荡镇、百步镇、于城镇、澉浦镇、通元镇,桐乡市乌镇镇、濮院镇、屠甸镇、石门镇、河山镇、洲泉镇、大麻镇、崇福镇、高桥镇。调查对象为 18～70 岁的农户户主。

数据收集采用三阶段实地调查的方法。

第一阶段调查:

第一阶段调查时间为 2014 年 9 月 12 日—2015 年 2 月 28 日。统计各个镇政府近期和计划近期将推行土地经营权流转的村集体,并由此确定了73 个样本村。问卷涉及年龄、健康状况、受教育程度、家庭成员结构、家庭规模、家庭收入、职业类别、村庄人均存款(万元)、离最近县(区)域商业中心距离、土地经营权流转不确定性和最初土地经营权流转信念等变量的测量。共计发放 1275 份问卷,回收 1029 份有效问卷,回收率达 80.71%。由此,确定了 1029 户农户为本章调查的基础样本量。

第二阶段调查:

第二阶段调查时间为 2015 年 4 月 11 日—2015 年 9 月 2 日。被调查对象为第一阶段所确定的基础样本,在联系并取得农户同意后,开展第二阶段调查。问卷涉及贬低私人信息、模仿他人、社会规范、调整土地经营权流转信念和土地经营权流转决策等变量的测量。共计发放 983 份问卷,回收 876份有效问卷,回收率达 89.11%。

第三阶段调查:

第三阶段调查时间为 2015 年 12 月 1 日—2016 年 9 月 30 日。被调查对象为第二阶段所确定的样本中已经参加土地经营权流转的农户,在联系并取得这些农户同意后,开展第三阶段调查。问卷涉及修正土地经营权流转信念、期望失验、土地经营权流转满意度和土地经营权流转后悔等变量的测量。共计发放 435 份问卷,回收 397 份有效问卷,回收率达 91.26%。

第四节　变量设定与测量

本章选择的控制变量包括户主特征(年龄、受教育程度、健康状况)、家庭特征(家庭成员结构、家庭规模、家庭收入、职业类别)、村庄特征[村庄人均存款、离最近县(区)域商业中心距离]和社会规范(干部规范、村民规范)。这些控制变量均可能影响到土地经营权流转信念问题,因此,本章将这些变量作为最初土地经营权流转信念到调整土地经营权流转信念之间的调节变量进行控制。

本章中所有变量定义、说明、测量方法及描述性统计见表 6-1 和附录 4 的调查问卷。如表 6-1 所示,农户户主平均年龄为 47.08 周岁,平均受教育程度为 7.25 年,平均家庭人口规模为 3.51 人,平均家庭收入为 6.27 万元,所在村庄人均存款 3.88 万元,离最近县(区)域商业中心距离平均 9.76 千米,村中其他农户土地经营权流转比例平均为 0.52,从最初土地经营权流转信念到调整土地经营权流转信念到土地经营权流转决策再到修正土地经营权流转信念发生了明显变化,社会规范处于中间水平,贬低私人信息和模仿他人处于中等程度,期望失验、土地经营权流转满意度和土地经营权流转后悔均处于中间水平。

表 6-1　变量说明和描述性统计

潜变量	测量变量	变量说明	均值	中值	标准差	最小值	最大值
户主特征	年龄	户主实际年龄(周岁)	47.08	47.00	14.27	18	69
	受教育程度	接受正规教育年限(年)	7.25	7	3.67	0	13
	健康状况	不好＝1;一般＝2;良好＝3	2.08	2.00	0.73	1	3

续表

潜变量	测量变量	变量说明	均值	中值	标准差	最小值	最大值
家庭特征	家庭成员结构	家庭中无18周岁以下小孩＝1；家庭中有18周岁以下小孩＝2	1.72	2.00	0.45	1	3
	家庭规模	家庭人口数量	3.51	3.00	1.21	1	8
	家庭收入	从过去到受访时的一年时间里的家庭可支配收入（万元）	6.27	6.38	3.08	0.54	22.98
	职业类别①	农业＝1；兼业＝2；非农业＝3	1.98	2.00	0.75	1	3
村庄特征	村庄人均存款②	村庄的人均存款（万元）	3.88	3.85	1.91	0.98	10.23
	离最近县（区）域商业中心距离③	村庄最近离县（区）域商业中心距离（千米）	9.76	9.23	4.91	3.14	23.78
社会规范	干部规范	村干部认为我家应该流转土地经营权	2.79	3.00	1.41	1	5
	村民规范	村中其他农户认为我家应该流转土地经营权	2.99	3.00	1.46	1	5
土地经营权流转不确定性	对土地经营权流转内容不确定性	我无法弄明白土地经营权流转是怎么回事	2.89	3.00	1.38	1	5
	对土地经营权流转结果不确定性	我无法确定土地经营权流转是好是坏	3.04	3.00	1.41	1	5
	对土地经营权流转应对不确定性	我无法确定是否可以应对土地经营权流转所带来的变化	3.08	3.00	1.40	1	5

① 按照上期农业收入占总收入比重将农户非农业化程度分为农业、兼业和非农业三种类型。上期农业收入占总收入比重大于等于90％的为农业农户，大于10％而小于90％的为兼业农户，小于等于10％的农户为非农业农户。

② 样本村的人均存款委托各村委指定具体人员负责完成数据统计和估算工作。

③ 由调查者根据百度地图计算直线距离。

续表

潜变量	测量变量	变量说明	均值	中值	标准差	最小值	最大值
其他农户土地经营权流转状况	村中其他农户土地经营权流转比例	其他农户土地经营权流转比例＝其他农户参加土地经营权流转的户数/（其他农户参加土地经营权流转的户数＋其他农户不参加土地经营权流转的户数）	0.52	0.50	0.32	0	1
最初土地经营权流转信念	补偿期望	土地经营权流转补偿令人满意	2.88	3.00	1.43	1	5
	工作期望	土地经营权流转后的工作情况会变得更好	2.90	3.00	1.46	1	5
	生活期望	土地经营权流转后的生活情况会变得更好	2.95	3.00	1.49	1	5
贬低私人信息	自身喜好贬低	是否参加土地经营权流转与自己喜好很可能不一致	2.89	3.00	1.46	1	5
	自身情况贬低	不会完全依据自身情况来决定是否参加土地经营权流转	3.09	3.00	1.47	1	5
	自主权贬低	在不了解其他农户土地经营权流转情况下，我将不做决定	3.10	3.00	1.43	1	5
模仿他人	趋势模仿	在参加土地经营权流转问题上，我家会随大流	3.06	3.00	1.46	1	5
	结果模仿	我家会选择流转土地经营权，因为许多人已经流转土地经营权了	2.90	3.00	1.42	1	5
调整土地经营权流转信念	调整补偿期望	土地经营权流转补偿令人满意	3.06	3.00	1.42	1	5
	调整工作期望	土地经营权流转后的工作情况会变得更好	2.92	3.00	1.40	1	5
	调整生活期望	土地经营权流转后的生活情况会变得更好	2.97	3.00	1.38	1	5
土地经营权流转决策	是否打算流转土地经营权	我家打算流转土地经营权	2.95	3.00	1.41	1	5

续表

潜变量	测量变量	变量说明	均值	中值	标准差	最小值	最大值
修正土地经营权流转信念	补偿结果认可度	土地经营权流转补偿令人满意	3.03	3.00	1.38	1	5
	工作变化认可度	土地经营权流转后的工作情况变得更好	2.94	3.00	1.45	1	5
	生活变化认可度	土地经营权流转后的生活情况变得更好	2.90	3.00	1.44	1	5
期望失验	土地经营权流转补偿失验	与原有的期望相比,土地经营权流转补偿差很多	3.00	3.00	1.38	1	5
	工作状况失验	与原有的期望相比,工作状况差很多	3.05	3.00	1.40	1	5
	生活状况失验	与原有的期望相比,生活状况差很多	3.06	3.00	1.42	1	5
土地经营权流转满意度	土地经营权流转补偿满意度	我对土地经营权流转补偿很满意	2.93	3.00	1.44	1	5
	工作状况满意度	我对现在的工作状况很满意	3.09	3.00	1.37	1	5
	生活状况满意度	我对现在的生活状况很满意	3.11	3.00	1.43	1	5
土地经营权流转后悔	对土地经营权流转结果后悔	那不是我想要的土地经营权流转结果	2.97	3.00	1.43	1	5
	对土地经营权流转决定后悔	我为我做的决定感到后悔	3.14	3.00	1.44	1	5

第五节 样本基本信息

一、样本人口特征统计

1.性别

在总计397份有效问卷中,从被调查对象的性别分布来看,男性被调查者为386人,约占总人数的97.23%,女性被调查者11人,约占总人数的2.77%。考虑到农村农户户主男性比例比较高的现实,总体来看,调查对象的性别比例大致是合理的。样本在性别方面的分布如表6-2所示。

表 6-2　调查样本的性别分布

性别	人数	百分比/％	累计百分比/％
男	386	97.23	97.23
女	11	2.77	100.00
合计	397	100.00	

2.年龄

在本次调查中,被调查对象被划分为 5 个年龄段,30 岁及以下为 61 人,占 15.37％,31～40 岁为 77 人,占 19.40％,41～50 岁为 77 人,占 19.40％,51～60 岁为 87 人,占 21.91％,61 岁及以上为 95 人,占 23.92％。

从年龄分布来看,本次调查对象的年龄段分布较为均匀,各年龄段分布比例大致相同。值得注意的是,61 岁及以上的农户户主仍然占据较大比例,仍然是家庭中不可或缺的核心成员。样本在年龄方面的分布如表 6-3 所示。

表 6-3　调查样本的年龄分布

年龄	人数	百分比/％	累计百分比/％
30 岁及以下	61	15.37	15.37
31～40 岁	77	19.40	34.77
41～50 岁	77	19.40	54.17
51～60 岁	87	21.91	76.08
61 岁及以上	95	23.92	100.00
合计	397	100.00	

3.受教育程度

在本次调查中,受教育程度被认为是农户户主构成特征的重要衡量指标。在具体的调查设计中,为了探究受教育程度对农村土地经营权流转的影响效应问题,设置了学历和受教育年限两个等同指标。在样本人口特征统计上,使用学历进行描述,并将学历分为文盲、小学、初中、高中中专、大专、本科、硕士(含 MBA/EMBA)和博士 8 个阶段。其中,文盲占 1.77％(7人),小学占 20.40％(81 人),初中占 46.10％(183 人),高中中专占 28.46％(113 人),大专占 3.27％(13 人),本科及以上占比为 0。样本在学历方面的分布如表 6-4 所示。

表 6-4　调查样本的学历分布

学历	人数	百分比/%	累计百分比/%
文盲	7	1.77	1.77
小学	81	20.40	22.17
初中	183	46.10	68.27
高中中专	113	28.46	96.73
大专	13	3.27	100.00
本科	0	0	100.00
硕士	0	0	100.00
博士	0	0	100.00
合计	397	100.00	

4.健康状况

从健康状况上看,认为身体健康状况"不好"的农户户主占比 22.67%(90 人),认为身体健康状况"一般"的农户户主占比 46.60%(185 人),认为身体健康状况"良好"的农户户主占比 30.73%(122 人)。样本在健康状况方面的分布如表 6-5 所示。

表 6-5　调查样本的健康状况分布

健康状况	人数	百分比/%	累计百分比/%
不好	90	22.67	22.67
一般	185	46.60	69.27
良好	122	30.73	100.00
合计	397	100.00	

二、样本家庭特征统计

1.家庭成员结构

在本次调查中,家庭成员结构被认为是影响农村土地经营权流转的重要因素,因而将家庭成员结构分为 2 个类别。其中,家庭中没有未满 18 周岁小孩(无小孩)的占比 28.21%(112 户),家庭中有未满 18 周岁小孩(有小孩)的占比 71.79%(285 户)。调查样本家庭在成员结构方面的分布如表 6-6 所示。

表 6-6　调查样本家庭的成员结构分布

成员结构	户数	百分比/%	累计百分比/%
无小孩	112	28.21	28.21
有小孩	285	71.79	100.00
合计	397	100.00	

2.家庭规模

从调查样本的家庭规模看,1 人占比 2.27%(9 户),2 人占比 15.62%(62 户),3 人占比 39.80%(158 户),4 人占比 20.91%(83 户),5 人占比 15.87%(63 户),6 人占比 4.03%(16 户),7 人占比 1.26%(5 户),8 人占比 0.24%(1 户)。调查样本中以 2~5 口之家所占比重最大(92.20%)。调查样本家庭在人口规模方面的分布如表 6-7 所示。

表 6-7　调查样本家庭规模分布

家庭规模	户数	百分比/%	累计百分比/%
1 人	9	2.27	2.27
2 人	62	15.62	17.89
3 人	158	39.80	57.69
4 人	83	20.91	78.60
5 人	63	15.87	94.47
6 人	16	4.03	98.50
7 人	5	1.26	99.76
8 人	1	0.24	100.00
合计	397	100.00	

3.家庭收入

从调查样本的家庭收入看,低于 2 万元的占比 1.01%(4 户),大于等于 2 万元而低于 4 万元的占比 9.57%(38 户),大于等于 4 万元而低于 6 万元的占比 24.43%(97 户),大于等于 6 万元而低于 8 万元的占比 34.01%(135 户),大于等于 8 万元而低于 10 万元的占比 17.38%(69 户),大于等于 10 万元而低于 12 万元的占比 5.79%(23 户),大于等于 12 万元而低于 14 万元的占比 3.02%(12 户),大于等于 14 万元而低于 16 万元的占比 1.76%(7 户),大于等于 16 万元而低于 18 万元的占比 1.01%(4 户),大于等于 18 万元而低于 20 万元的占比 1.26%(5 户),大于等于 20 万元的占比 0.76%(3 户)。调查样本家庭收入方面的分布如表 6-8 所示。

表 6-8　家庭收入分布

家庭收入/万元	户数	百分比/%	累计百分比/%
$income < 2$	4	1.01	1.01
$2 \leqslant income < 4$	38	9.57	10.58
$4 \leqslant income < 6$	97	24.43	35.01
$6 \leqslant income < 8$	135	34.01	69.02
$8 \leqslant income < 10$	69	17.38	86.40
$10 \leqslant income < 12$	23	5.79	92.19
$12 \leqslant income < 14$	12	3.02	95.21
$14 \leqslant income < 16$	7	1.76	96.97
$16 \leqslant income < 18$	4	1.01	97.98
$18 \leqslant income < 20$	5	1.26	99.24
$20 \leqslant income$	3	0.76	100.00
合计	397	100.00	

4.职业类别

在本次调查中,农户家庭从事纯农业的户数为 114 户,占 28.72%,从事兼业的家庭为 177 户,占 44.58%,从事非农业的家庭为 106 户,占 26.70%。由此可见,从事纯农业的农户家庭数量明显少于从事兼业和非农业的农户家庭数量之和。这在一定程度上说明,嘉兴市农村的非农化程度较高。样本家庭在职业类别方面的分布如表 6-9 所示。

表 6-9　样本家庭职业类别分布

职业类别	户数	百分比/%	累计百分比/%
农业	114	28.72	28.72
兼业	177	44.58	73.30
非农业	106	26.70	100.00
合计	397	100.00	

三、样本村庄特征统计

1. 村庄人均存款

从调查样本村庄人均存款看,低于1万元的占比1.37%(1个),大于等于1万元而低于2万元的占比4.11%(3个),大于等于2万元而低于3万元的占比16.44%(12个),大于等于3万元而低于4万元的占比31.51%(23个),大于等于4万元而低于5万元的占比21.92%(16个),大于等于5万元而低于6万元的占比9.59%(7个),大于等于6万元而低于7万元的占比2.74%(2个),大于等于7万元而低于8万元的占比5.48%(4个),大于等于8万元而低于9万元的占比4.10%(3个),大于等于9万元而低于10万元的占比1.37%(1个),大于等于10万元的占比1.37%(1个)。调查样本村庄人均存款方面的分布如表6-10所示。

表6-10 村庄人均存款分布

村庄人均存款/万元	个数	百分比/%	累计百分比/%
$deposits < 1$	1	1.37	1.37
$1 \leqslant deposits < 2$	3	4.11	5.48
$2 \leqslant deposits < 3$	12	16.44	21.92
$3 \leqslant deposits < 4$	23	31.51	53.43
$4 \leqslant deposits < 5$	16	21.92	75.35
$5 \leqslant deposits < 6$	7	9.59	84.94
$6 \leqslant deposits < 7$	2	2.74	87.68
$7 \leqslant deposits < 8$	4	5.48	93.16
$8 \leqslant deposits < 9$	3	4.10	97.26
$9 \leqslant deposits < 10$	1	1.37	98.63
$10 \leqslant deposits$	1	1.37	100.00
合计	73	100.00	

2. 村庄离最近县(区)域商业中心距离

从村庄离最近县(区)域商业中心距离看,小于2千米的占比0(0个),大于等于2千米而小于4千米的占比1.37%(1个),大于等于4千米而小于6千米的占比5.48%(4个),大于等于6千米而小于8千米的占比21.92%(16个),大于等于8千米而小于10千米的占比28.77%(21个),大于等于 10 千米而小于 12 千米的占比 20.55%（15 个），大于等于 12 千米而小于 14 千米的占比 10.96%（8 个），大于等于 14 千米而小于 16 千米的占比 5.48%（4 个），大于等于 16 千米而小于 18 千米的占比 2.73%（2 个），大于等于 18 千米而小于 20 千米的占比 1.37%（1 个），大于等于 20 千米的占比 1.37%（1 个）。调查样本村庄离最近县（区）域商业中心距离方面的分布如表 6-11 所示。

表 6-11　村庄离最近县（区）域商业中心距离分布

离最近县（区）域商业中心距离/千米	个数	百分比/%	累计百分比/%
$distance < 2$	0	0	0
$2 \leqslant distance < 4$	1	1.37	1.37
$4 \leqslant distance < 6$	4	5.48	6.85
$6 \leqslant distance < 8$	16	21.92	28.77
$8 \leqslant distance < 10$	21	28.77	57.54
$10 \leqslant distance < 12$	15	20.55	78.09
$12 \leqslant distance < 14$	8	10.96	89.05
$14 \leqslant distance < 16$	4	5.48	94.53
$16 \leqslant distance < 18$	2	2.73	97.26
$18 \leqslant distance < 20$	1	1.37	98.63
$20 \leqslant distance$	1	1.37	100.00
合计	73	100.00	

第六节　数据分析方法选择

本章采用结构方程模型的方法进行理论模型参数估计与假设验证。目前，结构方程模型的参数估计方法主要有两种类型：一类是基于极大似然估计方法（maximum likelihood，简称 ML）的协方差分析方法，比如 LISREL、AMOS 和 EQS 等软件分析方法；另一类是基于偏最小二乘法（partial least squares，简称 PLS）的方差分析方法（PLS 路径模型的原理见附录 5），比如 PLS-Graph、PLS-GUI 和 SmatPLS 等软件分析方法（Petter et al.，2007）。考虑到偏最小二乘法比极大似然估计方法具有更强的解释和预测能力，且对样本数据分布和样本规模没有严格要求（Falk，Miller，1992），故选用基于偏最小二乘法的 SmatPLS 2.0 软件对本章研究模型进行参数估计。根据 Hulland(1999)的建议,分两个步骤进行偏最小二乘法参数估计:第一步(评价测量模型),检测各潜变量量表的信度和区分效度,以便获得可信度高和有效性强的量表来测量潜变量;第二步(评价结构模型),估计结构模型的路径系数,以便检验研究假设。

第七节 测量模型结果分析

求出 PLS 结构方程模型的各项参数估计后,就可对测量模型的合理性进行评价。

首先,复合信度系数 ρ 可作为测量工具的信度评价。复合信度系数 ρ 越高,各指标内部一致性越高。若一潜变量的复合信度系数 ρ 大于等于 0.70,则说明这一潜变量的变化至少能解释对应测量工具 70% 的变化。也就是说复合信度系数 ρ 越大,测量工具越是可靠。如表 6-12 所示,各潜变量的最小值达到 0.75,这说明各潜变量的测量指标具有较高的一致性程度,可信程度较高。

其次,高信度并不表示测量是满足单一维度的。换句话说,一个测量工具有高信度系数,并不一定是测量单一潜变量,因此需要评价测量模型的单一维度。满足单一维度的条件通常是所有的因子负荷 λ 要大于 0.50 才能保证指标和潜变量之间有足够的线性等价关系。如表 6-12 所示,除"自身情况贬低"的因子负荷 λ 略小于 0.50 外,其他测量指标的因子负荷 λ 的绝对值均大于 0.50,这表明指标和潜变量间有足够的线性等价关系,满足偏最小二乘法的单一维度的测量条件。

最后,模型的区分效度法必须得到检验。区分效度法是检验各潜变量互相区别的程度,是否有独立存在的必要。本章通过比较潜变量平均萃取变异量(average variance extracted,简称 AVE)的平方根值和潜变量间的相关系数的大小来判断两个潜变量的区分程度,以判断各潜变量是否能够独立存在。若平均萃取变异量(AVE)的平方根值远大于各潜变量之间相关系数的绝对值,则表明各个潜变量存在内涵与测量方面的差异,因此具有良好的区分效度。如表 6-13 所示,各潜变量的平均萃取变异量(AVE)的平方根值均远大于各潜变量之间相关系数的绝对值。显然,各潜变量之间具有很好的区分效度。

表 6-12 测量模型的因子负荷系数和复合信度系数

潜变量	测量变量	λ	ρ	潜变量	测量变量	λ	ρ
户主特征	户主年龄	0.68	0.85	贬低私人信息	自身喜好贬低	0.72	0.76
	户主受教育程度	−0.82			自身情况贬低	0.48	
	健康状况	0.75			自主权贬低	0.82	
家庭特征	家庭成员结构	0.63	0.79	模仿他人	趋势模仿	0.67	0.83
	家庭规模	0.51			结果模仿	0.74	
	家庭收入	0.77		调整土地经营权流转信念	调整补偿期望	0.62	0.84
	职业类别	0.62			调整工作期望	0.69	
村庄特征	村庄人均存款（万元）	−0.67	0.75		调整生活期望	0.71	
	离最近县（区）域商业中心距离	0.58		土地经营权流转决策	是否打算流转土地经营权	1.00	1.00
社会规范	干部规范	0.69	0.85	修正土地经营权流转信念	补偿结果认可度	0.66	0.89
	村民规范	0.83			工作变化认可度	0.67	
土地经营权流转不确定性	对土地经营权流转内容不确定性	0.62	0.76		生活变化认可度	0.69	
	对土地经营权流转结果不确定性	0.73		期望失验	土地经营权流转补偿失验	0.83	0.85
					居住状况失验	0.75	
	对土地经营权流转应对不确定性	0.69			生活状况失验	0.63	
其他农户土地经营权流转状况	村中其他农户土地经营权流转比例	1.00	1.00	土地经营权流转满意度	土地经营权流转补偿满意度	0.75	0.92
					工作状况满意度	0.63	
	补偿期望	0.62			生活状况满意度	0.67	
最初土地经营权流转信念	工作期望	0.59	0.79	土地经营权流转后悔	对土地经营权流转结果后悔	0.75	0.87
	生活期望	0.68			对土地经营权流转决定后悔	0.76	

表 6-13　平均萃取变异量 AVE 平方根值及潜变量间相关系数

潜变量	1.	2.	3.	4.	5.	6.	7.	8.
1.户主特征	0.73							
2.家庭特征	0.09	0.78						
3.村庄特征	0.02	0.08	0.84					
4. 土地经营权流转不确定性	0.08	0.11	0.02	0.87				
5.其他农户土地经营权流转状况	0.05	0.07	0.11	−0.09	0.87			
6.最初土地经营权流转信念	−0.31	0.02	−0.32	−0.14	0.11	0.63		
7.社会规范	0.05	0.11	0.07	0.06	0.07	0.13	0.83	
8.贬低私人信息	0.32	0.05	0.06	0.37	0.46	0.17	0.21	0.73
9.模仿他人	0.36	0.06	0.08	0.25	0.35	0.05	0.24	0.16
10.调整土地经营权流转信念	−0.47	0.14	−0.27	−0.18	0.25	0.42	0.15	−0.35
11. 土地经营权流转决策	−0.36	0.03	−0.52	−0.31	0.19	0.47	0.18	−0.42
12.修正土地经营权流转信念	−0.19	0.07	−0.47	−0.16	0.23	0.35	0.16	−0.23
13.期望失验	0.01	0.15	0.08	0.07	−0.31	0.16	−0.19	−0.34
14. 土地经营权流转满意度	0.05	0.08	−0.35	−0.05	0.07	0.08	0.15	0.05
15. 土地经营权流转后悔	0.06	0.12	−0.11	0.10	−0.07	0.01	−0.18	−0.12

潜变量	9.	10.	11.	12.	13.	14.	15.
9.模仿他人	0.79						
10.调整土地经营权流转信念	0.19	0.86					
11. 土地经营权流转决策	0.47	0.31	0.79				

续表

潜变量	1.	2.	3.	4.	5.	6.	7.	8.
12. 修正土地经营权流转信念	0.16	0.43	0.04	0.69				
13. 期望失验	−0.39	−0.14	−0.11	−0.23	0.75			
14. 土地经营权流转满意度	0.14	0.11	0.09	0.13	−0.48	0.82		
15. 土地经营权流转后悔	−0.16	0.16	−0.27	0.09	0.36	−0.54	0.71	

注:对角线是 AVE 平方根值,对角线以下是相关系数。

第八节　结构模型结果分析

结构模型的假设可由多重判定系数(R^2)、路径系数(γ)大小和显著性水平(p值)来检验。在路径系数(γ)检验之前,通过多重判定系数(R^2)来检验模型的解释力。如图 6-2 所示,各潜变量均被解释得比较充分,从而保证了研究结果的可信度和精确度。

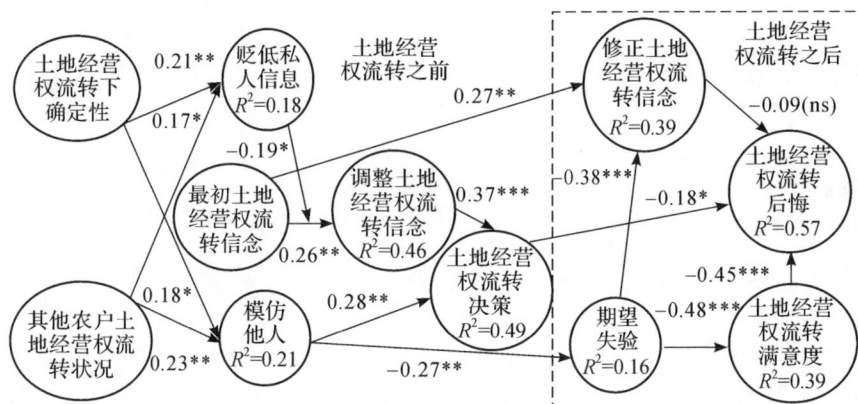

图 6-2　研究模型的路径系数和值

注:(1)* 表示 $p<10\%$;** 表示 $p<5\%$;*** 表示 $p<1\%$;(2)ns 表示未达到显著性水平;(3)假设检验结果说明及控制变量的影响效应分析见表 6-4。

本章采用 Bootstrap 算法对潜变量间路径系数的显著性进行检验,表 6-4 给出了原假设、标准化路径系数(γ)、多重判定系数(R^2)、显著性水平(p值)和假设检验结果。从表 6-14 可以看出,除了假设 9 和假设 10b,绝大多数研究假设得到了数据证实。

假设 1 到假设 4 是关于贬低私人信息和模仿他人影响因素的假设检验。其他农户土地经营权流转状况对贬低私人信息（$\gamma = 0.17, p < 10\%$）和模仿他人（$\gamma = 0.23, p < 5\%$）均产生了显著正向影响。同样地，土地经营权流转不确定性对贬低私人信息（$\gamma = 0.21, p < 5\%$）和模仿他人（$\gamma = 0.18, p < 10\%$）也都产生了显著正向影响。因此，假设 1 到假设 4 均得到了验证。

假设 5 到假设 7 是关于羊群行为影响结果的假设检验。模仿他人对土地经营权流转决策（$\gamma = 0.28, p < 5\%$）产生显著正向影响。因此，假设 5 得到检验。假设 6 描述了调整流转土地经营权信念在最初土地经营权流转信念与土地经营权流转决策之间的中间作用。研究结果显示，最初土地经营权流转信念对调整土地经营权流转信念产生显著正向影响（$\gamma = 0.26, p < 5\%$），而调整土地经营权流转信念对土地经营权流转决策也产生了显著正向影响效应（$\gamma = 0.37, p < 1\%$），这表明调整土地经营权流转信念在最初土地经营权流转信念与土地经营权流转决策之间起到显著的中间作用。因此，假设 6 得到了检验。同时，贬低私人信息对最初土地经营权流转信念与调整土地经营权流转信念之间关系具有显著的负向调节作用（$\gamma = -0.19$，$p < 1\%$）。因此，假设 7 也得到了检验。

假设 8 到假设 12 是关于羊群行为后续影响效应的假设检验。最初土地经营权流转信念对修正土地经营权流转信念产生了显著正向影响（$\gamma = 0.27, p < 5\%$），表明最初土地经营权流转信念在流转土地经营权之后被激活了。因此，假设 8 得到检验。假设 9 的检验结果表明，模仿他人对期望失验产生显著负向影响（$\gamma = -0.27, p < 5\%$）。因此，假设 9 未得到验证。假设 10 和假设 11 是关于期望失验、修正土地经营权流转信念、土地经营权流转满意度和土地经营权流转后悔之间关系的假设检验。检验结果表明，期望失验对修正土地经营权流转信念（$\gamma = -0.38, p < 1\%$）和土地经营权流转满意度（$\gamma = -0.48, p < 1\%$）均产生显著负向影响。因此，假设 10a 和假设 11a 得到检验。土地经营权流转满意度对土地经营权流转后悔（$\gamma = -0.45, p < 1\%$）产生显著负向影响。因此，假设 11b 得到检验。修正土地经营权流转信念对土地经营权流转后悔并未产生显著影响（$\gamma = -0.09$，$p > 10\%$）。因此，假设 10b 未得到检验。假设 12 是关于土地经营权流转前的土地经营权流转决策与土地经营权流转后的土地经营权流转后悔之间影响关系的假设检验。检验结果表明，土地经营权流转决策对土地经营权流转后悔产生显著负向影响（$\gamma = -0.18, p < 10\%$）。因此，假设 12 得到

检验。

此外,控制变量中,户主特征对最初土地经营权流转信念与调整土地经营权流转信念之间的正向关系中起到了减弱性的调节作用($\gamma=-0.16$,$p<10\%$),社会规范对最初土地经营权流转信念与调整土地经营权流转信念之间的正向关系中起到了增强性调节作用($\gamma=0.23$,$p<5\%$),而家庭特征($\gamma=0.07$,$p>10\%$)和村庄特征($\gamma=0.05$,$p>10\%$)均未对最初土地经营权流转信念与调整土地经营权流转信念之间的正向关系起到调节作用。

表 6-14 假设检验结果说明

研究假设	潜变量间关系	R^2	γ	p 值	检验结果
假设 1	其他农户土地经营权流转状况→模仿他人	0.21	0.23	<0.05	未得到验证
假设 2	土地经营权流转不确定性→模仿他人		0.18	<0.10	得到验证
假设 3	其他农户土地经营权流转状况→贬低私人信息	0.18	0.17	<0.10	得到验证
假设 4	土地经营权流转不确定性→贬低私人信息		0.21	<0.05	得到验证
假设 6a	最初土地经营权流转信念→调整土地经营权流转信念		0.26	<0.05	得到验证
假设 7	贬低私人信息→最初土地经营权流转信念/调整土地经营权流转信念		−0.19	<0.10	得到验证
—	户主特征→最初土地经营权流转信念/调整土地经营权流转信念	0.46	−0.16	<0.10	—
—	家庭特征→最初土地经营权流转信念/调整土地经营权流转信念		0.07	未显著	—
—	村庄特征→最初土地经营权流转信念/调整土地经营权流转信念		0.05	未显著	—
—	社会规范→最初土地经营权流转信念/调整土地经营权流转信念		0.23	<0.05	
假设 6b	调整土地经营权流转信念→土地经营权流转决策	0.49	0.37	<0.01	得到验证
假设 5	模仿他人→土地经营权流转决策		0.28	<0.05	得到验证
假设 8	最初土地经营权流转信念→修正土地经营权流转信念	0.39	0.27	<0.05	得到验证
假设 10a	期望失验→修正土地经营权流转信念		−0.38	<0.01	得到验证
假设 9	模仿他人→期望失验	0.16	−0.27	<0.05	未得到验证
假设 11a	期望失验→土地经营权流转满意度	0.39	−0.48	<0.01	得到验证

续表

研究假设	潜变量间关系	R^2	γ	p 值	检验结果
假设 10b	修正土地经营权流转信念→ 土地经营权流转后悔		−0.09	未显著	未得到验证
假设 11b	土地经营权流转满意度→土地经营权流转后悔	0.57	−0.45	<0.01	得到验证
假设 12	土地经营权流转决策→土地经营权流转后悔		−0.18	<0.10	得到验证

第九节　研究结论与对策建议

为探索农村土地经营权流转中农户羊群行为的影响效应问题，本章将农户羊群行为分为贬低私人信息和模仿他人两个维度，构建了从农村土地经营权流转中农户"羊群行为影响因素"到"羊群行为维度结构"到"羊群行为影响结果"再到"羊群行为后续效应"的理论假设模型，以描述农户对农村土地经营权流转问题的认知心理变化，并通过实证设计，形成三阶段调查方案，收集来自嘉兴市 397 户农户的调查数据，并进行了假设检验。本章主要得出如下研究结果：

第一，土地经营权流转不确定性和其他农户土地经营权流转状况将导致贬低私人信息和模仿他人。当农村土地经营权流转存在高度不确定性时，农户将缺乏足够的知识和经验来分析土地经营权流转问题的利弊，从而较容易出现忽视自身实际情况并倾向于模仿其他农户的土地经营权流转决策行为。同时，当农户将其他农户的土地经营权流转状况作为自身土地经营权流转决策依据时，农户容易忽视自身实际情况并倾向于模仿其他农户的土地经营权流转决策行为。

第二，羊群行为导致土地经营权流转进程中出现明显的认知心理变化。由于受到羊群行为的影响，农户调整了土地经营权流转信念，并在土地经营权流转之后修正了土地经营权流转信念。尽管最初的土地经营权流转信念对调整后的土地经营权流转信念仍然具有显著正向影响，但是，忽视自身实际情况将明显减弱最初的土地经营权流转信念和调整后的土地经营权流转信念之间的正向影响关系，并使得农户土地经营权流转结果容易偏离最初的土地经营权流转信念。最初的土地经营权流转信念被贮藏于记忆的长河中，却在土地经营权流转之后被激活，并使得修正后的土地经营权流转信念与最初的土地经营权流转信念之间保持较高程度的映射关系。

第三,"正确的"羊群行为有助于减少期望失验和土地经营权流转后悔。羊群行为可分为"正确的"羊群行为和"错误的"羊群行为。当发生"正确的"羊群行为时,跟风将成为一个很好的策略,表现在土地经营权流转之后的感受达到或超过预期,从而不容易产生后悔情绪。当经历"错误的"羊群行为时,农户容易感受到现实未达到期望,从而较容易产生后悔情绪。显然,本章得出的研究结果表明,农户经历了"正确的"羊群行为,土地经营权流转结果总体上超过了农户期望,也因此降低了产生后悔情绪的可能性。

基于以上结论,提出如下对策建议:

第一,完善农村土地经营权流转信息沟通渠道。有必要加大关于农村土地经营权流转政策的信息沟通力度,消除信息不对称的影响,使农户能够及时、准确、有效地掌握相关信息,填补农户对于农村土地经营权流转政策相关信息中的缺漏,纠正其错误的观念,并有针对性地强化农户风险意识,克服风险意识淡薄和过于规避风险的社会心理效应。设立专门的农村土地经营权流转咨询服务系统和信息发布平台,保证信息能够及时准确地传达到所有的农户。对农户进行科学的信息引导,确保农户对土地经营权流转收益、风险、转出后的责任与权利等有全面的了解,以降低农户由于自身信息知识的缺乏而带来的负面影响。

第二,可通过"示范效应"引导农户做出恰当与理性的流转决策。受羊群行为的影响,农户的土地经营权流转决策将发生盲目跟风行为。简言之,农户在土地经营权流转中的羊群行为突出表现为乘数效应。因此,一定程度上可以通过"示范效应"来引导农户做出恰当与理性的土地经营权流转决策。可进一步优化农村土地经营权流转机制,引导农户依法自愿有偿流转土地经营权。

第三,形成"正确的"舆论导向。农村土地经营权流转问题有可能成为一种"地方性共识",极易滋生羊群行为,导致农户对土地经营权流转问题产生认知偏差,出现盲目跟风和决策后后悔等现象。因此,有必要形成正确的舆论导向来引导农户做出合理的土地经营权流转决策。尤其是,村干部等作为村中农户的"领头羊",可以通过对农村土地经营权流转政策进行合理解析和"正确的"观念形塑,以合理约束和引导农户行为和话语,并达到有序引导适合流转的农户自愿有偿流转土地经营权的目的。一旦发生流转后悔事件,农户要求退回已流转土地,将极大地威胁到流转农户本身和新型农业经营主体的权益。因此,在农村土地经营权流转实践中,有必要签订明确流转农户和新型农业经营主体双方责任和义务的合同。同时,建立包括协商、调解、仲裁、司法等多渠道的纠纷调解机制,有效解决新型农业经营主体和流转农户的纠纷,维护双方合法权益。

第十节　本章小结

本章旨在探究农村土地经营权流转中从农户羊群行为产生机理、影响结果和后续效应,以获得有效指导实践的理论与实证依据。构建农村土地经营权流转中从农户"羊群行为影响因素"到"羊群行为维度结构"到"羊群行为影响结果"再到"羊群行为后续效应"的理论假设模型,并通过浙江省嘉兴市农户的纵向调查数据进行验证。研究结果表明:①土地经营权流转不确定性和其他农户土地经营权流转状况将导致农户贬低私人信息和模仿他人,从而出现羊群行为。②羊群行为导致农户在土地经营权流转中出现明显的认知心理变化,表现为最初土地经营权流转信念、调整土地经营权流转信念和修正土地经营权流转信念之间关系强度出现动态变化。③"正确的"羊群行为有助于减少期望失验和土地经营权流转后悔。政策建议包括完善信息沟通渠道、通过"示范效应"引导理性决策和形成"正确的"舆论导向。

第七章　农村土地经营权流转中的
头羊（意见领袖）

本章主要分为八部分：第一部分是对研究农村土地经营权流转中的头羊（意见领袖）的原因进行阐述；第二部分是关于构建辨析农村土地经营权流转中的头羊（意见领袖）有向加权网络和综合点势模型，以及构造探究头羊（意见领袖）对农村土地经营权流转影响的信息演化模型；第三部分至第六部分是通过农村土地经营权流转实践案例进行实证分析；第七部分为研究结论与政策建议；第八部分为本章小结。

第一节　问题提出

羊群效应是一种自然的、广泛出现的社会现象，在诸多热点社会事件中起到推波助澜的作用，可以给社会事件带来良性影响，也可能给社会事件带来毁灭性打击。在一个信息相对完全或者不确定的群体中，容易出现羊群效应，且这个群体中往往存在若干领先者（领头羊），他们占据了主要的注意力，并导致羊群不断模仿这些领头羊的一举一动（Shiller，1995；Bikhchandani，Sharma，2001；Cote，Sanders，1997）。法国著名社会心理学家、群体心理学创始人古斯塔夫·勒庞指出，有效地利用和引导好"羊群效应"，将给经济社会生活带来重大影响，而头羊（意见领袖）的作用是关键性的、主导性的（勒庞，2011；薛玉林等，2014）。美国学者拉扎斯菲尔德等认为，人际传播网络中会经常出现为他人提供信息、观点、评价，并对他人施加影响的头羊（意见领袖）（Lazarsfeld et al.，1948）。闵敏（2019）发现，头羊（意见领袖）是引发市场短期过度反应的重要因素。Matsumura（2005）认为，社会网络中，头羊（意见领袖）具有重要的影响力，极大地促进了信息传播。蒋永甫等（2015）研究发现，作为村庄经营人，村干部是土地经营权流转过程中的一个最为重要的参与主体，能够起到"带头"示范作用，并有利于降低土地经营权流转的交易成本，推动土地经营权流转的有效配置。显然，当搜寻、解读和利用农村土地经营权流转政策信息的成本过高，却能够从依靠熟人、亲朋好友和其他农户获得足够信息时，农户往往表现出羊群行为，而此时熟人、亲朋好友和其他农户往往占据了他们主要的注意力(关艳,2011)。

综上所述,相关研究对农村土地经营权流转中头羊(意见领袖)存在与否做了一定的理论与实证探讨。但是,关于农村土地经营权流转中如何识别头羊(意见领袖)及其影响作用的探究还是缺乏系统性,还未形成完整的理论框架,相关实证研究更是寥寥无几。因此,本章试图通过构造有向加权关系网络和综合点势评估方法以确定不同节点,包括头羊(意见领袖)在农村土地经营权流转中的重要性,利用元胞自动机理论来构建信息演化模型以反映节点(元胞),包括头羊(意见领袖)在农村土地经营权流转信息演化中的影响作用,并通过"五阶段"纵向调查方法来收集浙江省嘉兴市秀洲区新塍镇 LRQ 村 DJD 的数据,利用综合点势评估方法以辨识头羊(意见领袖),比较信息演化模型的预测结果与实际调查数据的相似程度以验证信息演化模型的有效性,最后形成信息演化模型的仿真结果以判断头羊(意见领袖)的影响作用。

第二节　理论模型

一、构造有向加权网络

我国农村社会是一个圈子社会,其社会关系基本是地缘关系和血(亲)缘关系的延伸和扩展,这使得我国农村具有较强的社会网络嵌入性(张桂颖,2017)。因此,我国农村社会网络基本能够呈现出一个近似"全连通"的网络状态,每个节点(一个农户家庭)大都与邻接节点(其他农户家庭)存在某种程度的社会联系,且不同节点(不同家庭)扮演的角色不同,尤其是头羊(意见领袖)在信息传播中扮演了重要的角色(张博,2016)。同时,考虑到社会网络中节点的私人信息可经群体极化实现自底向上整合为公共信息①,而公共信息又可通过自顶向下对私人信息的形成和发展起推动以及约束作用(Anderson,Holt,1997),所以,社会网络能够为农村土地经营权流转的信息演化提供现实基础,使得节点(农户家庭)的私人信息在农村社会网络中能够实现自底向上的集成,同时又受到农村社会网络中已涌现出的公共信息自顶向下的影响。因此,通过引入社会网络理论能够有效揭示农村土地

---

① 私人信息是指节点对于某一事物的私人看法,而公共信息是指群体中所有节点对于该事物的普遍看法。本章中所提到的私人信息通常指节点(农户家庭)对于农村土地经营权流转的私人看法,而公共信息通常指群体(农村)中所有农户家庭对于农村土地经营权流转的普遍看法。

经营权流转情境下每个节点(农户家庭),包括头羊(意见领袖)在私人信息和公共信息演化中所扮演的角色。

　　具体探究农村土地经营权流转情境下每个节点(农户家庭)以及头羊(意见领袖)的角色特征时,可将社会网络抽象为一个由节点以及节点之间的边所组成的图,"点"以节点(农户家庭)为单位,"边"表示节点(农户家庭)之间建立起的各种关系,包括亲缘关系、邻里关系以及朋友关系等。由于每个节点(每户农户家庭)对其他节点(其他农户家庭)的关系存在与否以及关系紧密度的评价或表达会存在差异,因此,可呈现方向与赋值不对称的有向加权网络,如图7-1所示。在此有向加权网络中,不同节点(不同家庭),包括头羊(意见领袖)使得农村土地经营权流转的私人信息和公共信息实现了传播和演化。

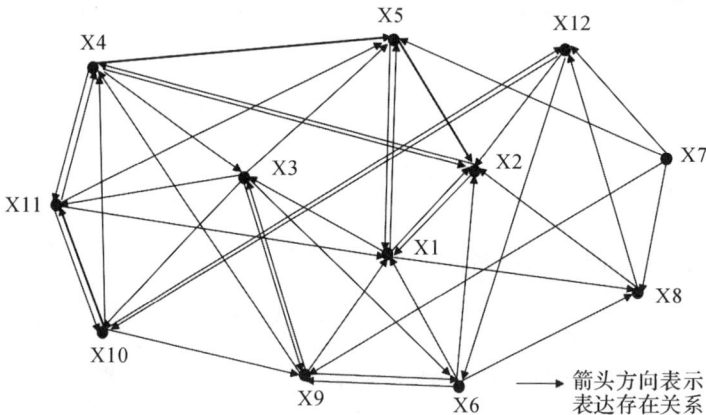

图7-1　农村农户家庭所构成的有向加权网络

　　根据社会关系的存在性以及紧密度,对农村土地经营权流转情境下的有向加权网络构造了如下有向加权关系矩阵:

　　定义 1(有向加权关系矩阵)农村土地经营权流转情境下社会网络中存在有向加权关系矩阵 S,其定义为:

$$S=(s_{ij})_{n\times n}=\begin{bmatrix} 0 & s_{12} & \cdots & s_{1n} \\ s_{21} & 0 & \cdots & s_{n1} \\ \vdots & \vdots & 0 & \vdots \\ s_{n1} & s_{n2} & \cdots & 0 \end{bmatrix},i,j=1,2,\cdots,n,j\neq i \quad (7\text{-}1)$$

式(7-1)中,节点 i 与节点 j 互为邻接节点, s_{ij} 表示节点 j 表达自身与节点 i 的关系紧密度。一般地, s_{ij} 处于0到1之间, s_{ij} 越大,则表示节点 j 认为自身与节点 i 关系越紧密。当 $s_{ij}=0$ 时,表示节点 j 认为自身与节点 i 之间关系不密切;当 $s_{ij}=1$ 时,表示节点 j 认为自身与节点 i 之间关系紧密。

二、构造综合点势

在构造有向加权关系网络的基础上,通过节点评估方法(构造综合点势)确定不同节点(不同家庭)的重要性,并达到有效识别头羊(意见领袖)的目标。考虑到农村社会关系网络的这种近似"全连通性",在评估节点重要性和辨识头羊(意见领袖)时,仅考虑节点本身的位势、邻接节点的位势以及节点与邻接节点之间关系紧密度的影响就可以了。受此思想的启发,同时考虑到传统节点重要性评估方法的优缺点(马茜,2017),本章在加权度数和接近中心度等评估方法的基础上设计了一种基于综合点势的节点重要性评估方法以判断不同节点(不同农户家庭)的重要性,并确认社会网络中的头羊(意见领袖)。

定义 2(中心点势)在有向加权关系矩阵 S 中,节点 i 的中心点势 $D(n_i)$ 定义为:

$$D(n_i)=\sum_{j=1}^{n}s_{ij}\cdot(1-k_j),i,j=1,2,\cdots,n,j\neq i \tag{7-2}$$

式(7-2)中, k_j 指节点 j 对自身观点的坚定度, k_j 越高其观点越稳定,对自身判断越自信,越不容易受到他人的影响,反之,则对自身判断越不自信,越容易受到他人的影响。中心点势 $D(n_i)$ 被定义为节点 i 在有向加权关系矩阵 S 中所在行的有向关系强度 s_{ij} (对角元素除外)与其对应节点 j 的反向坚定度 $(1-k_j)$ 乘积的复合。根据中心点势 $D(n_i)$ 的大小,就能够直接判断该节点 i 的影响力,它反映了与节点 i 直接联系的其他节点 j 的数量、关系强度和反向坚定度指数的综合度量。

定义 3(最大边势)对于有向加权关系矩阵 S ,其最大边势 M 定义为:

$$M=\max s_{ij}\cdot(1-k_j),i,j=1,2,\cdots,n,j\neq i \tag{7-3}$$

式(7-3)中,最大边势 M 代表了有向加权关系网络中节点对邻接节点的最强影响力。找出最大边势 M 的目的是给有向加权关系网络中节点 i 对邻接节点 j 的影响力提供一个具体的参照值。那么,在此基础上,节点 i 对邻接节点 j 的影响力就可以进行归一化处理,即将节点 i 对邻接节点 j 的影响力与最大边势 M 的比值 $s_{ij}\cdot(1-k_j)/M$ 作为节点 i 对邻接节点 j 影响的强度系数。

定义 4(邻接点势)在有向加权关系矩阵 S 中,节点 i 的邻接点势 $L(n_i)$ 定义为:

$$L(n_i) = \sum_{j=1}^{n} \left[\frac{s_{ij} \cdot (1-k_j)}{M} \cdot D(n_j) \right], i,j = 1,2,\cdots,n, j \neq i \quad (7\text{-}4)$$

式(7-4)中,节点 i 的邻接点势 $L(n_i)$ 为邻接点中心点势 $D(n_j)$ 与邻接点 j 受节点 i 影响的强度系数 $s_{ij} \cdot (1-k_j)/M$ 乘积的复合。因此,邻接点 j 对邻接点势 $L(n_i)$ 的贡献在于邻接点 j 本身中心点势 $D(n_j)$ 和邻接点 j 受节点 i 影响的强度系数大小。

定义 5(综合点势) 在有向加权关系矩阵 S 中,节点 i 的综合点势 $Q(n_i)$ 定义为:

$$Q(n_i) = D(n_i) + L(n_i), i = 1,2,\cdots,n \quad (7\text{-}5)$$

式(7-5)中,节点 i 的综合点势 $Q(n_i)$ 为节点 i 的中心点势 $D(n_i)$ 和邻接点势 $L(n_i)$ 之和,是节点 i 的重要性度量,代表了其在农村土地经营权流转情境下私人信息和公共信息演化中成为头羊(意见领袖)的可能性。由式(7-5)可知,影响综合点势 $Q(n_i)$ 的因素包括节点自身中心点势 $D(n_i)$、邻接点中心点势 $D(n_j)$ 以及节点 i 对邻接点 j 影响的强度系数 $s_{ij} \cdot (1-k_j)/M$。这种定义方法将节点中心点势、邻接点中心点势以及节点影响的强度系数有效结合起来,既体现了节点自身中心点势对节点重要性的影响,同时又体现了邻接点对节点重要性的影响。

三、构造信息演化模型

本章将利用元胞自动机理论构建农村土地经营权流转的信息演化模型[1],以反映各节点,包括头羊(意见领袖)在农村土地经营权流转实践中的影响作用。假设 $e_{jl(t)}$ 为所有邻接节点 $i(1,2,\cdots,l)$ 对节点 j 的影响效应,即上一时刻所有邻接节点 i 的私人信息对于下一刻节点 j 的私人信息的影响,那么,可得到 $e_{jl(t)}$ 的表达式:

$$e_{jl(t)} = \left(\sum_{j=1}^{n} s_{ij} \cdot e_{i(t-1)} \right) / (n-1), i,j = 1,2,\cdots,n, j \neq i \quad (7\text{-}6)$$

式(7-6)中,$e_{i(t-1)}$ 为邻接节点 i 在 $(t-1)$ 时刻的私人信息。

假设节点 j 下一时刻的私人信息只受到上一时刻邻接节点 i 的私人信息和自身私人信息的影响,那么,可以得到节点 j 的私人信息的表达式:

$$e_{j(t)} = k_j \cdot e_{j(t-1)} + (1-k_j) \cdot e_{jl(t-1)}, j = 1,2,\cdots,n \quad (7\text{-}7)$$

考虑到公共信息的社会网络涌现的特征,经有向加权关系矩阵换算,可

---

[1] 每个元胞代表一个个节点,每个元胞对农村土地经营权流转问题均有各自的倾向,且元胞之间存在交互作用,使得农村土地经营权流转信息传播得以演化。

以得到节点 j 的私人信息($e_{j(t)}, j = 1, 2, \cdots, n$)和村域的公共信息 $[E_{(t)}(average)]$ 的如下表达式：

$$
\begin{bmatrix} e_{1(t)} \\ e_{2(t)} \\ \vdots \\ e_{n(t)} \end{bmatrix} = \begin{bmatrix} k_1 \cdot e_{1(t-1)} \\ k_2 \cdot e_{2(t-1)} \\ \vdots \\ k_n \cdot e_{n(t-1)} \end{bmatrix} + \left(\frac{1}{n-1} \right) \cdot
$$

$$
\begin{bmatrix} 0 & (1-k_1) \cdot s_{21} & \cdots & (1-k_1) \cdot s_{n1} \\ (1-k_2) \cdot s_{12} & 0 & \cdots & (1-k_2) \cdot s_{n2} \\ \vdots & \vdots & 0 & \vdots \\ (1-k_n) \cdot s_{1n} & (1-k_n) \cdot s_{2n} & \cdots & 0 \end{bmatrix} \times \begin{bmatrix} e_{1(t-1)} \\ e_{2(t-1)} \\ \vdots \\ e_{n(t-1)} \end{bmatrix}
$$

$$(7-8)$$

$$
E_{(t)}(average) = \frac{1}{n} \sum_{j=1}^{n} e_{j(t)}, j = 1, 2, \cdots, n \tag{7-9}
$$

　　显然,通过式(7-8)和式(7-9),可在 Matlab 平台上实现基于社会网络的农村土地经营权流转情境下私人信息和公共信息演化的模型仿真,如图 7-2 所示。进一步,通过辨识社会网络中头羊(意见领袖)①,便可实现农村土地经营权流转情境下头羊(意见领袖)干预的模型仿真。

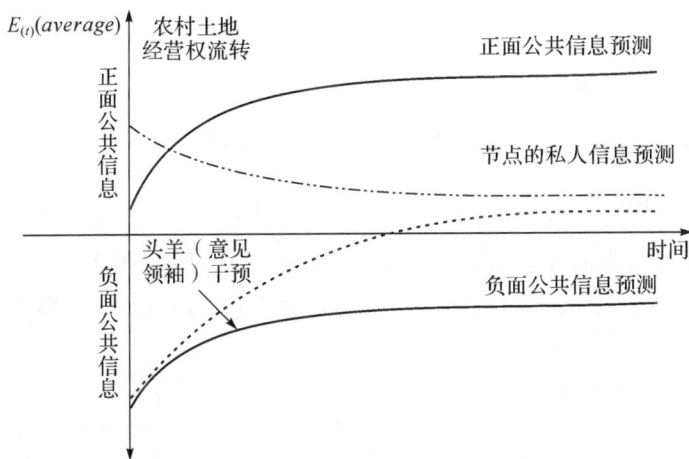

图 7-2　农村土地经营权流转信息演化的模型仿真

---

① 头羊(意见领袖)由计算综合点势确定。

第三节　调查区域

嘉兴市,亦称"禾城",沪嘉杭 G60 科创走廊中心城市,长三角城市群重要城市,位于浙江省东北部、长江三角洲杭嘉湖平原腹地,陆地面积为 4275.05 平方千米,户籍人口 360.44 万人(截至 2018 年底),下辖 2 个市辖区(南湖区、秀洲区)、3 个县级市(海宁市、平湖市、桐乡市)、2 个县(嘉善县、海盐县),共有 44 个镇,29 个街道(涉农街道 22 个),246 个城市社区,115 个城镇社区,809 个行政村。近几年来,为促进农业适度规模经营,创新农业经营体制,培育和发展家庭农场、农民专业合作社、农业龙头企业等经营主体,创建一批规模大、层次高、效益好、一二三次产业融合发展的现代产业园区,嘉兴市按照"土地节约集约有增量,农民安居乐业有保障"的要求,在贯彻落实《中华人民共和国农村土地承包法》的基础上[1],以承包地换股、换租、增保障,推进土地集约经营,转换农民生产方式[2],引导农村开展土地经营权流转。据统计,截至 2019 年 11 月底,嘉兴市累计农村土地经营权流转面积达 889.75 平方千米,占全市农村家庭承包土地面积的 55.15%。累计建立土地股份合作社 97 家,入股土地面积 26 平方千米,农业规模经营率达到 56.47%。

第四节　数据收集

本章采用进入实地现场的方式开展"五阶段"纵向调查与数据收集工作。调查地点为浙江省嘉兴市秀洲区 LRQ 村 DJD[3]。DJD,全区域面积约 0.35 平方千米,共计 50 户农户家庭,总户籍人口 175 人。第一阶段调查时

---

① 《中华人民共和国农村土地承包法》由中华人民共和国第九届全国人民代表大会常务委员会第二十九次会议于 2002 年 8 月 29 日通过,自 2003 年 3 月 1 日起施行。目前版本根据 2018 年 12 月 29 日第十三届全国人民代表大会常务委员会第七次会议《关于修改〈中华人民共和国农村土地承包法〉的决定》第二次修正。

② 农民转换生产方式,并不意味着放弃农业生产活动,完全从事非农工作。尽管农民流转了家庭的土地经营权,某种程度上转变了生产方式,不再自己经营土地,但仍可被雇佣而从事农业劳动。比如,大量嘉兴市农业转移人口仍然受雇佣于家庭农场、农业龙头企业、现代产业园区等主体,从事农业生产工作,并获得工资性收入。

③ DJD 隶属于 LRQ 村的一个分队,但与其他分队间隔距离较远,是个相对独立的自然村。此外,在推进 DJD 农户家庭土地经营权流转的时间上(2019 年 11 月初开始动员),并未与 LRQ 村的其他分队同步(计划中,并未开展)。因此,本章可将 DJD 单独分离出来,作为本章的调查对象。

间为 2019 年 10 月 27 日至 2019 年 11 月 2 日。调查对象为 18～70 周岁的农户户主。问卷涉及关系紧密度、坚定度和土地经营权流转决策(私人信息和公共信息)等变量的测量。由于部分农户家庭长期居住在外,早已脱离土地的束缚,对于农村土地经营权流转问题更多持观望状态,所以,剔除以上样本对研究结果的有效性影响不大,于是,最终确定了 42 户农户家庭为本章的调查对象。进一步,剔除不愿意对农村土地经营权流转问题表达看法的问卷,收回有效问卷 39 份。第二阶段调查时间为 2019 年 11 月 13 日至 2019 年 11 月 19 日,距离第一阶段调查时间间隔 10 天。调查对象为第一阶段调查所确认的调查对象。问卷仅涉及土地经营权流转决策(私人信息和公共信息)等变量的测量,剔除不愿意对农村土地经营权流转问题表达看法的问卷,回收有效问卷 37 份。第三阶段调查时间为 2019 年 11 月 30 日至 2019 年 12 月 6 日,距离第二阶段调查时间间隔 10 天。调查对象为第二阶段调查所确认的调查对象。问卷仅涉及土地经营权流转决策(私人信息和公共信息)等变量的测量,剔除不愿意对农村土地经营权流转问题表达看法的问卷,回收有效问卷 36 份。第四阶段调查时间为 2019 年 12 月 17 日至 2019 年 12 月 23 日,距离第三阶段调查时间间隔 10 天。调查对象为第三阶段调查所确认的调查对象。问卷仅涉及土地经营权流转决策(私人信息和公共信息)等变量的测量,剔除不愿意对农村土地经营权流转问题表达看法的问卷,回收有效问卷 34 份。第五阶段调查时间为 2020 年 1 月 3 日至 2020 年 1 月 22 日,距离第四阶段调查时间间隔 10 天。调查对象为第四阶段调查所确认的调查对象。问卷仅涉及土地经营权流转决策(私人信息和公共信息)等变量的测量,经循环三次重复调查与数据收集工作,回收有效问卷(3×34)份,三次调查结果均未产生变化,且与第四阶段调查结果完全一致。这说明,第四阶段调查结果可被认为是 DJD 土地经营权流转信息演化的收敛点,并在无外来因素干扰情况下将不太可能出现变化。最终,获得有效配对问卷 34 份,有效率达到 80.95%。

第五节　变量说明

1.关系紧密度的测量

关系紧密度(s_{ij} 值)的衡量来源于节点 j 对于自身与节点 i 之间关系紧密度的自我评价。其中,"0"代表两个农户家庭之间关系不密切;"0.50"代表两个农户家庭之间关系一般;"1.00"代表两个农户家庭之间关系紧密。

2. 坚定度的测量

坚定度(k_j值)的衡量来源于对问题"在参加农村土地经营权流转问题上,我家不会受到他人的影响"的自我评价。其中,完全不同意记为"0";不同意记为"0.25";中立记为"0.50";同意记为"0.75";完全同意记为"1.00"。

3. 综合点势的测量

根据综合点势评估方法的基本思想,本章实现了综合点势的算法设计,以下是综合点势算法的伪代码:

Input:

$$S = (s_{ij})_{n \times n} \quad //\text{有向加权关系矩阵}$$

Output:

$$D = [D(1) \quad D(2) \quad \cdots \quad D(n)] \quad //\text{中心点势数值}$$
$$L = [L(1) \quad L(2) \quad \cdots \quad L(n)] \quad //\text{邻接点势数值}$$
$$Q = [Q(1) \quad Q(2) \quad \cdots \quad Q(n)] \quad //\text{综合点势数值}$$

Algorithm:

Step1: for $i = 1$ to n

$$D(i) = \sum_{j=1}^{n} s_{ij} \cdot (1 - k_j), j \neq i \quad //\text{计算节点} i \text{的中心点势} D(i);$$

Step2: for $i = 1$ to n

for $j = 1$ to $n \&\& j \neq i$

$$M = \max s_{ij} \cdot (1 - k_j), j \neq i \quad //\text{求最大边势} M;$$

Step3: for $i = 1$ to n

for $j = 1$ to $n \&\& j \neq i$

$$L(i) = \sum_{j=1}^{n} s_{ij}(1 - k_j)/M \cdot D(j), j \neq i \quad //\text{计算节点} i \text{的邻接点}$$

势 $L(i)$;

Step4: for $i = 1$ to n

$$Q(i) = D(i) + L(i) \quad //\text{计算节点} i \text{的综合点势} Q(i)。$$

通过输入 DJD 的有向加权关系矩阵,即可在 Matlab 平台上输出中心点势数值矩阵 D、邻接点势数值矩阵 L 和综合点势数值矩阵 Q。

4. 土地经营权流转决策的测量

土地经营权流转决策(私人信息)的衡量来源于对问题"在参加农村土地经营权流转问题上,你家是倾向于流转,还是倾向于不流转"。其中,倾向于不流转记为"-1";无法确定是否流转记为"0";倾向于流转记为"1"。土地经营权流转决策(公共信息)为土地经营权流转决策(私人信息)的算术平均值。

第六节　研究结果

首先,通过对 DJD 的 34 户农户家庭关系紧密度的测量,建构一个村域社会关系矩阵,如表 7-1 所示。其中,表达两个农户家庭之间关系不密切的占 59.23%,表达两个农户家庭之间关系一般的占 33.36%,而表达两个农户家庭之间关系紧密的占 7.41%,这表明农户家庭之间关系的权重存在较大差异。此外,DJD 的社会关系矩阵具有明显的非对称性,不仅表现为农户家庭之间关系紧密度评价上的差异,而且表现为农户家庭之间关系方向性上的差异。显然,在 DJD 的社会关系网络中,除了要考虑节点之间关系的权重外,还得考虑节点之间关系的方向。因此,考察 DJD 的社会关系网络,构建有向加权关系矩阵变得十分有必要,这也进一步表明本章研究方法的现实性和先进性。

其次,进一步对 DJD 的 34 户农户家庭坚定度的测量,并获得节点(农户家庭)的中心点势、邻接点势和综合点势,如表 7-2 所示。其中,表达不会受到他人的影响的占 17.60%,而表达会受到他人的影响的共占 82.40%,这表明受限于信息渠道和知识结构等因素的影响,大多数农户没有足够的信心对农村土地经营权流转问题做出独立判断而将选择以其他农户的决策信息作为自身的参考。根据结合了节点本身位势(中心点势)、邻接节点位势(邻接点势)以及节点与邻接节点之间关系紧密度的 DJD 节点综合点势排序结果,农户家庭为 LOU、DH 和 GH 的综合点势分列第一、第二和第三位,处于 DJD 社会网络的中心位置,可视为潜在信息传播的头羊(意见领袖)。实际上,LOU、DH 和 GH 的户主均具有村中族长或乡贤等身份特征,且具有相对重要的人脉和较高的社交频率,在村民中具有较高的威信。因此,他们将有可能在农村土地经营权流转项目的信息传播过程中起主导作用。

表 7-1　DJD 的有向加权关系矩阵

节点	1	2	3	4	5	6	7	8	9	10	11	12	13	14	15	16	17	18	19	20	21	22	23	24	25	26	27	28	29	30	31	32	33	34
LBR	0	0.5	0	0.5	0	0	1	0	0	0	0	0	0	0	0	0	0	0	0.5	0	0	0	0.5	0	0	0	0	0.5	0	0.5	0	0	0.5	1
YJ	0	0	0	0	0	0	0	0	0	0.5	0	0	0	0	0	0	0	0	0.5	0	0	0	0	0.5	0	0	0.5	0.5	0	0.5	0.5	0	0	0.5
YQC	0	0	0	0.5	0	0	0.5	0	0.5	0.5	0	0.5	0	0	0	0	0	0	0	0.5	0.5	0	0.5	0	0.5	0	0.5	0	0	0	0	0.5	0	0.5
QSW	0.5	0.5	0	0	1	1	0	0	0	0	0.5	0	0	0.5	0	0.5	0	0.5	0	0	0	0	0.5	0.5	1	1	0	1	0	0.5	0.5	0	0.5	0.5
WSF	0	0	0	0	0	0	0.5	0.5	0	0	0	0	0	0	0	0	0	0	0	0	0	0	1	0	0.5	0	0.5	0	0	1	0	0	0.5	0.5
HWX	0.5	0	0	1	0	0.5	0	0	0.5	0	1	0	0	0	0	0	0	0	0	0	0	0	0	0	0	0	0	0	0	0	1	0.5	0	0
YSC	0.5	0.5	0.5	0	0	0	0	0	0	0	0	0	0	0.5	0.5	0.5	0.5	0.5	0.5	0.5	0.5	0	0.5	0.5	0	0	0.5	0.5	0.5	0.5	0	0.5	0	0
GH	1	0.5	0.5	1	0	0.5	0	0	1	0.5	0.5	1	0.5	1	0	0.5	0.5	1	0	1	1	0.5	0	0	0.5	0.5	1	1	0.5	1	0.5	0	1	0.5
UTR	0.5	0.5	0	0	0	0	0.5	0	0	0	0	0	0	0	0	0	0.5	0	0	0	0	0	0	0.5	0	0	0	0.5	0	0.5	0	0.5	0	0
SAQ	0	0	0.5	0.5	0	0	0	0	0	0	0.5	0	0	0	0.5	0	0	0	0.5	0.5	0	0.5	0.5	0	0.5	0	0.5	0	0.5	0	0	0	0	0.5
HJK	0	0	0.5	0	0	0	0.5	0	0.5	0	0	0	0.5	0.5	0	0.5	0	0	0.5	0.5	0	0.5	0	0	0.5	0	0	0	0.5	1	0	0	0.5	0.5
FGS	0.5	0	0	0	0	0	0	0	0	0.5	0	0	0	1	0	0	0.5	0	0	0	0.5	0	0.5	0.5	0	0.5	0.5	0.5	0	0	0.5	1	0	0.5
JKL	0	0.5	0	0.5	0.5	0	0.5	0.5	0	0	0	0.5	0	0	0.5	0	0	0	1	0	1	0	0	0	0	0	0	0.5	0	0.5	0	0	0	0
LU	0	0.5	0	0.5	0	0.5	0	1	0.5	0	0	0	0	0	0	0.5	0	0.5	0	0.5	0	0.5	0	0	0.5	0	0	0.5	0	1	0	0.5	0.5	0.5
EFG	0	0	0	1	0	0.5	0	0	0	0	0	0	0	0	0	1	0.5	0.5	0	0.5	1	0	0	0	0	0.5	0.5	0.5	0.5	0.5	0.5	0	0	1
LYF	0	0	0	0	0	0	0.5	0	1	0	0	0	0	0	0	0	0	0	0	0.5	0.5	0	0.5	0.5	0	0	0.5	0.5	0.5	0.5	0	0	0	0.5
SDK	0.5	0.5	0	0.5	0	0.5	0	0	0.5	0.5	0.5	0	0.5	0.5	0	0	0	0	0	0	0	0	0.5	0	0	0	0	0	0	0	0	0.5	1	0

续表

节点	1	2	3	4	5	6	7	8	9	10	11	12	13	14	15	16	17	18	19	20	21	22	23	24	25	26	27	28	29	30	31	32	33	34
XGJ	0.5	0	0.5	0	0.5	0	0.5	0.5	0	1	0	0	0.5	0	0	1	0	0	0	0	0	0.5	0	0	0.5	0	0.5	0	0.5	0	0.5	0	0.5	0
LP	0	0.5	0	0	0	0	0	0	0	0	0	0	0	0	0	0	0	0	0.5	0.5	0	1	0.5	0.5	0	0.5	0	0.5	0	0.5	0	0.5	0	0
SGF	1	0	0	0.5	0	0	0	0.5	0	0.5	0.5	0.5	0	0	0.5	0	0.5	0	0	0	0.5	0	0.5	0	0	0	0	0.5	0.5	0.5	0	0.5	0	0.5
HKJ	0	0	0	0	0	1	0.5	0	0.5	0	0	0	1	0.5	0	0	0	0	0.5	1	0	0	0	1	0.5	0.5	0	0.5	0	0	0.5	0	0	0
SW	0	0.5	0	0	0	0.5	0	0	0.5	0	0	0	0.5	0	0	0	0.5	0	0	0.5	0.5	0	0.5	0	0	0.5	0.5	0	0	0.5	0	0	0	0.5
AJ	0	0	0	0.5	0.5	0	0.5	0.5	0	0	0	0	0.5	0	0	0	0	0.5	0.5	0	0	0.5	0.5	0.5	0	0	0	0	0.5	0.5	0.5	0.5	0	0
LOU	0.5	1	0	1	0.5	1	0.5	0	1	0.5	1	0.5	1	0.5	0.5	1	0	1	0.5	0.5	1	0.5	1	0.5	0.5	0.5	1	0.5	0.5	1	1	0.5	0	0.5
TGH	0	0	0.5	0.5	0	0	0	0	0	0	0.5	0	0	0	0.5	0	0	0	0	0	0.5	0	0.5	0	0	0.5	0	0.5	0	0	0	0	1	0.5
FQ	0.5	0	0	0	0	0	0	0	0	0.5	0	0	0	0	0.5	0.5	0	0.5	0.5	0.5	0	0	0.5	0	0	0	0.5	0	0.5	0	0	0.5	0.5	0
UIP	0.5	0	0	0.5	0	0	0.5	0	0	0	0	0	0	0	0	0	0	0	0.5	0.5	0.5	0.5	0.5	0	0.5	0	0	0.5	0.5	0	0	0	0	0
FGH	0	0.5	0.5	0	1	0.5	0.5	0	0	0.5	0.5	0	0	0	0	0	0	0	0	0	0	0.5	0.5	0.5	0.5	0	0.5	0	0	0.5	0	0.5	0	0.5
RH	0	0	0.5	0.5	0	0	0	0.5	0	1	0.5	0.5	1	1	0	0	0	0	1	1	0.5	0	0	0	0	0	0.5	0.5	0.5	0	0.5	0	0	0.5
HL	0.5	0	0	1	0.5	0.5	0	0	0	0	0	0	0	0.5	0.5	0.5	0.5	0	0.5	0.5	0	0	0	0	0	0.5	0.5	0.5	0.5	0.5	0	0	0.5	0
DH	1	1	0.5	0	0	0.5	1	0.5	0	0	1	0	1	0.5	1	1	1	0.5	0	0.5	0.5	0.5	0.5	1	1	1	1	1	1	0.5	1	0	1	0
PY	0.5	0	1	0.5	0	0.5	0	0	0.5	0	0.5	0.5	0	0.5	0.5	0	0	0.5	0.5	0.5	0.5	0	0	0.5	0.5	0.5	0.5	0.5	0.5	0.5	0	0	0	0.5
RHL	0	0	0	0	0.5	0.5	0	0	0.5	0.5	0	0	0	0	0	0.5	0.5	0.5	0.5	0.5	0.5	1	0	0	0.5	0.5	0.5	0.5	0.5	0.5	0	0.5	0	0.5
SKR	0.5	0.5	0	0	0	0	0	0	0	0	0	0	0.5	0	0	0.5	0.5	0.5	0.5	0.5	0.5	0	0	0	0	0	0	0	0.5	0.5	0.5	0.5	1	0

注：节点（农户家庭）名称由系列字母组合表示。

表 7-2　DJD 节点的坚定度、中心点势、邻接点势和综合点势

节点	坚定度	中心点势	邻接点势	综合点势	节点	坚定度	中心点势	邻接点势	综合点势
LBR	0.75	3.75	13.172	16.922	XGJ	0	4.625	15.453	20.078
YJ	0.50	4	14.047	18.047	LP	0	3.250	12.328	15.578
YQC	0	3	11.766	14.766	SGF	0.25	4	13.719	17.719
QSW	0.50	4.375	14.859	19.234	HKJ	0.75	4.250	14.219	18.469
WSF	0.75	3.375	10.813	14.188	SW	1	3.125	10.516	13.641
HWX	1	3.375	12.203	15.578	AJ	0	2.625	10.938	13.563
YSC	0	3	11.375	14.375	LOU	1	11.625	40.844	52.469
GH	1	10.5	35.234	45.734	TGH	0.50	3.25	11.281	14.531
UTR	0.50	2.625	8.8125	11.438	FQ	0.25	2.5	10.125	12.625
SAQ	0.25	2.75	10.031	12.781	UIP	0.50	3.5	11.125	14.625
HJK	0.75	4	14.156	18.156	FGH	0.75	2.5	9.594	12.094
FGS	0	2.25	8.734	10.984	RH	0	4	13.813	17.813
JKL	0.50	4	12.422	16.422	HL	0	2.75	9.141	11.891
LU	1	4.25	14.531	18.781	DH	1	11	38.656	49.656
EFG	0.50	4.25	17	21.250	PY	0.25	5.375	17.016	22.391
LYF	0.25	3.5	12.531	16.031	RHL	0.75	4.5	15.531	20.031
SDK	0.75	2.375	8.547	10.922	SKR	0.50	4.5	16.750	21.250

　　然后，根据式(7-8)和式(7-9)，以及第一阶段调查结果，经 Matlab 平台实现了 DJD 土地经营权流转的私人信息和公共信息演化预测结果(将上一时刻公共信息与下一时刻公共信息差值的绝对值小于 0.0005 作为达到收敛的标准)，如图 7-3 所示。由于被认为对农村土地经营权流转问题有自身坚定的认识，不太可能受到村中其他农户流转决策结果的影响，农户家庭 HWX、GH、LU、SW、LOU 和 DH 的土地经营权流转决策预测结果将与第一阶段调查结果(初始值)仍然保持一致，不会产生任何变化。然而，DJD 中的其他农户家庭由于被认为对农村土地经营权流转问题的坚定度不够，可能易受到村中他人流转决策结果的影响，其土地经营权流转决策预测结果将不会与第一阶段调查结果(初始值)保持一致，并在总体上将趋向于"无法确定是否要进行流转"。此外，DJD 土地经营权流转公共信息 $[E_{(t)}(average)]$ 被认为将由"倾向于不流转"逐步向"无法确定是否要进行流转"演化。以上预

测结果是基于农村土地经营权流转决策将受到他人[尤其是头羊(意见领袖)]影响而做出的科学判断。

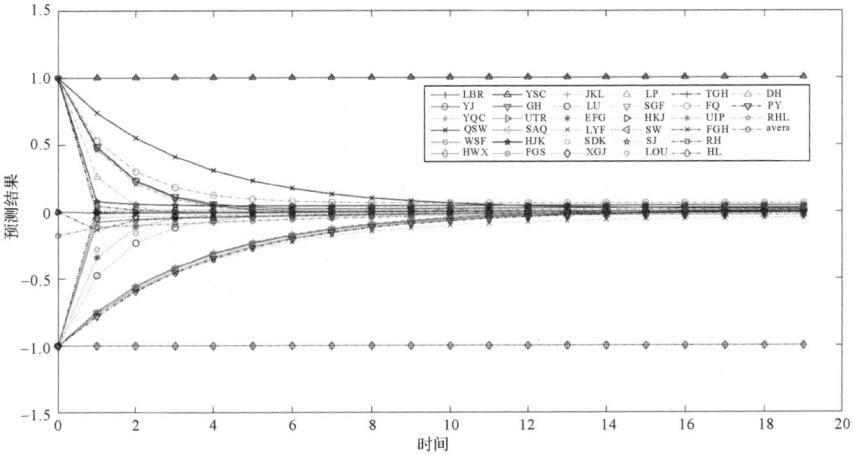

图 7-3 农村土地经营权流转决策的预测结果

接下来,将 DJD 土地经营权流转决策的预测结果与"五阶段"纵向调查结果进行比较,如表 7-3 所示。农户家庭 HWX、GH、LU、SW、LOU 和 DH 的土地经营权流转决策预测结果与"五阶段"纵向调查结果均保持一致,这说明农村土地经营权流转信息演化模型的有效性。然而,DJD 中的其他农户家庭土地经营权流转决策预测结果除了与预计的第一阶段调查结果(初始值)不会保持一致外,与第二阶段调查结果、第三阶段调查结果,甚至第四、五阶段调查结果仍未能保持一致。究其原因主要是,农村土地经营权流转信息演化模型与实际调查结果存在一定的系统误差,不可观测的因素会影响到农户家庭对农村土地经营权流转问题的判断。为此,有必要对 DJD 土地经营权流转决策预测结果的有效性进行三组检验。第一组,对 DJD 土地经营权流转公共信息预测结果与 DJD 土地经营权流转公共信息预测结果的趋势进行分析。结果表明,随着时间的推移,DJD 土地经营权流转公共信息由 -0.176(第一阶段调查结果),经 -0.147(第二阶段调查结果)和 -0.088(第三阶段调查结果),达到 -0.029(第四、五阶段调查结果,调查收敛点),与 DJD 土地经营权流转公共信息预测结果由 -0.176(初始值)缓慢上升至 -0.025(预测收敛点)的趋势相吻合,且接近于调查收敛点(-0.029)。第二组,对 DJD 土地经营权流转私人信息预测结果与 DJD 土地经营权流转私人信息调查结果的相似程度或相关性进行分析。曼哈顿距离和欧式距离的计算结果表明,随着时间的推移,DJD 土地经营权流转私人信息预测结果与 DJD 土地经营权流转私人信息调查结果的相似程度变得越来越高。Kendall 秩相关系数和 Pearson 相关系数的计算结果表明,随着时间的推移,DJD 土地经营权流转私人信息预测结果与 DJD 土地经营权流转私人信息调查结果的相关程度发生了由弱相关到中等程度相关的变化[①]。第三组,对 DJD 土地经营权流转私人信息预测结果与 DJD 土地经营权流转私人信息调查结果的差异性进行检验。独立样本 t 检验的结果表明,DJD 土地经营权流转私人信息预测结果与 DJD 土地经营权流转私人信息调查结果的差异性并不显著,未通过检验。以上三组检验结果表明,DJD 土地经营权流转决策的预测结果与 DJD 土地经营权流转决策的调查结果之间具有较高程度的相似性,因此,农村土地经营权流转信息演化模型具有合理性,能够有效反映各节点,包括头羊(意见领袖)在农村土地经营权流转实践中的影响作用。

表 7-3　DJD 节点的农村土地经营权流转决策及与预测结果对比

节点	农村土地经营权流转决策(私人信息)					
	预测结果	第一阶段	第二阶段	第三阶段	第四阶段	第五阶段(循环三次)
LBR	−0.002	−1	−1	0	0	0
YJ	0.001	1	0	0	0	0
YQC	−0.001	−1	0	0	0	0
QSW	0.014	0	0	0	0	0
WSF	0.020	1	1	1	1	1
HWX	−1.000	−1	−1	−1	−1	−1
YSC	−0.013	−1	0	0	0	0
GH	1.000	1	1	1	1	1
UTR	0.029	1	1	0	0	0
SAQ	0.002	0	0	0	0	0
HJK	−0.006	−1	−1	0	0	0
FGS	0.046	1	1	1	1	1
JKL	0.002	0	0	0	0	0

① 根据 Garccia(2010)的标准,当 $|r| \geqslant 0.8$ 时,可认为两组数据间呈极高度相关;$0.6 \leqslant |r| < 0.8$,可认为两组数据间呈高度相关;$0.4 \leqslant |r| < 0.6$,可认为两组数据间呈中度相关;$0.2 \leqslant |r| < 0.4$,可认为两组数据间呈低度相关;$|r| < 0.2$,可认为两组数据间呈极低度相关或者不相关。

续表

节点	农村土地经营权流转决策(私人信息)					
	预测结果	第一阶段	第二阶段	第三阶段	第四阶段	第五阶段(循环三次)
LU	−1.000	−1	−1	−1	−1	−1
EFG	−0.015	−1	−1	0	0	0
LYF	0.000	−1	−1	0	0	0
SDK	−0.049	−1	−1	−1	0	0
XGJ	0.045	−1	−1	0	0	0
LP	−0.028	1	0	0	0	0
SGF	0.030	0	0	0	0	0
HKJ	0.011	−1	−1	−1	−1	−1
SW	0.000	0	0	0	0	0
AJ	0.030	−1	−1	0	0	0
LOU	1.000	1	1	1	1	1
TGH	−0.013	−1	−1	−1	−1	−1
FQ	0.001	1	1	0	0	0
UIP	0.061	1	1	1	1	1
FGH	0.012	−1	−1	−1	−1	−1
RH	−0.013	0	0	0	0	0
HL	0.001	−1	0	0	0	0
DH	−1.000	−1	−1	−1	−1	−1
PY	−0.029	1	1	0	0	0
RHL	−0.006	−1	−1	−1	0	0
SKR	0.015	1	1	0	0	0
average(公共信息)	−0.025	−0.176	−0.147	−0.088	−0.029	−0.029
曼哈顿距离 d 值		22.9390	17.0609	8.1050	6.2150	6.2150
欧式距离 d 值		4.7720	4.2124	2.7699	2.4047	2.4047
Kendall 秩相关系数 r 值 (相关程度)		0.388** (弱)	0.425** (中等)	0.546** (中等)	0.501** (中等)	0.501** (中等)
Pearson 相关系数 r 值 (相关程度)		0.388** (弱)	0.425** (中等)	0.546** (中等)	0.501** (中等)	0.501** (中等)
独立样本 t 检验 (p 值)		0.897 (0.375)	0.782 (0.438)	0.502 (0.618)	0.036 (0.972)	0.036 (0.972)

注：** 表示 p 值<0.01。

最后,根据信息演化模型的有效性,考察头羊(意见领袖)对 DJD 土地经营权流转信息传播影响的仿真结果,如图 7-4 所示。根据综合点势计算结果的排序,LOU、DH 和 GH 被认为是 DJD 土地经营权流转信息传播的头羊(意见领袖),而其他节点被认为非头羊(意见领袖)。按照 DJD 土地经营权流转决策结果,LOU 和 DH 为 DJD 土地经营权流转的正面公共信息爆发点,而 GH 则为 DJD 土地经营权流转的负面公共信息爆发点。如果 GH 能够改变对农村土地经营权流转政策的负向看法为积极正向看法,那么,将非常有利于推进 DJD 的土地经营权流转。

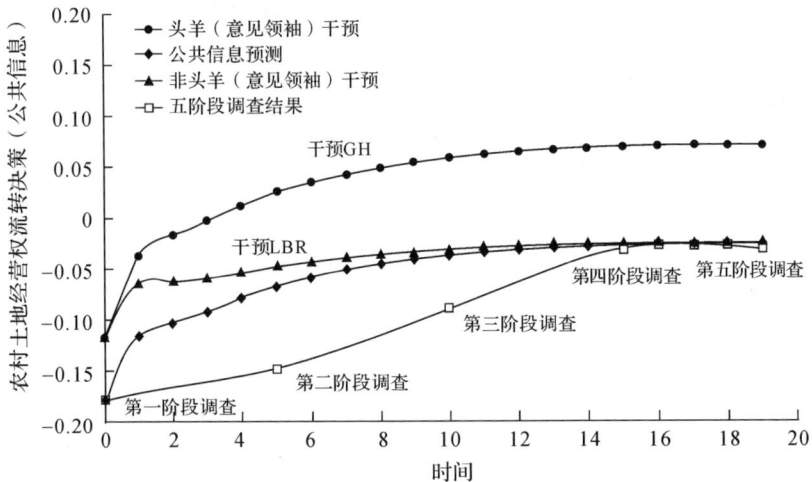

图 7-4　头羊(意见领袖)干预与非头羊(意见领袖)的仿真结果

图 7-4 中,头羊(意见领袖)干预与非头羊(意见领袖)干预的仿真结果表明,一旦 GH 形成积极正向看法,将可能完全改变 DJD 土地经营权流转的信息演化过程,并将导致 DJD 土地经营权流转的负面公共信息逐渐转变为积极的正面公共信息,而非头羊(意见领袖)(选择节点 LBR 进行干预仿真)即使在初始时就改变对农村土地经营权流转政策的负向看法为积极正向看法,也将无法改变 DJD 土地经营权流转的信息演化趋势,仍然无法形成正面公共信息。因此,在农村土地经营权流转实践中,有必要尽早发现负面信息的头羊(意见领袖),转变他们对待农村土地经营权流转实践的看法,帮助他们认清农村土地经营权流转实践的积极意义,以便能够积极有效地改变农村土地经营权流转信息演进的进程。

第七节　研究结论与对策建议

作为一种能够促进农村土地资源优化配置、实现农村土地规模经营及协调农村土地调整与稳定性之间矛盾的有效手段,农村土地经营权流转的意义毋庸置疑。推进农村土地经营权流转实践中,各个节点(农户家庭)将扮演不同的角色,尤其不能忽视头羊(意见领袖)的影响作用。为寻找、辨识农村土地经营权流转中的头羊(意见领袖)及其影响作用,本章通过构造综合点势的节点评估方法以识别农村土地经营权流转中的头羊(意见领袖),利用元胞自动机理论构建农村土地经营权流转的信息演化模型,以反映节点,包括头羊(意见领袖)在农村土地经营权流转中的影响作用,并通过浙江省嘉兴市秀洲区 LRQ 村 DJD 的调查数据进行实证。

本章得出如下研究结论:

第一,农户家庭对彼此的社会关系紧密度评价上存在较大差异,不仅表现在关系紧密度的强度上,而且还表现在关系紧密度的方向性上,使得农村社会关系具有明显的非对称性,并呈现出有向加权关系网络的结构特征,因而有必要构建有向加权关系网络以有效辨识头羊(意见领袖)。

第二,由综合点势的计算结果发现,农村土地经营权流转中的头羊(意见领袖)往往是具有相对重要的人脉、较高的社交频率以及威信的村中族长或乡贤等。

第三,基于元胞自动机理论所构建的农村土地经营权流转的信息演化模型具备有效性,使得对农村土地经营权流转决策的预测结果与实际调查结果之间存在中等程度的相关性,能够很好地反映节点,包括头羊(意见领袖)在农村土地经营权流转信息传播中的影响作用。

第四,农村土地经营权流转中各个节点将扮演不同的角色,而头羊(意见领袖)将在农村土地经营权流转信息传播中起到关键性的、主导性的作用。

基于以上研究结论,可以得出如下对策建议:

第一,农村土地经营权流转情境下,考虑节点之间关系的权重,并考虑节点之间关系方向的辨识机制,更有利于有效辨识头羊(意见领袖)。

第二,农村土地经营权流转信息传播中,头羊(意见领袖)可能是具有非正式权威的村中族长或乡贤等,因而不能顾此失彼。同时,考虑到技术和数理上的分析可能存在的缺陷,可通过定量分析技术,并结合日常观察法、内容分析方法、关键人物访谈法等定性分析技术，达到辨识农村土地经营权流转实践中头羊（意见领袖）的目的。

第三，可通过有效的信息演化模型对农村土地经营权流转信息演化结果进行预测，判断头羊（意见领袖）所扮演的角色，并做出干预行动。

第四，农村土地经营权流转实践中，应积极与头羊（意见领袖）进行沟通，通过头羊（意见领袖）向村民传达关于农村土地经营权流转的正确信息，防止错误的信息扩散，从而有效地引导农村土地经营权流转实践。

第八节　本章小结

本章旨在通过构造有向加权关系网络、综合点势评估方法和信息演化模型以识别和揭示头羊（意见领袖）及其影响作用，并通过浙江省嘉兴市的调查数据进行实证。研究发现：①考虑节点之间关系权重和方向的有向加权关系网络，有利于识别农村土地经营权流转中的头羊（意见领袖）。②农村土地经营权流转实践中，头羊（意见领袖）往往是村中族长或乡贤等。③基于元胞自动机理论的信息演化模型能够有效反映各节点，包括头羊（意见领袖）在农村土地经营权流转实践中的影响作用。④农村土地经营权流转实践中，头羊（意见领袖）起到关键性的、主导性的作用。以上结果表明，推进农村土地经营权流转实践中，寻找、辨识并引导头羊（意见领袖）具有重要价值。

第八章 总结与展望

本章为本书研究的总结部分,包括四个部分:第一,总结和概括本书的研究结论;第二,根据研究结论,总结政策建议;第三,总结本书的创新点;第四,总结和分析本书的局限性,并指出未来的研究方向。

第一节 主要结论

农村土地经营权流转是有效实施乡村振兴战略的重要路径,有助于解放农村生产力,实现农业产业化和规模化经营,从而有益于提高农业生产效率。农村土地经营权流转是一种经济、社会心理过程,其必然受外部经济因素的驱动,又受社会、心理机制的影响。当农户群体普遍看好农村土地经营权流转前景时,即使不适合流转的农户也极易出现盲目跟风现象,而当农户群体普遍不看好农村土地经营权流转前景时,即使适合流转的农户也极易随众,并选择放弃流转。这种由社会心理而产生的跟风和随众的行为偏差导致了农村土地经营权流转中出现羊群行为。

本书选取农村土地经营权流转中的农户羊群行为现象、机理、影响效应及头羊(意见领袖)问题为研究主题,以理论分析与实地调查为基础,探究自身固有倾向或实际需要、已退出农户数量在农村土地经营权流转中扮演的角色,进而揭示农村土地经营权流转中农户羊群行为现象存在与否的问题;考察亲戚朋友和其他农户参与农村土地经营权流转情况对农村土地经营权流转政策信息成本与农村土地经营权流转之间关系的调节作用,进而揭示农村土地经营权流转中农户羊群行为的机理;探究私人信息、公共信息对农村土地经营权流转的交互影响问题,进一步揭示农村土地经营权流转中农户羊群行为的机理;探究农村土地经营权流转中农户羊群行为的影响效应问题,重点考察羊群行为对农村土地经营权流转所产生的影响结果以及后续效应;通过构造有向加权关系网络、综合点势评估方法和信息演化模型以识别和揭示农村土地经营权流转中的头羊(意见领袖)及其影响作用,为辨识农村土地经营权流转中的头羊(意见领袖)提供方法。

为此,本书以羊群行为理论和农村土地经营权流转理论为理论基础,以传染病学理论、决策树理论、信息瀑布理论、结构方程模型和社会网络理论作为方法论,构建了相关的理论模型,并通过实地调查收集数据,通过计量模型等进行实证研究,得出如图 8-1 所示的研究结果。

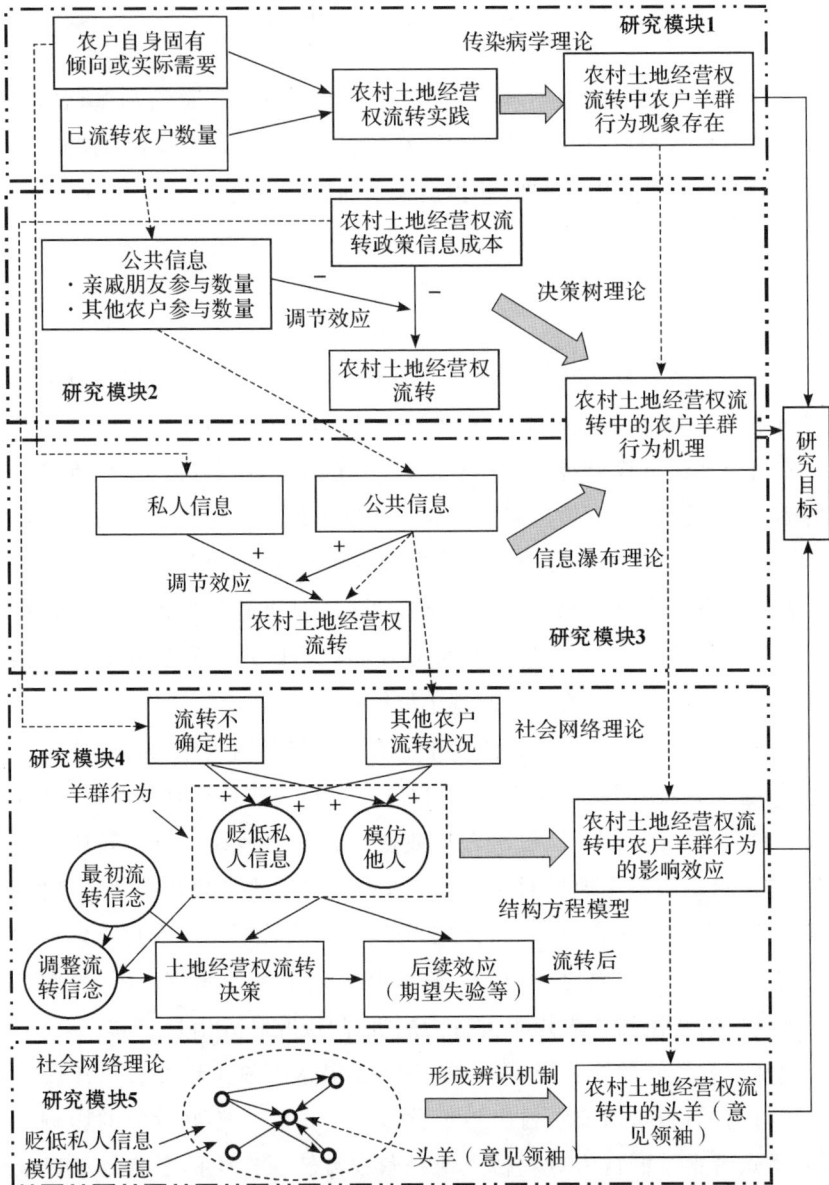

图 8-1　总体研究结果

遵循农村土地经营权流转中农户"羊群行为现象"到"羊群行为机理"到"羊群行为影响效应"再到"头羊(意见领袖)"的逻辑链条,本书形成了五个研究模块的结果：①研究模块 1：农村土地经营权流转中的农户羊群行为现象：扩散效应；②研究模块 2：农村土地经营权流转中的农户羊群行为机理：社会网络信息的作用；③研究模块 3：农村土地经营权流转中的农户羊群行为机理：私人信息还是公共信息；④研究模块 4：农村土地经营权流转中农户羊群行为的影响因素、影响结果及后续效应；⑤研究模块 5：农村土地经营权流转中的头羊（意见领袖）。

通过进一步的整理与分析，总结与归纳本书的研究结果，如表 8-1 所示。

表 8-1　研究结果的归纳总结

序号	关系描述	研究结果
1	农户自身固有倾向或实际需要→农村土地经营权流转实践	农户自身固有倾向或实际需要对农村土地经营权流转实践产生了显著影响
2	已流转农户数量→农村土地经营权流转实践	已流转农户数量对农村土地经营权流转实践产生了显著影响
3	农村土地经营权流转政策信息成本→农村土地经营权流转	农村土地经营权流转政策信息成本对农村土地经营权流转产生了显著负向影响
4	亲戚朋友参与数量→农村土地经营权流转	亲戚朋友参与数量对农村土地经营权流转产生了显著正向影响
5	其他农户参与数量→农村土地经营权流转	其他农户参与数量对农村土地经营权流转产生了显著正向影响
6	亲戚朋友参与数量→农村土地经营权流转政策信息成本/农村土地经营权流转	亲戚朋友参与数量显著降低了农村土地经营权流转政策信息成本与农村土地经营权流转之间的负向关系
7	其他农户参与数量→农村土地经营权流转政策信息成本/农村土地经营权流转	其他农户参与数量显著降低了农村土地经营权流转政策信息成本与农村土地经营权流转之间的负向关系
8	私人信息→农村土地经营权流转	私人信息对农村土地经营权流转产生了显著正向影响，表现为"锚定"效应
9	公共信息→私人信息成本/农村土地经营权流转	公共信息显著提高了私人信息与农村土地经营权流转之间的正向关系，表现为"调整启发式"影响
10	其他农户土地经营权流转状况→模仿他人	其他农户土地经营权流转状况对模仿他人产生了显著正向影响
11	土地经营权流转不确定性→模仿他人	土地经营权流转不确定性对模仿他人产生了显著正向影响
12	其他农户土地经营权流转状况→贬低私人信息	其他农户土地经营权流转状况对贬低私人信息产生了显著正向影响

续表

序号	关系描述	研究结果
13	土地经营权流转不确定性→贬低私人信息	土地经营权流转不确定性对贬低私人信息产生了显著正向影响
14	模仿他人→土地经营权流转决策	模仿他人对土地经营权流转决策产生了显著正向影响
15	最初土地经营权流转信念→调整土地经营权流转信念	最初土地经营权流转信念对调整土地经营权流转信念产生了显著正向影响
16	调整土地经营权流转信念→土地经营权流转决策	调整土地经营权流转信念对土地经营权流转决策产生了显著正向影响
17	贬低私人信息→最初土地经营权流转信念/调整土地经营权流转信念	贬低私人信息显著降低了最初土地经营权流转信念与调整土地经营权流转信念之间的负向关系
18	最初土地经营权流转信念→修正土地经营权流转信念	最初土地经营权流转信念对修正土地经营权流转信念产生了显著正向影响
19	模仿他人→期望失验	模仿他人显著降低了期望失验
20	期望失验→修正土地经营权流转信念	期望失验显著降低了修正土地经营权流转信念
21	期望失验→土地经营权流转满意度	期望失验显著降低了土地经营权流转满意度
22	土地经营权流转满意度→土地经营权流转后悔	土地经营权流转满意度对土地经营权流转后悔产生了显著负向影响
23	土地经营权流转决策→土地经营权流转后悔	土地经营权流转决策对土地经营权流转后悔产生了显著负向影响
24	头羊(意见领袖)→节点	考虑节点之间关系权重和方向,有助于识别农村土地经营权流转中的头羊(意见领袖)
25	头羊(意见领袖)是谁?	头羊(意见领袖)可能是村中族长或乡贤等
26	头羊(意见领袖)的作用?	头羊(意见领袖)起到关键性的、主导性的作用

通过总结以上研究结果,本书主要得出了如下的研究结论:

第一,农村土地经营权流转受到外部驱动条件的显著影响,表现为农户自身固有倾向或实际需要是影响农村土地经营权流转的重要因素。同时,农村土地经营权流转受到内部成员决策结果的显著影响,表现为已流转农户数量是农户决定是否参加农村土地经营权流转政策的参考依据。因此,农村土地经营权流转问题是一个外部条件驱动及内部成员互相作用的过程。

第二，农户土地经营权流转决策将有可能出现以已流转农户数量信息作为行动参考的情形，从而表现为农村土地经营权流转的模仿效应凸显，并由此使得农村土地经营权流转中农户羊群行为现象的存在成为可能。

第三，农村土地经营权流转嵌入在社会网络信息中，农户可以从亲戚朋友和其他农户参与农村土地经营权流转情况中获取农村土地经营权流转信念，且作为"强关系"的亲戚朋友参与数量和作为"弱关系"的其他农户参与数量均对农村土地经营权流转产生了正向影响，但"强关系"的正向效应更为显著。

第四，农村土地经营权流转政策信息成本对农户土地经营权流转意愿产生了显著的负向影响。当搜寻、解读和利用农村土地经营权流转政策信息成本过高时，农村土地经营权流转将受到抑制。然而，当农户能够从亲戚朋友参与数量或其他农户参与数量中获取足够的农村土地经营权流转信念时，将使得农村土地经营权流转政策信息成本与农村土地经营权流转之间的负向关系变得不再明显，由此农户仍具有较高程度的农村土地经营权流转意愿，从而表现出羊群行为。

第五，私人信息容易"锚定"随后的估计和判断，导致农村土地经营权流转很大程度上被"锚定"于"最初值"。私人信息是农户思想、情感、判断和行为的基础信息来源，且容易把土地经营权流转决策固定在初始流转态度上。然而，公共信息却对农村土地经营权流转产生"调整启发式"影响。农户和其他农户关于农村土地经营权流转问题具有相似的信息集，且容易观察到其他农户群体的行动，并以此作为重要的决策参考。

第六，当农户土地经营权流转决策更倾向于忽略私人信息而与亲朋好友、熟人和邻居等其他农户信息保持一致时，农户表现出羊群行为。当农户土地经营权流转决策调整在既定的边界上下终止时，即从"初始值"出发不充分地矫正流转决策时，农户土地经营权流转决策将不会受到其他农户流转态度的影响而发生变化。当农户土地经营权流转决策调整超过既定的边界时，即从"初始值"出发充分地矫正流转决策时，农户土地经营权流转决策将受到其他农户流转态度的影响而发生根本性改变。

第七，土地经营权流转不确定性和其他农户土地经营权流转状况将导致农户贬低私人信息和模仿他人，从而表现出羊群行为。当农村土地经营权流转存在高度不确定性时，农户将缺乏足够的知识和经验来分析土地经营权流转问题的利弊，从而出现贬低私人信息和模仿他人行为。同时，农村土地经营权流转是一项复杂性决策行为,使得当农户无法完全依赖私人信息转而将其他农户流转状况作为土地经营权流转决策的依据时,农户倾向于贬低私人信息和模仿他人。

第八,羊群行为导致农村土地经营权流转中农户出现明显的认知心理变化。由于受到其他农户土地经营权流转状况的影响,农户土地经营权流转信念出现了变化,并形成了调整土地经营权流转信念,而贬低私人信息减弱了最初土地经营权流转信念与调整土地经营权流转信念之间的正向影响关系,使得农户土地经营权流转决策偏离于最初土地经营权流转信念。然而,最初的土地经营权流转信念被贮藏于记忆的长河中,却在土地经营权流转之后被激活,并使得修正(流转)后的土地经营权流转信念与最初的土地经营权流转信念之间保持较高程度的映射关系。

第九,羊群行为对农村土地经营权流转后的期望失验产生了显著影响。羊群行为可分为"正确的"羊群行为和"错误的"羊群行为。当农户发生"正确的"羊群行为时,跟风将成为一个很好的策略,一旦土地经营权流转后的感受超出了预期,将有助于降低土地经营权流转后的期望失验。当农户经历"错误的"羊群行为时,农户由于受到其他农户流转行为的影响而对农村土地经营权流转行为产生不切实际的期望,土地经营权流转后容易感受到现实未达到预期,从而较为容易经历期望失验。

第十,农户家庭对彼此的社会关系紧密度评价存在较大差异,不仅表现在关系紧密度的强度上,而且还表现在关系紧密度的方向性上,使得农村社会关系具有明显的非对称性,并呈现出有向加权关系网络的结构特征,因而有必要构建有向加权关系网络以有效辨识头羊(意见领袖)。

第十一,农村土地经营权流转中的头羊(意见领袖)往往是具有相对重要的人脉、较高的社交频率以及威信的村中族长或乡贤等。

第十二,农村土地经营权流转中各个节点将扮演不同的角色,而头羊(意见领袖)将在农村土地经营权流转信息传播中起到关键性的、主导性的作用。

第二节 对策建议

基于以上结论,得出如下对策建议:

第一,关注外部驱动条件和农户内部互动问题。在推进农村土地经营权流转实践中,除关注外部驱动条件外,还需同时关注已流转农户数量的影响效应问题。

第二,通过"示范效应"来推进农村土地经营权流转。在漫长的农耕文明史中,沿袭着祖祖辈辈口传身教的传统知识和技艺,中国农户的保守思想随着历史形成的习惯和认知顽强地影响着他们的行为,这在他们接受新事物的决策过程中表现得尤为明显:在信息不对称的情况下,参加农村土地经营权流转的动力和积极性受到严重抑制,在不能确定参加农村土地经营权流转能否给自己带来收益之前,农户普遍采取的策略是等待和观察,而不是主动承担风险。在这种情况下,农村土地经营权流转意愿、自发性动力几乎受到完全的抑制,而农村土地经营权流转政策的推广几乎毫不例外地需要通过示范来实现:只有当部分农户率先通过参加农村土地经营权流转并获得了显著的收益时,其他农户才会逐渐开始模仿其成功经验。

第三,构建农村土地经营权流转信息渠道。有必要加大关于农村土地经营权流转政策的信息沟通力度,消除信息不对称的影响,使农户能够及时、准确、有效地掌握相关信息,填补农户对于农村土地经营权流转政策相关信息中的缺漏,纠正其错误的观念,并有针对性强化农户风险意识,克服风险意识淡薄和过于规避风险的社会心理效应。设立专门的土地经营权流转咨询服务系统和信息发布平台,保证信息能够及时准确地传达到所有的农户。对农户进行科学的信息引导,确保农户对土地经营权流转收益、风险、转出后的责任与权利等有全面的了解,以降低农户由于自身信息知识的缺乏而带来的负面影响。

第四,告诫农户须谨慎思考,避免"锚定"偏差和"调整启发式"影响。由于农户信息渠道、专业知识和信息加工水平等弱势,私人信息的准确程度可能不够高。因此,私人信息的"锚定"效应容易导致农户无法正确地判断土地经营权流转问题。另一方面,受公共信息的影响,农户土地经营权流转决策将有可能发生"调整启发式"现象。因此,有必要对农村土地经营权流转中"锚定"效应和"调整启发式"现象进行宣传,告诫农户在土地经营权流转决策中须谨慎思考,努力追求自身利益最大化,从而尽可能地避免自发"锚定"偏差和"调整启发式"的负面影响。

第五,形成正确的舆论导向。农村土地经营权流转问题有可能成为一种"地方性共识",极易滋生羊群行为,导致农户对土地经营权流转问题产生认知偏差,出现盲目跟风和决策后后悔等现象。因此,有必要形成正确的舆论导向来引导农户做出合理的土地经营权流转决策。尤其是,村干部作为村中农户的领头羊,可以通过对农村土地经营权流转政策进行合理解析和观念形塑，达到有效约束和引导农户话语和行为的目的。

第六，构建农村土地经营权流转调解机制。有必要建立农村土地经营权流转纠纷调解制度，完善人民调解、行政调解、司法调解联动工作体系，整合各方力量，把农村土地经营权流转中存在的问题、矛盾和不稳定因素化解在萌芽状态。

第七，推进农村土地经营权流转规范化和制度化。借鉴先进的土地经营权流转管理经验，逐步规范化和制度化农村土地经营权流转方式，给予农村土地经营权流转足量支持，提供完整的服务体系，为农村土地经营权流转指路护航。

第八，健全土地撂荒惩罚机制。土地撂荒将造成农村土地利用的低效率，伴随而来的还有选择放弃土地经营的机会成本。如果农村土地撂荒行为能够被当地政府惩罚，那么，某种程度上，农村土地经营权流转也会在一定程度上得到促进。一方面，农村土地经营权流转给农户带来了直接的经济收入；另一方面，通过土地经营权流转，农户回避了当前政府的惩罚。

第九，进一步提高农村土地经营权流转的福利待遇。通过继续深化改革户籍制度、劳动就业制度、社会保障制度、教育制度乃至政治参与制度等相关一系列制度安排来打破城乡封锁，确保土地经营权流转农户在经济、政治、文化、社会组织与网络、社会保障、教育、空间等各个方面获得良好待遇，以解决农户的后顾之忧。

第十，农村土地经营权流转情境下，考虑节点之间关系的权重，并考虑节点之间关系方向的辨识机制，更有利于有效辨识头羊（意见领袖）。

第十一，农村土地经营权流转信息传播中，头羊（意见领袖）可能是具有非正式权威的族长或乡贤等，因而不能顾此失彼。同时，考虑到技术和数理上的分析可能存在的缺陷，可通过定量分析技术，并结合日常观察法、内容分析方法、关键人物访谈法等定性分析技术，达到辨识农村土地经营权流转实践中头羊（意见领袖）的目的。

第十二，农村土地经营权流转实践中，应积极与头羊（意见领袖）进行沟通，通过头羊（意见领袖）向村民传达关于农村土地经营权流转的正确信息，防止错误的信息扩散，从而有效地引导农村土地经营权流转实践。

第三节　研究创新

本书的特色与创新之处在于探索性地将羊群行为理论与农村土地经营

权流转问题相结合,创新性地探析农村土地经营权流转中农户羊群行为的机理与规律。本书的具体特色与创新之处如下:

第一,研究选题创新。从研究选题上看,探究农村土地经营权流转中农户羊群行为这一非经济因素的研究并不多见。在以往研究农村土地经营权流转问题的文献中,大多只考虑经济因素,尚未足够充分关注农村土地经营权流转中农户羊群行为问题。本书从理论与实证层面,探究农村土地经营权流转中的农户羊群行为现象、机理及影响效应问题,有助于形成探索农村土地经营权流转问题的新构架。

第二,研究视角创新。从研究视角上看,以群体视角探索农村土地经营权流转问题的研究还是比较缺乏。不同于以往大多数研究将农村土地经营权流转问题看作单一农户家庭的问题,本书将农村土地经营权流转问题看作一个相互关联又相对独立的农户群体所要面对的问题,对于现有研究是有益的补充。这种群体视角,源于中国农村的"乡土社会"特征,正式制度和非正式制度共同影响着农村经济社会生活。

第三,研究构架创新。从研究构架上看,形成了农村土地经营权流转中从农户"羊群行为现象"到"羊群行为机理"到"羊群行为影响效应"再到"头羊(意见领袖)"的理论与实证框架,有利于完整地探讨农村土地经营权流转中的农户羊群行为现象、机理、影响效应及头羊(意见领袖)问题,从而能够系统性地把握农村土地经营权流转中农户羊群行为的机理与规律。

第四,研究内容创新之一。从研究内容上看,在研究模块1(农村土地经营权流转中的农户羊群行为现象:扩散效应)中进行了理论创新和模型创新。创新地运用传染病学理论,构建农村土地经营权流转的扩散模型,以考察农户自身固有倾向或实际需要、已流转农户数量的影响效应问题,并利用实地调查数据进行实证研究,从而有效揭示农村土地经营权流转中农户羊群行为现象存在与否的问题,这必将同时丰富与发展传染病学理论、羊群行为理论和农村土地经营权流转理论,并获得有效指导农村土地经营权流转制度创新的理论与实践依据。

第五,研究内容创新之二。从研究内容上看,在研究模块2(农村土地经营权流转中的农户羊群行为机理:社会网络信息的作用)中进行了理论创新和模型创新。创新性地运用决策树理论,构建农村土地经营权流转的决策树模型,以考察社会网络信息(亲戚朋友参与数量和其他农户参与数量)对农村土地经营权流转信息成本与农村土地经营权流转之间关系的影响效应问题,提出理论假设,并利用实地调查数据进行实证研究,从而有效揭示农村土地经营权流转中农户羊群行为的机理问题,这必将同时丰富与发展决策树理论、羊群行为理论和农村土地经营权流转理论,并获得有效指导农村土地经营权流转制度创新的理论与实践依据。

第六,研究内容创新之三。从研究内容上看,在研究模块 3(农村土地经营权流转中的农户羊群行为机理:私人信息还是公共信息)中进行了理论创新和模型创新。创新地运用信息瀑布理论,构建农村土地经营权流转的信息瀑布模型,以考察私人信息和公共信息对农村土地经营权流转的影响机制,提出理论假设,并利用实地调查数据进行实证研究,从而有效揭示农村土地经营权流转中农户羊群行为的机理问题,这必将同时丰富与发展信息瀑布理论、羊群行为理论和农村土地经营权流转理论,并获得有效指导农村土地经营权流转制度创新的理论与实践依据。

第七,研究内容创新之四。从研究内容上看,在研究模块 4(农村土地经营权流转中农户羊群行为的影响因素、影响结果及后续效应)中进行了理论创新和模型创新。创新地运用结构方程模型,构建农村土地经营权流转中农户"羊群行为影响因素"到"羊群行为维度结构"到"羊群行为影响结果"再到"羊群行为后续效应"的结构方程模型,提出理论假设,并利用实地调查数据进行实证研究,从而有效揭示农村土地经营权流转中农户的认知心理变化过程,并把握农村土地经营权流转中农户羊群行为的影响效应问题,这必将同时丰富与发展结构方程模型理论、羊群行为理论和农村土地经营权流转理论,并获得有效指导农村土地经营权流转制度创新的理论与实践依据。

第八,研究内容创新之五。从研究内容上看,在研究模块 5[农村土地经营权流转中的头羊(意见领袖)]中进行了理论创新和模型创新。创新地运用通过构造有向加权关系网络和综合点势评估方法以确定不同节点,包括头羊(意见领袖)在农村土地经营权流转中的重要性,利用元胞自动机理论来构建信息演化模型以反映节点(元胞),包括头羊(意见领袖)在农村土地经营权流转信息演化中的影响作用,并通过"五阶段"纵向调查方法来收集浙江省嘉兴市秀洲区新塍镇 LRQ 村 DJD 的数据进行实证研究,这必将同时丰富与发展社会网络理论、羊群行为理论、头羊(意见领袖)理论和农村土地经营权流转理论,并获得有效指导农村土地经营权流转制度创新的理论与实践依据。

第九,研究方法创新。从研究方法上看,在研究过程中综合运用理论分析与实地研究的方法。理论分析方法与实地研究方法的综合运用是趋势,因为综合运用理论分析方法与实地研究方法可以弥补研究方法和资料上的不足,可以更深层次揭示问题的本质和规律。本书运用传染病学理论、决策树理论、社会网络理论、信息瀑布理论、结构方程模型等构建农村土地经营权流转中农户羊群行为的理论模型,并通过实地研究对理论模型进行实证检验,从而有利于深层次把握农村土地经营权流转中农户羊群行为的机理与规律问题。

第四节 研究局限与展望

一、研究局限

尽管本书的研究结论具有重要的理论与实践启示意义,但仍然存在一定的局限性。

首先,本项目的实地调查数据均来自浙江省嘉兴市,有可能受到地域、经济、文化等因素的影响。因此,从这一层面看,研究结果可能不一定具有广泛的适用性。然而,本项目中的研究对象均为农户,面对的均是农村土地经营权流转问题,且具有相似的中国农村乡土背景,因此,以浙江省嘉兴市为调查地点,仍然具有代表性。

其次,尽管本书的实地调查中反复强调本次调查的目的是学术研究,并确保被测试者资料的保密性,但不可避免地存在社会期许的偏见效应(social desirability bias effects)(Konrad,Linnehan,1995)。出于种种原因,农户在自我评价时可能会以社会较认可的方式做出评价反应,从而使自己或别人看起来更适合社会需要,从而能够更好地保护自己和家人。

最后,模块 2、模块 3、模块 4 和模块 5 中采取自我报告数据的方法容易导致同源误差问题(common method variance)。同源误差问题导致变量间协方差数据可能不能体现客观规律,从而无法反映变量间的真实关系。然而,本书在实地调查中,尽可能延长调查工作时间,帮助农户完全理解调查问卷中的所有问题,确保农户做出良好的判断。因此,本书的同源方差问题可能并不严重。

二、研究展望

本书尽管以浙江省嘉兴市为调查地点,具备一定的代表性,但应在具备经费和时间充分的条件下适当扩大调查区域,以检验研究结果的普适性。

根据《农业农村部关于商请确定农村集体产权制度改革试点有关事项的函》（农经函〔2018〕2号），可选取以下农村集体产权制度改革试点——天津（武清区）、河北（石家庄市、邯郸市）、山西（大宁县）、内蒙古（包头市）、黑龙江（哈尔滨市）、江苏（扬州市）、浙江（宁波市、湖州市）、福建（漳州市、福州市）、河南（鹤壁市）、湖南（株洲市）、湖北（荆门市）、重庆（万州区）、云南（玉溪市）、陕西（杨凌农业高新技术产业示范区）、贵州（贵阳市）和新疆（阿克苏市）为进一步研究的调查区域。

参考文献

Adler P A, Adler P, 1984. The Social Dynamics of Financial Markets [M]. Greenwich, CT: Jal Press.

Anderson L R, Holt C A, 1997. Information cascades in the laboratory [J]. The American Economic Review, 87(5), 847-862.

Andrews K M, Delahaye B L, 2000. Influences on knowledge process in organizational learning: The psychosocial filter [J]. Journal of Management Studies, 37(6): 797-810.

Arthur Y, 2011. The Farmer's Guide in Hiring and Stocking Farms [M]. Charlestion: Nabu Press.

Asch S E, 1956. Studies of independence and conformity: A majority of one against a unanimous majority [J]. Psychological Monographs: General and Applied, 70(9): 1-70.

Avery C, Zemsky P, 1998. Multidimensional uncertainty and herd behavior in financial markets [J]. The American Economic Review, 88(4): 724-748.

Bandiera O, Rasul I, 2006. Social networks and technology adoption in Northern Mozambique [J]. The Economic Journal, 116 (514): 869-902.

Banerjee A V, 1992. A simple model of herd behavior [J]. The Quarterly Journal of Economies, 107(3): 797-817.

Becker G, Murphy K, 2000. Social Economics: Market Behavior in a Social Environment [M]. Boston: Harvard University Press.

Bernardo A, Welch I, 2001. On the evolution of overconfidence and entrepreneurs [J]. Journal of Economics and Management Strategy, 10(3): 301-330.

Bhattacherjee A, Premkumar G, 2004. Understanding changes in belief and attitude toward information technology usage, a theoretical model and longitudinal test [J]. MIS Quarterly, 28(2): 229-254.

Bikhchandani S, Hirshleifer D, Welch I, 1992. A theory of fads, fashion, custom, and cultural change as informational cascades [J]. Journal of Political Economy, 100(5): 992-1026.

Bikhchandani S, Sharma S, 2001. Herd behavior in financial markers [J]. IMF Staff Papers, 47(3): 279-310.

Carthy N, Janvry A D, Sadoulet E, 1998. Land allocation under dual individual collective use [J]. Journal of Development Economics, 56 (2): 239-264.

Chiang T C, Zheng D Z, 2010. An empirical analysis of herd behavior in global stock markets [J]. Journal of Banking & Finance, 34 (8): 1911-1921.

Christie W G, Huang R D, 1995. Following the pied piper: Do individual returns herd around the marker? [J]. Financial Analysts Journal, 51 (4): 31-37.

Clouser Mccann P J, Shipan C R, Volden C, 2015. Top-down federalism: State policy responses to national government discussions [J]. Publius: The Journal of Federalism, 45(4): 495-525.

Coase R H, 1960. The problem of social cost [J]. The Journal of Law & Economics, 3: 1-44.

Cohen J, Cohen P, West S G, et al. , 2003. Applied Multiple Regression/ Correlation Analysis for the Behavioral Science [M]. Mahwah, New Jersey: Lawrence Erlbaum Associates Publishers.

Cote J M, Sanders D L, 1997. Herding behavior: Explanations and implications [J]. Behavioral Research in Accounting, 9(1): 20-45.

Dawson J F, 2014. Moderation in management research: What, why, when and how [J]. Journal of Business and Psychology, 29(1): 1-19.

Deininger K, Jin S Q, Yadav V, 2008. Impact of land reform on productivity, Land value and human capital investment: Household level evidence from West Bengal [C]. The American Agricultural Economics Association Annual Meeting, Orlando FL.

Devenow A, Welch I, 1996. Rational herding in financial economics [J]. European Economic Review, 40(3): 603-615.

Diez Canedo J M, Jaramillo S M, 2009. A network model of systemic risk: Stress testing the banking system [J]. Intelligent Systems in Accounting, Finance and Management, 16(1/2):87-110.

Durlauf S N, Young H P, 2001. Social dynamics [J]. Boston: MIT Press.

Ellison G, Fudenberg D, 1993. Rules of thumb for social learning [J]. Journal of Political Economy, 101(4): 612-643.

Ellison G, Fudenberg D, 1995. Word of mouth communication and social learning [J]. Quarterly Journal of Economics, 110(1): 93-125.

Falk R F, Miller N B, 1992. A Primer for Soft Modeling [M]. Ohio: The University of Akron Press.

Foster A D, Rosenzweig M R, 1995. Learning by doing and learning from others: Human capital and technical change in agriculture [J]. Journal of Political Economy, 103(6): 1176-1209.

Garccia E. A Tutorial on Correlation Coefficients [EB/OL]. (2010-06-08) [2011-01-08]. http://web. simmons. edu/ * benoit/lis642/a-tutorial-on-correlation-coefficients. pdf.

Gray V, 1973. Innovation in the states: A diffusion study [J]. The American Political Science Review, 67(4): 1174-1185.

Henderson J V, Thesse J F, 2004. Handbook of Regional and Urban Economics [M]. Amsterdam: North Holland.

Hill A L, Rand D G, Nowak M A, et al. , 2010. Emotions as infectious diseases in a large social network: The SISa model [J]. Proceedings: Biological Sciences, 277(1701): 3827-3835.

Hirshleifer D A, Subrahmanyam A, Titman S, 1994. Security analysis and trading patterns when some investors receive information before others [J]. Journal of Finance, 49(5): 1665-1698.

Hirshleifer D A, Teoh S H, 2003. Herd behavior and cascading in capital markets: A review and synthesis [J]. European Financial Management, 9(1): 25-66.

Hulland J, 1999. Use of partial least squares (PLS) in strategic management research: A review of four recent studied [J]. Strategic Management Journal, 20(2): 195-204.

Jackson M O, 2008. Social and Economic Networks [M]. New Jersey:

Princeton University Press.

Kim S S, 2009. The integrative framework of technology use, an extension and test [J]. MIS Quarterly, 33(3): 513-537.

Kinoshita Y, Mody A, 2001. Private information for foreign investment in emerging countries [J]. Canadian Journal of Economics, 34 (2): 448-464.

Kleinbaum D G, 1994. Logistic Regression: A Self-Learning Text [M]. New York: Springer Verlag.

Konrad A M, Linnehan F, 1995. Formalized HRM structures: Coordinating equal employment opportunity or concealing organization practice [J]. Academy of Management Journal, 38(3): 787-820.

Krusekopf C C, 2002. Diversity in land-tenure arrangement under the household responsibility system in China [J]. China Economic Review, 13(2-3): 297-312.

Kuran T, 1987. Preference falsification, policy continuity and collective conservatism [J]. Economic Journal, 97: 642-665.

Kuran T, 1989. Sparks and prairie fires: A theory of unanticipated political revolution [J]. Public Choice, 61(1): 41-74.

Lazarsfeld P F, Berelson B, Gaudet H, 1948. The People's Choice: How the Voter Makes up His Mind in a Presidential Campaign [M]. New York: Columbia University Press.

Manski C F, 2000. Economic analysis of social interactions [J]. The Journal of Economic Perspectives, 14(3): 115-136.

Matsumura N, 2005. Collaborative communication strategies in online community[C]. Proceedings of the Fourth International Workshop on Social Intelligence Design SID2005, Stanford, Stanford University.

Moreno J L, 1933. Psychological and social organization of groups in the community [J]. Proceeding & Addresses. American Association on Mental Deficiency, 38: 224-242.

Nahapiet J, Ghoshal S, 1998. Social capital, intellectual capital and the organizational advantage [J]. Academy of Management Review, 23 (2): 242-266.

Nofsinger J R, Sias R D, 1999. Herding and feedback trading by institutional and individual investors [J]. Journal of Finance, 54(6): 2263-2295.

Oliver R L, Desarbo W S, 1998. Responses determinants in satisfaction judgments [J]. Journal of Consumer Research, 14(4): 495-507.

Parthasarathy M, Bhattacherjee A, 1998. Understanding post-adoption behavior in the context of online services [J]. Information Systems Research, (4): 362-379.

Paxton P, 1999. Is social capital declining in the United States? A multiple indicator assessment [J]. American Journal of Sociology, 105(1): 88-127.

Petter S, Straub D, Rai A, 2007. Specifying formative constructs in information system research [J]. MIS Quarterly, 31(4): 623-656.

Pfeffer J, Salancik G, 1978. The External Control of Organization: A Resource Dependence Perspective [M]. New York: Haper & Row.

Quinlan J R, 1987. Simplifying decision trees [J]. International of Man-machine studies, 27(3): 221-234.

Ralph O M, 1997. Structural equation modeling: Back to basics [J]. Structural Equation Modeling: A Multidisciplinary Journal, 4(4): 353-369.

Rao H, Greve H R, Davis G F, 2001. Fool's gold: Social proof in the initiation and abandonment of coverage by Wall Street analysts [J]. Administrative Science Quarterly, (3): 502-526.

Rogers D E M, 2003. Diffusion of Innovations[M]. 5th ed. New York: Simon and Schuster.

Ruth R, 1997. Using structural equation modeling to test for differential reliability and validity: An empirical demonstration [J]. Structural Equation Modeling: A Multidisciplinary Journal, 4(4): 353-369.

Scharfstein D S, Stein J C, 1990. Herd behavior and investment [J]. The American Economic Review, 80(3): 465-479.

Shiller R J, 1995. Conversation, information and herd behavior [J]. American Economic Review, 85(2): 181-185.

Stone G D, Flachs A, Diepenbrock C, 2014. Rhythms of the herd: Long term dynamics in seed choice by Indian farmers [J]. Technology in Society，36(2)：26-38.

Tsui A，Ashford S，Clair L，et al.，1995. Dealing with discrepant expectations：Response strategies and managerial effectiveness [J]. Academy of Management Journal，38(6)：1515-1543.

Walden E A，Browne G J，2009. Sequential adoption theory：A theory for understanding herding behavior in early adoption of novel technology [J]. Journal of the Association for Information System，10 (1)：177-195.

Walker J L，1969. The diffusion of innovations among the American States [J]. The American Political Science Review，63(3)：880-899.

Wang J Y，Xin L J，Wang Y H，2020. How farmers' non-agricultural employment affects rural land circulation in China? [J]. Journal of Geographical Science，30(6)：378-400.

Wermers R，1999. Mutual fund herding and the impact on stock prices [J]. Journal of Finance，54(2)：581-622.

Xin D，Xu D D，Zeng M，et al.，2019. Does early-life famine experience impact rural land transfer? Evidence from China [J]. Land Use Policy，81(3)：58-67.

Ye J Z，2015. Land transfer and the pursuit of agricultural modernization in China [J]. Journal of Agrarian Change，15(3)：314-337.

Zanella G，2004. Social interactions and economic behavior [R/OL]. Working Paper，Department of Economics，University of Siena.

Zimmermann H J，2000. An application-oriented view of modeling uncertainty [J]. European Journal of Operational Research，122(2)：190-198.

巴泽尔，1997. 产权的经济分析 [M]. 费方域,段毅才,译. 上海：上海人民出版社.

拜茹，2019. 适度规模经营何以可能? ——基于农村老年人土地流转意愿的角度[J]. 华中农业大学学报(社会科学版) (2)：144-152.

边燕杰,1998. 找回强关系:中国的间接关系、网络桥梁和求职[J]. 国外社会学 (2)：50-65.

布赖,1987. 行为心理学入门[M]. 陈维正,龙葵,译. 成都：四川人民出版社.

蔡洁,夏显力,2017. 关天经济区农户农地流转行为研究[J]. 中国人口·资源与环境,27(4):32-40.

蔡荣,朱西慧,刘婷,等,2018. 土地流转对农户技术效率的影响[J]. 资源科学,40(4):707-718.

常志强,2010. 农户土地利用行为及其绩效研究——以博尔塔拉蒙古自治州为例[D]. 乌鲁木齐:新疆农业大学.

陈成文,赵锦山,2008. 农村社会阶层的土地流转意愿与行为选择研究[J]. 湖北社会科学(10):38-40,83.

陈楚,2017. 农村土地承包经营权流转问题及对策研究[D]. 湘潭:湖南科技大学.

陈丹,任远,戴严科,2017. 农地流转对农村劳动力乡城迁移意愿的影响[J]. 中国农村经济(7):56-71.

陈飞,翟伟娟,2015. 农户行为视角下农地流转诱因及其福利效应研究[J]. 经济研究(10):163-177.

陈靖,2013. 进入与退出:"资本下乡"为何逃离种植环节——基于皖北黄村的考察[J]. 华中农业大学学报(社会科学版)(2):31-37.

陈姝洁,马贤磊,陆凤平,等,2015. 中介组织作用对农户农地流转决策的影响——基于经济发达地区的实证研究[J]. 中国土地科学,29(11):48-55.

陈锡文,2011. 当前我国农业农村发展的几个重要问题[J]. 南京农业大学学报(社会科学版),11(1):1-6.

陈雪婷,黄炜虹,齐振宏,等,2019. 农户土地经营权流转意愿的决定:成本收益还是政策环境?——基于小农户和种粮大户分化视角[J]. 中国农业大学学报,24(2):191-201.

陈奕山,钟甫宁,纪月清,2017. 为什么土地流转中存在零租金?——人情租视角的实证分析[J]. 中国农村观察(4):43-56.

丁洁琼,2018. "三权分置"下的农村土地承包权有偿退出机制研究[D]. 南昌:江西财经大学.

董志勇,2009. 行为金融学[D]. 北京:北京大学出版社.

段力誌,2011. 农村土地流转问题研究——以重庆城乡统筹试验区为例[D]. 重庆:重庆大学.

费孝通,2005. 乡土中国[M]. 北京:北京出版社.

冯广京,2015. 关于土地科学学科视角下"土地(系统)"定义的讨论[J]. 中国土地科学,29(12):1-10.

付振奇,陈淑云,2017. 组织干预还是个体主导:对农户土地经营权流转行为效果的研究——基于1025个农户流转租金价格与满意度的分析[J]. 开放时代(4):177-190.

高庆鹏,胡拥军,2013. 集体行动逻辑、乡土社会嵌入与农村社区公共产品供给——基于演化博弈的分析框架[J]. 经济问题探索(1):6-14.

高晓红,2000. 论我国建立现代企业制度的理论基础——兼比较马克思产权理论与西方产权理论[J]. 长白学刊(6):51-53.

龚映梅,吕梦晓,2018. 农村代际流动对土地流转的影响[J]. 华南农业大学学报(社会科学版)17(4):75-83.

关艳,2011. 农村土地流转市场的交易成本经济学分析[J]. 经济问题(4):17-20.

郭斌,魏阁宏,占绍文,2013. 农村土地流转交易关系中流出方续约倾向研究——基于社会网络理论和渠道行为理论[J]. 会计与经济研究,27(1):78-84.

何欣,蒋涛,郭良燕,等,2016. 中国农地流转市场的发展与农户流转农地行为研究——基于2013—2015年29省的农户调查数据[J]. 管理世界(6):79-89.

洪名勇,龚丽娟,洪霓,2016. 农地流转农户契约选择及机制的实证研究——来自贵州省三个县的经验证据[J]. 中国土地科学,30(3):12-19.

洪名勇,关海霞,2012. 农户土地流转行为及影响因素分析[J]. 经济问题(8):72-77.

胡海峰,宋李,2010. 我国证券投资基金羊群行为的实证研究[J]. 北京师范大学学报(社会科学版)(5):109-117.

胡江洪,2006. 基于决策树的分类算法研究[D]. 武汉:武汉理工大学.

胡金焱,宋唯实,2018. 网络借贷中羊群效应的存在性、驱动机制与投资者投资效率[J]. 经济理论与经济管理(3):57-71.

胡良平,2001. 实用统计分析教程[M]. 北京:军事医学科学出版社.

胡霞,丁浩,2015. 农地流转影响因素的实证分析——基于CHIPS 8000农户数据[J]. 经济理论与经济管理(5):17-25.

胡新艳,洪炜杰,2019. 劳动力转移与农地流转:孰因孰果?[J]. 华中农业大学学报(社会科学版)(1)：137-145.

华生，2013. 城市化转型与土地陷阱[M]. 北京：东方出版社.

黄建伟，刘文可，陈美球，等，2017. 中国农地流转研究述评：20年文献回顾与展望——基于社会网络分析技术[J]. 中国土地科学，31(3)：80-88.

黄婉如，2011. 失地过程农民的利益主张——我国东南沿海一个村庄的案例[D]. 济南：山东大学.

黄宇虹，樊纲治，2017. 土地经营权流转与农业家庭负债状况[J]. 金融研究(12)：95-110.

冀县卿，钱忠好，葛轶凡，2015. 如何发挥农业补贴促进农户参与农地流转的靶向作用——基于江苏、广西、湖北、黑龙江的调查数据[J]. 农业经济问题(5)：48-55.

贾蕊，陆迁，2018. 土地流转促进黄土高原区农户水土保持措施的实施吗？——基于集体行动中介作用与政府补贴调节效应的分析[J]. 中国农村经济(6)：38-54.

江永红，程杨洋，2019. 家庭负担是农地流转的约束吗[J]. 农业技术经济(4)：43-54.

姜爱林，2000. 论土地的概念与特征[J]. 国土资源科技管理，17(3)：10-15.

蒋多，徐富明，陈雪玲，等，2010. 资本市场中投资者羊群行为的心理机制及其影响因素[J]. 心理科学进展(5)：810-818.

蒋永甫，杨祖德，韦赟，2015. 农地流转过程中村干部的行为逻辑与角色规范[J]. 华中农业大学学报(社会科学版)(1)：115-122.

焦玉良，2005. 鲁中传统农业区农户土地流转意愿的实证研究[J]. 山东农业大学学报(社会科学版)，7(1)：82-86.

居新华，2011. 基于羊群效应的投资者跟随行为研究[D]. 上海：东华大学.

科斯，阿尔钦，诺斯，等，1994. 财产权利与制度变迁——产权学派与新制度学派译文集[M]. 上海：上海人民出版社.

科斯，诺思，威廉姆斯，等，2005. 制度、契约与组织——从新制度经济学角度的透视[M]. 刘刚，冯健，杨其静，等译. 北京：经济科学出版社.

孔祥智，徐珍源，2010. 转出土地农户选择流转对象的影响因素——基于综合视角的实证分析[J]. 中国农村经济(12)：17-25,67.

匡远配，陆钰凤，2018. 我国农地流转"内卷化"陷阱及其出路[J]. 农业经济问题(9)：33-43.

匡远配，周丽，2018. 农地流转与农村减贫——基于湖南省贫困地区的检验[J]. 农业技术经济(7)：64-70.

兰斯·戴维斯，道格拉斯·诺思，2018. 制度变迁与美国经济增长[M]. 张志华，译. 上海：格致出版社.

乐章，2010. 农民土地流转意愿及解释——基于十省份千户农民调查数据的实证分析[J]. 农业经济问题(2)：64-70.

勒庞，2011. 乌合之众：大众心理研究[M]. 2版.戴光年，译. 北京：新世界出版社.

黎翠梅，李英，刘颖，2019. 农民工市民化进程中农地经营权资本化退出意愿研究[J]. 农村金融研究(4)：72-77.

李昊，李世平，南灵，2017. 中国农户土地流转意愿影响因素——基于29篇文献的 Meta 分析[J]. 农业技术经济 (7)：78-93.

李慧，2008. 农村土地流转的主要障碍分析[J]. 中国集体经济(27)：21-22.

李金宁，刘凤芹，杨婵，2017. 确权、确权方式和农地流转——基于浙江省522户农户调查数据的实证检验[J]. 农业技术经济(12)：14-22.

李宁，蔡荣，李光勤，2018. 农户的非农就业区域选择如何影响农地流转决策？——基于成员性别与代际分工的分析视角[J]. 公共管理学报，15(2)：93-103.

李琴，李大胜，李承政，2015. 家庭农地禀赋与农地流转决策——基于非线性关系的考察[J]. 浙江社会科学(10)：19-28.

李星光，刘军弟，霍学喜，2016. 关系网络能促进土地流转吗？——以1050户苹果种植户为例[J]. 中国土地科学，30(12)：45-53.

廖沛玲，赵健，夏显力，2018. 农地转出前后农户福利变化及差异研究——以关天经济区政府主导型农地流转为例[J]. 资源科学，40(7)：1354-1364.

林善浪，叶炜，梁淋，2018. 家庭生命周期对农户农地流转意愿的影响研究——基于福建省1570份调查问卷的实证分析[J]. 中国土地科学，32(3)：68-73.

林文声，秦明，苏毅清，等，2017. 新一轮农地确权何以影响农地流转？——来自中国健康与养老追踪调查的证据[J]. 中国农村经济(7)：29-43.

刘海月，黄玲，刘诗奕，等，2018. 中国企业 OFDI 羊群行为——基于中国制造业上市公司的实证研究[J]. 财经科学(12)：41-52.

刘勤，2012. 社会风险视角下的农村土地流转及其制度建构[J]. 创新，6(1)：113-116.

刘瑞峰，梁飞，王文超，等，2018. 农村土地流转差序格局形成及政策调整方向——基于合约特征和属性的联合考察[J]. 农业技术经济(4)：27-43.

刘同山，2018. 农地流转不畅对粮食产量有何影响？——以黄淮海农区小麦生产为例[J]. 中国农村经济(12)：103-116.

刘卫柏，李中，2011. 新时期农村土地流转模式的运行绩效与对策[J]. 经济地理，31(2)：300-304.

刘晓霞，周军，2009. 我国农村土地流转中存在的问题及其对策[J]. 当代经济研究(10)：64-66.

刘亚，2012. 农民社会网络及其对信息交流的影响[J]. 图书情报工作，56(8)：47-55.

刘阳，2015. 基于社会网络理论的家庭活动——出行行为决策机制研究[D]. 昆明：昆明理工大学.

刘颖，南志标，2019. 农地流转对农地与劳动力资源利用效率的影响——基于甘肃省农户调查数据的实证研究[J]. 自然资源学报，34(5)：957-974.

卢红岩，2009. 基于新制度经济学的中国农村土地制度变迁研究[D]. 郑州：河南大学.

陆继霞，2017. 农村土地流转研究评述[J]. 中国农业大学学报(社会科学版)，34(1)：29-37.

陆益龙，张龙，2018. 农村土地流转中优先权的实践建构——对河北定州一农地流转案例的分析[J]. 南京农业大学学报(社会科学版)，18(6)：109-117,160-161.

罗必良，何应龙，汪沙，等，2012. 土地承包经营权：农户退出意愿及其影响因素分析——基于广东省的农户问卷[J]. 中国农村经济(6)：4-19.

罗必良，2017. 科斯定理：反思与拓展——兼论中国农地流转制度改革与选择[J]. 经济研究，52(11)：178-193.

罗必良，2015. 农业共营制：新型农业经营体系的探索与启示[J]. 社会科学家(5)：7-12.

罗家德，2010. 社会网络分析讲义(第二版)[M]. 北京：社会科学文献出版社.

罗琦，罗明忠，刘恺，2016. 模仿还是原生？——农民创业选择中的羊群效应[J]. 农村经济(10)：99-105.

马克思，1975. 资本论：第三卷[M]. 中共中央马克思、恩格斯、列宁、斯大林著作编译局，译. 北京：人民出版社.

马茜，2017. 社会网络中的节点影响力度量和 k-节点集的影响力最大化问题研究[D]. 济南：山东大学.

米传民，刘思峰，米传军，2007. 基于 SEIRS 模型的企业集团内部危机扩散研究[J]. 中国管理科学(z1)：724-728.

闵敏，2019. 同业钱荒、羊群效应与头羊识别——基于银行间线上资金高频逐笔询价大数据的实证分析[J]. 国际金融研究(2)：66-76.

尼茨坎普，2001. 区域和经济学手册[M]. 北京：经济科学出版社.

聂英，聂鑫宇，2018. 农村土地流转增值收益分配的博弈分析[J]. 农业技术经济(3)：122-132.

欧阳煌，李思，2016. 创新扩散、制度网络与专业合作社发展——基于小世界网络视角[J]. 中国农村经济(8)：82-95.

彭红枫，林川，2018. 学习与模仿：众筹融资市场中的理性与非理性羊群行为[J]. 东南大学学报(哲学社会科学版)(5)：91-103.

彭诗韵，2017. 农村土地经营权流转中农民权益流失风险及防范研究[D]. 湘潭：湖南科技大学.

彭妍，刘璐，周丽，2018. 农地流转影响因素的差异——以湖南省贫困地区与非贫困地区为例[J]. 湖南农业科学(6)：113-117.

钱龙，洪名勇，龚丽娟，等，2015. 差序格局、利益取向与农户土地流转契约选择[J]. 中国人口·资源与环境，25(12)：95-104.

钱龙，洪名勇，刘洪，2015. 差序格局视角下的农地流转契约选择[J]. 西北农林科技大学学报(社会科学版)，15(4)：47-54.

钱龙，钱文荣，2017. 社会资本影响农户土地流转行为吗？——基于 CFPS 的实证检验[J]. 南京农业大学学报(社会科学版)，17(5)：88-99.

钱忠好，冀县卿，2016. 中国农地流转现状及其政策改进——基于江苏、广西、湖北、黑龙江四省(区)调查数据的分析[J]. 管理世界(2)：71-81.

钱忠好，2002. 农村土地承包经营权产权残缺与市场流转困境：理论与政策分析[J]. 管理世界(6)：35-45.

钱忠好，2003. 农地承包经营权市场流转：理论与实证分析——基于农户层面的经济分析[J]. 经济研究(2)：83-91,94.

钱忠好，王兴稳，2016. 农地流转何以促进农户收入增加——基于苏、桂、鄂、黑四省(区)农户调查数据的实证分析[J]. 中国农村经济(10)：39-50.

青木昌彦，2003. 沿着均衡点演进的制度变迁[M]//科斯，诺思，威廉姆森，等. 制度、契约与组织——从新制度经济学角度的透视. 北京：经济科学出版社.

申明浩，宋剑波，2008. 基于报酬合约的经理人羊群行为研究. 经济学(季刊)(3)：1013-1028.

石冬梅，2013. 非对称信息条件下的农村土地流转问题研究——以河北省农村土地流转为例[D]. 保定：河北农业大学.

史常亮，栾江，朱俊峰，2016. 土地流转促进了农地资源的优化配置吗？——基于8省858个农户样本的经验分析[J]. 西北工业大学学报(社会科学版)，36(4)：20-29.

斯密，1988. 国民财富的性质和原因研究[M]. 郭大力，王亚南，译. 北京：商务印书馆.

宋聪，2017. "三权分离"下农村土地流转的问题研究——以济宁市鱼台县为例[D]. 乌鲁木齐：新疆大学.

宋伟，任大延，2011. 基于结构洞理论的农户农地流转行为研究[J]. 中国农学通报，27(8)：411-414.

苏岚岚，何学松，孔荣，2018. 金融知识对农民农地流转行为的影响——基于农地确权颁证调节效应的分析[J]. 中国农村经济(8)：17-31.

孙小龙，郭沛，2016. 风险规避对农户农地流转行为的影响——基于吉鲁陕湘4省调研数据的实证分析[J]. 中国土地科学，30(12)：35-44.

托马斯，诺斯，1999. 西方世界的兴起[M]. 厉以平，蔡磊，译. 北京：华夏出版社.

汪军民，2007. 论财产权利配置的法经济学原理[J]. 经济与管理研究(4)：92-96.

汪姝邑，2016. 论"三权分置"背景下农地经营权流转的利益冲突与协调[D]. 重庆：西南政法大学.

王安春，2011. 农村土地流转存在的问题及对策分析[J]. 改革与战略，27(1)：101-103.

王欢，2018. 农户分化视角下土地流转行为及影响因素研究——以西安市郊区为例[D]. 西安：西北大学.

王济川，郭志刚，2001. Logistic 回归模型：方法与应用[M]. 北京：高等教育出版社.

王劲屹，2019. 农地流转运行机制、绩效与逻辑研究——一个新的理论分析框架[J]. 公共管理学报，16(1)：138-152.

王祥玉，张红霞，徐静文，等，2020. 农地流转契约对流转农户收入的影响分析[J]. 南京林业大学学报（自然科学版）(5)：205-214.

王兴稳，钟甫宁，2009. 土地市场与农民间土地流转：基于江苏兴化市、黑龙江宾县两地调查[J]. 南京农业大学学报（社会科学版），9(1)：1-6.

王雪琪，曹铁毅，邹伟，2018. 地方政府干预农地流转对生产效率的影响——基于水稻种植户的分析[J]. 中国人口·资源与环境，28(9)：133-141.

王雪莹，2010. 公司并购中的"羊群行为"[D]. 天津：天津大学.

王亚运，蔡银莺，2017. 不同主体功能区农户家庭耕地利用功能对土地流转行为的影响[J]. 中国人口·资源与环境，27(7)：128-138.

王亚运，蔡银莺，李海燕，2015. 空间异质性下农地流转状况及影响因素——以武汉、荆门、黄冈为实证[J]. 中国土地科学，29(6)：18-25.

王岩，马贤磊，石晓平，等，2017. 农民土地流转行为决策：一个道义经济的分析视角——基于和田地区 K 村的考察[J]. 干旱区资源与环境，31(8)：82-88.

王宗润，潘城城，2018. 基于动态无标度网络的信息策略与羊群行为演化研究[J]. 中国管理科学(12)：66-77.

吴关芸，万洋，2019. 中国农村土地流转政策变迁的制度逻辑——基于历史制度主义的分析[J]. 青海社会科学(1)：86-94.

吴华，2017. 小城镇发展背景下的农村土地流转研究——以四川省平昌县 Y 镇为例[D]. 临汾：山西师范大学.

吴宣恭，2000. 西方现代产权理论的影响和社会实践：从与马克思主义产权理论的比较看[J]. 学术月刊(2)：35-43.

吴易风，2007. 产权理论：马克思和科斯的比较[J]. 中国社会科学(2)：4-18.

吴玉锋，2012. 农村社会资本与参保决策研究——基于对 3066 个农民的调查[D]. 武汉：华中科技大学.

吴玉锋，吴中宇，2011. 村域社会资本、互动与新农保参保行为研究[J]. 人口与经济(2)：62-68.

伍振军，张云华，孔祥智，2011. 交易费用、政府行为与模式比较：中国土地承包经营权流转实证研究[J]. 中国软科学(4)：175-183.

夏玉莲，匡远配，2017. 农地流转的多维减贫效应分析——基于5省1218户农户的调查数据[J]. 中国农村经济(9)：44-61.

熊维强，宋军，2006. 金融分析师的羊群行为和"逆羊群"行为[J]. 统计与决策(11)：34-35.

徐静，2014. 小农理性、小农从众与政治信任——对新疆Y村搬迁过程的政治学考察[D]. 武汉：华中师范大学.

许恒周，郭忠兴，2011. 农村土地流转影响因素的理论与实证研究——基于农民阶层分化与产权偏好的视角[J]. 中国人口·资源与环境，21(3)：94-97.

许庆，刘进，钱有飞，2017. 劳动力流动、农地确权与农地流转[J]. 农业技术经济(5)：4-16.

薛玉林，吕延杰，齐佳音，等，2014. 运用Floyd算法辨识羊群效应中的"头羊"(意见领袖)[J]. 中国管理科学，22(11)：27-32.

杨继国，黄文义，2017. "产权"新论：基于"马克思定理"的分析[J]. 当代经济研究(12)：5-14.

杨昭熙，杨钢桥，2017. 农地细碎化对农户农地流转决策的影响研究[J]. 中国土地科学，31(4)：33-42,79.

于传岗，2011. 我国农村土地流转方式、流转成本与治理绩效分析[J]. 江汉论坛(6)：82-87.

袁航，段鹏飞，刘景，2018. 关于农业效率对农户农地流转行为影响争议的一个解答——基于农户模型(AHM)与CFPS数据的分析[J]. 农业技术经济(10)：4-16.

曾雅婷，吕亚荣，蔡键，2018. 农地流转是农业生产"非粮化"的诱因吗？[J]. 西北农林科技大学学报(社会科学版)(3)：123-130.

翟黎明，夏显力，吴爱娣，2017. 政府不同介入场景下农地流转对农户生计资本的影响——基于PSM-DID的计量分析[J]. 中国农村经济(2)：2-15.

翟黎明，2018. 政府不同加入场景下农地流转对转出户生计资本的影响——基于PSM-DID模型的估计[D]. 西安：西北农林科技大学.

张博，2016. 社会网络、家庭创业与金融决策——基于中国城乡差异视角的实证研究[D]. 济南：山东大学.

张峰，胡锟，杨霓，2019. 企业研发的"羊群效应"及其负面影响[J]. 科学学研究，37(3)：484-491.

张桂颖，2017. 基于社会嵌入视角的农户农地流转问题研究[M]. 长春：吉林大学.

张桂颖，2018. 吉林省土地流转农户生计变化现状及满意度分析[J]. 江苏农业科学(18)：347-350.

张桂颖，吕东辉，2017. 乡村社会嵌入与农户农地流转行为——基于吉林省936户农户调查数据的实证分析[J]. 农业技术经济(8)：57-66.

张红宇，石薛，2002. 中国农村土地调整与使用权流转：几点评论[J]. 管理世界(5)：76-87.

张宏永，2011. 烟农种植规模效率研究——以福建省为例[D]. 福州：福建农林大学.

张锦华，刘进，许庆，2016. 新型农村合作医疗制度、土地流转与农地滞留[J]. 管理世界(1)：99-109.

张良悦，2010. 土地流转的基本含义与政府行为[J]. 农村经济(3)：27-29.

张瑞娟，2017. 农村人口老龄化影响土地流转的区域差异及比较[J]. 农业技术经济(9)：14-23.

张顺明，叶军，2009. 后悔理论述评[J]. 系统工程(2)：45-50.

张溪，2017. 契约选择与农村土地经营权流转模式的创新研究——基于交易成本和农户选择的视角[D]. 济南：山东大学.

张旭，侯光明，2018. 双口碑效应下新产品扩散研究——以电影为例[J]. 中国管理科学(10)：79-88.

张亚丽，白云丽，甄霖，等，2019. 新农保能促进农户土地流转吗？——基于CHARLS三期面板数据[J]. 自然资源学报，34(5)：1016-1026.

张益丰，韩杰，王晨，2019. 土地流转、农业适度规模化及农户增收的多维度检视——基于三省584户农业经营户调研数据的实证研究[J]. 经济学家(4)：89-102.

张占锋，2017. 农地流转制度的现实困惑与改革路径[J]. 西北农林科技大学学报(社会科学版)，17(1)：23-38.

张璋，周海川，2017. 非农就业、保险选择与土地流转[J]. 中国土地科学，31(10)：42-52.

赵铮，2016. 分析师羊群行为、信息传递与资产定价[D]. 天津：天津大学.

中共中央马克思、恩格斯、列宁、斯大林著作编译局，1972. 马克思恩格斯选集：第二卷[M]. 北京：人民出版社.

中共中央马克思、恩格斯、列宁、斯大林著作编译局，1995. 马克思恩格斯选集：第四卷[M]. 北京：人民出版社.

周文，赵方，杨飞，等，2017. 土地流转、户籍制度改革与中国城市化：理论与模拟[J]. 经济研究(6)：183-197.

朱建军，杨兴龙，2019. 新一轮农地确权对农地流转数量与质量的影响研究——基于中国农村家庭追踪调查(C)RHPS 数据[J]. 农业技术经济(3)：63-74.

朱启臻，杨汇泉，2011. 谁在种地——对农业劳动力的调查与思考[J]. 中国农业大学学报(社会科学版)，28(1)：162-169.

朱文珏，罗必良，2018. 农地价格幻觉：由价值评价差异引发的农地流转市场配置"失灵"——基于全国 9 省(区)农户的微观数据[J]. 中国农村观察(5)：67-81.

朱玉龙，2017. 中国农村土地流转问题研究[D]. 北京：中国社会科学院研究生院.

朱月季，2016. 社会网络视角下的农业创新采纳与扩散[J]. 中国农村经济(9)：58-71.

诸培新，张建，张志林，2015. 农地流转对农户收入影响研究——对政府主导与农户主导型农地流转的比较分析[J]. 中国土地科学，29(11)：70-77.

邹伟，孙良媛，2011. 土地流转、农民生产效率与福利关系研究[J]. 江汉论坛(3)：31-36.

附　录

附录1　中共嘉兴市委　嘉兴市人民政府
关于深化完善"两分两换"　加快推进
统筹城乡发展的若干意见

嘉委〔2010〕12 号

各县(市、区)委、县(市、区)人民政府,市级机关各部门,市直属各单位:

为深入贯彻科学发展观,全面落实中共中央、国务院《关于加大统筹城乡发展力度　进一步夯实农业农村发展基础的若干意见》,按照省委"两创"总战略和加大城乡统筹发展力度的新要求,现就深化完善"两分两换",加快推进统筹城乡综合配套改革和城乡一体化发展提出如下工作意见。

一、进一步提高对深化完善"两分两换",加快推进统筹城乡发展的思想认识

自 2008 年 4 月被确立为浙江省统筹城乡综合配套改革试点市以来,我市按照先行先试、率先突破的要求,创新开展以"两分两换"为核心的优化土地使用制度改革,"两分两换"呈现出试点范围稳步扩大、试点模式丰富多样、社会的认知度和农民的参与度逐步提高的良好态势,取得了阶段性成效,走出了一条以开展"两分两换"为突破口,农业生产发展、农民生活富裕,全面推进统筹城乡发展的新路子。

当前,我市经济社会发展已进入由"接轨上海扩大开放"向"与沪杭同城"战略提升的新阶段,进入统筹城乡综合配套改革全面推进、深化完善的新阶段,进入提升全面小康水平,为提前基本实现现代化打下坚实基础的新阶段,这为我们加快城乡统筹发展,从根本上解决"三农"问题,推进经济社会转型发展创造了难得机遇,提供了有利条件。同时,城乡二元体制束缚、社会转型滞后、空间环境"瓶颈"制约,以及转变农业发展方式要求提高,保持农民收入持续较快增长难度加大等,迫使我们必须进一步解放思想、更新理念、抢抓机遇,全力克服制约转型发展的不利因素,确保经济社会持续平稳较快发展。"两分两换"是中央和省委统筹城乡战略决策和部署要求在嘉兴的具体实践。全市上下必须不断提高把"两分两换"作为统筹城乡综合配套改革核心内容的基本认识,把全面提升统筹城乡发展水平作为全面建成小康社会和加快推进现代化的根本要求,夯实打牢农业农村发展基础,协调推进工业化、城镇化和农业农村现代化,加快形成城乡经济社会发展一体化新格局。

深化完善"两分两换",加快推进统筹城乡发展的总体要求是:全面贯彻党的十七大和十七届三中、四中全会和中央、全省农村工作会议精神,深入贯彻落实科学发展观,稳定和完善党在农村的基本政策,把坚持"三不变"(农村集体土地所有权性质不变、农用地的用途不变、农用地的量与质不变)作为基本前提,把"坚持以人为本、保障农民权益,坚持依法办事、积极稳妥推进,坚持科学规划、节约集约发展,坚持保护耕地、确保粮食安全"作为基本原则,将宅基地与承包地分开、农房搬迁与土地流转分开,以承包地换股、换租、增保障,推进集约经营,转换生产方式;以宅基地换钱、换房、换地方,推进集中居住,转换生活方式。加快推动传统农业向现代生态高效都市型农业转型、传统村落向城乡一体新社区转型、传统农民向现代市民转型,全面提高统筹城乡发展的质量和水平,为加快建设长三角创新型经济强市、江南水乡生态型文化大市、杭州湾宜居型滨海新市打下扎实基础。

二、深化完善"两分两换",加快推进统筹城乡发展的目标任务

1.确保耕地的量与质。坚持最严格的耕地保护制度和最严格的节约用地制度,按照"三个不减少"(耕地保有量、基本农田、标准农田面积不减少)并力争有所增加的要求,全面落实和完善耕地保护责任制,加强农业基础设施建设,切实提高粮食综合生产能力。

2.全面保障农民权益。充分尊重农民意愿,统筹兼顾农民在宅基地、承包地、集体经济组织成员和社会成员等方面的利益,依法保障农民的产权、收益权和参与权,切实维护农民切身利益和长远利益。

3.做大做强新市镇。深化扩权强镇改革,完善管理体制,加快资源要素集聚,促进产业整合提升,强化社会管理服务,加快把新市镇建设成为集聚水平高、城市功能全、规划科学、经济繁荣、环境优美、生活富裕的小城市,成为统筹城乡发展、承载农村人口转移集聚的主要载体和网络型大城市的基础性节点。

4.做精做优新社区。按照布局合理、设施配套、环境优美、生活舒适、文

明和谐、具有浓郁现代气息和江南水乡特色的要求,高起点规划和推进城乡一体新社区建设,三年内基本建成 100 个示范性城乡一体新社区。

5.提升农业现代化水平。按照"与沪杭同城"的战略要求,大力实施都市型现代农业园区化建设,推进农业生产、生活、生态功能融合和一二三产融合,实施"五个一百"示范性工程,着力提高农业综合生产能力、市场竞争力和可持续发展能力。

6.加快民生改善和社会事业发展。进一步创新促进民生改善和社会事业发展的体制机制。深化城乡统筹就业,大力促进农民就业创业,切实增加低收入农户收入。完善覆盖城乡居民的社会保障体系,逐步提高保障水平。推进城乡教育均衡发展,完善农村公共文化卫生服务体系,加强文化遗产、江南民俗文化的保护和建设,广泛开展全民健身活动。落实资源节约与环境保护行动计划,推进生态建设,全面提高农村社会事业发展水平。

7.推进国土片区联动开发。按照城镇体系规划和产业布局规划,积极探索和创新区域开发新机制,在沿路、沿河、沿海等区域,充分发挥地域相邻、产业相同、生态相仿等优势,推进市域、县域、镇际间国土片区联动开发,近期重点做好嘉兴国际商务区和滨海新区等重点区块的开发建设,提高整体开发水平和综合效益。

8.深化完善统筹发展体制机制。提升统筹理念,深化统筹举措,巩固以"一改带九改""十改联动"推进的工作格局,拓展改革领域,创新改革路径,注重政策配套,强化政策支撑,全面推进各项配套改革,为经济社会转型发展提供动力机制和体制保障。

三、深化完善"两分两换",加快推进统筹城乡发展的主要内容

1.深化农村集体资产产权制度改革。推进农村集体经济组织土地资产和非土地资产的分离,对非土地资产根据《浙江省村经济合作社组织条例》和有关政策规定,按照"依法、自愿、民主、公正"的原则,通过清产核资、清人分类、折股量化、建章立制、规范监管等程序,在农村集体经济组织内将资产按一定标准折股量化到人,股权持有人对所持股份具有参与决策和享有收益、转让、继承的权利。积极探索农村集体资产在产权制度改革后的产权按照市场化原则进行转让交易,推进农村集体经济组织和社会组织管理组织分开,农村居民社会成员身份和经济成员身份相分离,消除农村居民跨区域流动集聚的后顾之忧。2010 年基本完成"两分两换"试点镇先行启动村的集体资产产权制度改革;2012 年基本完成经营性资产在 100 万元以上村的

集体资产产权制度改革;"十二五"期末基本完成所有村的改革。

2.开展农村集体建设用地使用权流转改革。坚持"产权明晰、用途管制、节约集约、严格管理"的原则,在现行的法律法规和政策框架内,按照"局部试验、封闭运行、结果可控"的思路,对符合流转范围和条件的经营性集体建设用地,允许集体经济组织以出让、出租、作价出资或入股等形式进行流转;对符合流转范围和条件的农村宅基地,可采用收购、退还、置换、转让等方式,实现有偿使用和交易流转,逐步建立城乡统一的建设用地市场。

3.创新农村土地承包经营权流转。稳定和完善农村基本经营制度,在依法自愿有偿的基础上,在"两分两换"试点区域积极探索土地承包经营权流转新机制。对成片整组整村实施土地流转(含全部转让)并对非土地资产实行产权制度改革的地方,根据需要,可以探索组建不同区域范围的村土地合作社,作为集体土地所有者的代表,负责对区域范围内农村土地的规划、经营和管理。镇级国有投资开发公司可作为转让主体,经与土地发包方、承包农户协商一致后,受让农户土地承包经营权。镇(街道)投资开发公司受让土地的,可以法人身份参加土地合作社。农户自愿全部转让土地承包经营权的,按照征地标准对农民进行补偿。在明确农户土地承包经营面积基础上,对农户承包的土地,探索实行"定量不定位"管理。对影响土地成片流转、规模经营的农户的承包地,妥善做好异地置换工作。

4.建立农村产权交易机构。市一级建立"嘉兴市农村产权交易监督管理委员会",行使对农村产权交易的指导、协调、服务和监管。市和各县(市)要将原"农村土地流转服务中心"改造升级为"农村产权交易中心",拓展服务范围,扩大服务功能,增加交易品种,争取年内开展农村集体资产股权交易。在巩固完善农村土地流转信息管理系统的基础上,搭建农村产权交易综合信息服务平台。

5.加强城乡一体新社区管理服务。积极探索城乡一体新社区综合党组织或"村社区联建"综合党组织等组织模式。以党建促进各类群团组织、社团和社工队伍建设,不断深化"网格化管理、组团式服务"。依法选举产生社区居委会,行使自治组织功能。过渡期建立城乡一体新社区管理委员会,作为镇政府(街道办事处)的派出机构,暂行社区居委会的部分职责。科学组建、同步规划建设社区综合服务中心,满足社区居民的基本公共服务需求。建立健全社区居民代表会议制度,居务公开、民主监督、民主管理制度和民主选举制度等各项规章制度,有序推进居民依法自治。

6.有序推进农民跨区域集聚和身份转换。支持引导符合条件的农村居民,以宅基地置换货币、城镇房产(包括经济适用房)和自愿申请带宅基地土地指标跨区域自建农村住房,建立健全农村居民进城入镇、跨行政区域集聚的绿色通道。农民跨行政区域集聚后,有序推进农村居民的经济身份和社会身份相分离。经济身份,继续保留享受原村集体经济组织成员除宅基地申请之外的一切经济权益、福利待遇和社员权利;社会身份,原则上随户籍转入迁入地新社区,接受当地的管理和服务,行使相应的政治权利,履行相应的责任和义务。

7.加强农村土地综合整治。及时组织开展"两分两换"区域内农村宅基地复垦,加强农村土地综合整治。深入实施标准农田质量提升工程,建成一批田成方、树成行、路相通、渠相连、旱能浇、涝能排、土肥沃的高标准基本农田。建立耕地保护专项基金,主要用于农村土地综合整治项目。加大政府对土地复垦工作的绩效考核,建立垦造耕地项目后期管护补偿、土地复垦指标调剂交易、宅基地退出等机制。农村土地综合整治项目获取的城乡建设用地增减挂钩指标,要优先保障现代新市镇、城乡一体新社区建设,节余的城乡建设用地增减挂钩指标可有偿交易。

8.加快推进农业发展方式转变。紧紧围绕"稳粮保供给、增收惠民生、改革促统筹、强基增后劲"的总体要求,突出保障粮食安全和促进农民增收这个总目标,加快粮食生产功能示范区、现代农业示范园区、农业龙头示范企业、农民专业合作示范社、知名农产品示范品牌等"五个一百"示范工程建设,着力培养现代职业农民带头人、城乡一体新社区管理人才、农业技术推广人才、农村职业经纪人才和农业社会化服务人才等"五个一批"人才培养计划,推动农业布局优化、规模集聚、产业融合、功能拓展,促进农业可持续发展。

9.深化完善新市镇建设。实施小城市培育计划,合理调整镇、街道行政区划,适度撤扩并小规模市镇。加快新市镇公用事业和基础设施建设,探索建设一批"区镇合一"的市级特色功能区,加快"工业功能区"转型升级、"现代农业园区"增量提质、"商贸公共服务区"配套完善、"城乡一体新社区"集聚建设。建立新市镇建设融资平台,构建多元化的新型农村金融组织体系,继续强化金融产品创新和服务,加强建设用地保障,强化资源要素支撑。深化行政管理体制改革,开展综合行政执法试点,形成与小城市建设管理相适应的体制和机制。

10.进一步提高农民收入和社会保障水平。完善农业经营方式,加快农业转型升级,拓宽农业增收渠道。推进劳动力结构战略性调整,完善就业扶持政策,对已全部流转和自愿全部转让土地承包经营权,有就业愿望和就业能力的人员,按城镇失业人员开展有针对性的就业服务和职业培训。对自愿全部转让土地承包经营权的"4050"人员和全部流转土地承包经营权中的"大龄"人员实施再就业援助。鼓励支持劳动者自主创业,放宽创业准入条件,推广小额担保贷款,减免有关税费,完善创业服务,以创业带动就业促增收。引导农村集体资产股权和农民房产、承包土地等农村产权按照市场化原则流动,努力提高农民财产性收入比例。以纳入政策性社会养老保障的方式,引导支持土地承包经营权流转。

四、进一步优化深化完善"两分两换",加快推进统筹城乡发展工作的环境氛围

1.完善领导体制机制。进一步健全党委统一领导、党政齐抓共管、农村工作综合部门组织协调、有关部门各负其责的农村工作领导体制和工作机制,把"重中之重"要求落实到领导分工、机构设置和干部配备上。充分发挥各级统筹城乡综合配套改革领导小组及其办公室作用,切实担负起任务部署、力量组织、政策协调、工作指导和监督检查的职责。完善市、县(市、区)四套班子领导联系制度,强化工作指导。建立专项督查、情况和进度报送、工作点评等制度,妥善协调工作推进过程中出现的各种矛盾和问题,确保改革始终在正确的轨道运行。

2.优化资源要素配置。进一步强化政府的主导作用,按照总量持续增加、比例稳步提高、集中财力办大事的要求,不断加大财政对"三农"的投入。按照"政府可承受、百姓可接受、发展可持续"的原则,完善配套政策,提高土地出让金和建设用地指标镇(街道)留存比例,建立各级财政资金为导向,国有资本、民间资本和农民群众参与的多元投入机制,多方筹措建设资金。充分利用好土地"占补平衡"和"增减挂钩"政策,进一步推动城乡土地资源的优化配置和节约集约利用。

3.切实加强基层基础。加快构建城乡统筹基层党建新格局,按照"1+X"村镇规划布局,优化农村党组织设置,推进农村党建社区化转型,加强基层干部队伍建设,完善农村工作指导员制度。全面推进农村社会建设和管理,确立"政府主导+社区自治"的管理模式,逐步建立起协调有力、贴近实际、开放互动、民主自治的城乡一体新社区组织管理体制,确保农村社会稳定。

4.营造合力推进氛围。扎实开展"'两新'工程年"活动,各部门、各单位要围绕"两新"工程建设目标任务,抓紧制定支持、参与"两新"工程建设的配

套政策和实施方案,形成上下联动、齐抓共管的合力推进机制。加大创新推进力度,在南湖区余新镇和七星镇先行开展集体资产管理体制和城乡一体新社区管理体制改革试点,为面上推进积累经验。加强工作考核,把深化完善"两分两换",加快推进统筹城乡发展作为对市级部门(单位)、各县(市、区)党政领导班子考核的重要内容。切实加强宣传引导,进一步形成加快推动统筹城乡改革发展的浓厚氛围。

中共嘉兴市委办公室印发

附录2　调查问卷　农村土地经营权流转中的
农户羊群行为:社会网络信息的作用研究

注:所有被访内容都将被严格保密,个人和组织也不会在任何报告或发行物中披露。

© School of Business,Jiaxing University,

Herd Behavior Survey Questionnaire

尊敬的朋友,您好!

这是一份学术性问卷,旨在通过社会网络信息视角探讨农村土地经营权流转中的农户羊群行为。问卷的调查对象是在年龄在18~75岁的农户户主。在此郑重承诺,本次调研所获得的全部资料只用于学术研究,而且问卷中尽量避免了个人隐私,请您放心填写。本问卷大概占用您10分钟左右时间,您的10分钟对于本课题组和关于农村土地经营权流转的研究具有重要意义!

衷心感谢您的无私协助,并祝您工作顺利、万事胜意!

＊ ＊ ＊ ＊　＊ ＊ ＊

农村发展与管理研究课题组

＊ ＊ ＊

电话:＊ ＊ ＊ ＊ ＊ ＊ ＊ ＊ ＊ ＊

E—mail:＊ ＊ ＊ ＊ ＊ ＊ ＊ ＊ ＊ ＊ ＊@163.com

填写说明:

1.空白区域_____可在其中填写文字;可在□中选择相应选项。

2.由于数据分析和科学研究的需要,请就您所知,尽量给予最完整和真实的回答。

注意:农村土地经营权流转指,在不变土地的农业利用性质基础上,农民以出租、转让、转包、入股和抵押等流转方法将农村土地经营权流转给他人或经济组织,土地的集体所有权不改变,承包权仍然保留,经营权则被转移。

第一部分:农户户主特征

1.性别(由调查者识别并填写):

□男　　　□女

2.您的年龄(周岁):_____

3.受教育程度:

①学历:

□未上过学　　□小学　　　□初中　　　□高中　　　□大专

□本科　　　　□硕士　　　□博士

②您的实际接受正规教育年限(年)(小学及以上):_____

4.您认为您所从事的职业类别:

□农业(从事纯农业劳动)

□兼业(既从事农业劳动又从事非农业劳动)

□非农业(从事非农业劳动)

第二部分:农户家庭特征变量

1.您的家庭成员非农就业能力情况:

□弱　　　　□一般　　　□强

2.土地养老保障作用:

□不重要　　□可有可无　□重要

3.您的家庭成员结构状况:

□家中没有未满18周岁的小孩　　□家中有未满18周岁的小孩

4.您的家庭人口数(人):

□1人　　□2人　　□3人　　□4人　　□5人　　具体人口数:_____

5.您的家庭非农收入占总收入的比重(%):

去年您的家庭农业收入_____万元;去年您的家庭非农业收入_____万元。

第三部分:社会网络信息变量

1.亲戚朋友参与农村土地经营权流转情况:

参与土地经营权流转的亲戚朋友数量_____(户)

2.其他农户参与农村土地经营权流转情况:

参与土地经营权流转的其他农户数量_____(户)

第四部分:土地经营权流转政策信息成本变量

1.农村土地经营权流转信息获得难度:

□容易　　　　□困难

2.农村土地经营权流转信息获得时间与金钱耗费:

□少　　　　□多

3.农村土地经营权流转信息解读和利用难度:

□容易　　　　□困难

第五部分:农户土地经营权流转意愿变量

您的土地经营权流转意愿是:

□选择不流转　　□选择流转

问卷至此结束,再次衷心感谢!

附录3　调查问卷　农村土地经营权流转中的农户羊群行为机理:私人信息还是公共信息?

注:所有被访内容都将被严格保密,个人和组织也不会在任何报告或发行物中披露。

© School of Business, Jiaxing University,

Herd Behavior Survey Questionnaire

调查问卷

尊敬的朋友,您好!

这是一份学术性问卷,旨在以私人信息和公共信息视角探讨农村土地经营权流转中的农户羊群行为。问卷的调查对象是在年龄在 18～75 岁的农户户主。在此郑重承诺,本次调研所获得的全部资料只用于学术研究,而且问卷中尽量避免了个人隐私,请您放心填写。本问卷大概占用您 10 分钟左右时间,您的 10 分钟对于本课题组和关于农村土地经营权流转的研究具有重要意义!

衷心感谢您的无私协助,并祝您工作顺利、万事胜意!

＊＊＊＊＊＊＊

农村发展与管理研究课题组

＊＊＊

电话:＊＊＊＊＊＊＊＊＊＊＊

E－mail:＊＊＊＊＊＊＊＊＊＊＊@163.com

填写说明:

1.空白区域_____可在其中填写文字;可在□中选择相应选项。

2.由于数据分析和科学研究的需要,请就您所知,尽量给予最完整和真实的回答。

注意:农村土地经营权流转指,在不变土地的农业利用性质基础上,农民以出租、转让、转包、入股和抵押等流转方法将农村土地经营权流转给他人或经济组织,土地的集体所有权不改变,承包权仍然保留,经营权则被转移。

第一阶段调查(时间:_____)

1.农村土地经营权流转政策背景下,您和您的家人是倾向于流转,还是倾向于不流转:

□流转　　　□不流转

第二阶段调查(时间:_____)

1.您的年龄(周岁):_____

2.受教育程度:

①学历:

□未上过学　　　□小学　　　□初中　　　□高中　　　□大专

□本科　　　□硕士　　　□博士

②您的实际接受正规教育年限(年)(小学及以上):_____

3.您的健康状况：

□不好　　　　□一般　　　　□良好

4.您的家庭成员结构状况：

□家中没有未满18周岁的小孩　□家中有未满18周岁的小孩

5.您的家庭人口数（人）：

□1人　□2人　□3人　□4人　□5人　具体人口数：_____

6.家庭收入：

从过去到受访时的一年时间里的家庭可支配收入_____（万元）

7.您的家庭非农收入占总收入的比重（%）：_____

去年您的家庭农业收入_____万元；去年您的家庭非农业收入_____万元。

8.村庄的人均存款（万元）：_____

（样本村的人均存款委托各村委指定具体人员负责完成数据统计和估算工作）

9.离最近县（区）域商业中心距离：_____千米

（由调查者根据百度地图计算直线距离）

10.农村土地经营权流转政策背景下，您所能了解的所有农户（不限于同一个村）中大多数倾向于流转，还是大多数倾向于不流转？

□流转　　　　□不流转

11.您的土地经营权流转意愿是：

□选择不流转　□选择流转

问卷至此结束，再次衷心感谢！

附录4　调查问卷　农村土地经营权流转中农户羊群行为影响因素、影响结果及后续效应

注：所有被访内容都将被严格保密，个人和组织也不会在任何报告或发行物中披露。

© School of Business，Jiaxing University，

Herd Behavior Survey Questionnaire

调查问卷

尊敬的朋友,您好!

这是一份学术性问卷,旨在探讨农村土地经营权流转中农户羊群行为影响因素、影响结果及后续效应。问卷的调查对象是在年龄在 18~75 岁的农户户主。在此郑重承诺,本次调研所获得的全部资料只用于学术研究,而且问卷中尽量避免了个人隐私,请您放心填写。本问卷大概占用您 10 分钟左右时间,您的 10 分钟对于本课题组和关于农村土地经营权流转的研究具有重要意义!

衷心感谢您的无私协助,并祝您工作顺利、万事胜意!

＊ ＊ ＊ ＊ ＊ ＊ ＊

农村发展与管理研究课题组

＊ ＊ ＊

电话:＊ ＊ ＊ ＊ ＊ ＊ ＊ ＊ ＊ ＊ ＊

E－mail:＊ ＊ ＊ ＊ ＊ ＊ ＊ ＊ ＊ ＊ ＊ @163.com

填写说明:

1.空白区域_____可在其中填写文字;可在□中选择相应选项。

2.由于数据分析和科学研究的需要,请就您所知,尽量给予最完整和真实的回答。

注意:农村土地经营权流转指,在不变土地的农业利用性质基础上,农民以出租、转让、转包、入股和抵押等流转方法将农村土地经营权流转给他人或经济组织,土地的集体所有权不改变,承包权仍然保留,经营权则被转移。

第一阶段调查(时间:_____)

1.您的年龄(周岁):_____

2.受教育程度:

①学历:

□未上过学　　　□小学　　　□初中　　　□高中　　　□大专

□本科　　　□硕士　　　□博士

②您的实际接受正规教育年限(年)(小学及以上):_____

3.您的健康状况：

□不好　　　　□一般　　　　□良好

4.您的家庭成员结构状况：

□家中没有未满18周岁的小孩　　□家中有未满18周岁的小孩

5.您的家庭人口数(人)：

□1人　□2人　□3人　□4人　□5人　具体人口数：_____

6.家庭收入：

从过去到受访时的一年时间里的家庭可支配收入_____(万元)

7.您的家庭非农收入占总收入的比重(%)：_____

去年您的家庭农业收入_____万元；去年您的家庭非农业收入_____万元。

8.村庄的人均存款(万元)：_____

(样本村的人均存款委托各村委指定具体人员负责完成数据统计和估算工作)

9.离最近县(区)域商业中心距离：_____千米

(由调查者根据百度地图计算直线距离)

10.土地经营权流转不确定性的测量：

完全不同意＝1;不同意＝2;中立＝3;同意＝4;完全同意＝5

(a)我无法弄明白土地经营权流转是怎么回事_____。(内容不确定性)

(b)我无法确定土地经营权流转是好是坏_____。(结果不确定性)

(c)我无法确定是否可以应对土地经营权流转所带来的变化_____。(应对不确定性)

11.其他农户土地经营权流转状况的测量：

据您观察，不限于本村，其他农户参加土地经营权流转的户数_____,其他农户不参加土地经营权流转的户数_____。(其他农户土地经营权流转比例[①])

12.最初土地经营权流转信念的测量：

完全不同意＝1;不同意＝2;中立＝3;同意＝4;完全同意＝5

(a)土地经营权流转补偿令人满意_____。(补偿期望)

(b)相比较而言,流转后的工作情况会变得更好_____。(工作期望)

---

① 其他农户土地经营权流转比例＝其他农户参加土地经营权流转的户数/(其他农户参加土地经营权流转的户数＋其他农户不参加土地经营权流转的户数)。

(c)相比较而言,土地经营权流转后的生活情况会变得更好_____。
(生活期望)

第二阶段调查(时间:_____)

1.社会规范的测量:

完全不同意=1;不同意=2;中立=3;同意=4;完全同意=5

(a)村干部认为我家应该流转_____。(干部规范)

(b)村中其他农户认为我家应该流转_____。(村民规范)

2.贬低私人信息的测量:

完全不同意=1;不同意=2;中立=3;同意=4;完全同意=5

(a)是否参加流转与自己喜好很可能不一致_____。(自身喜好贬低)

(b)不会完全依据自身情况来决定是否参加流转_____。(自身情况贬低)

(c)在不了解到其他农户流转情况下,我将不做决定_____。(自主权贬低)

3.模仿他人的测量:

完全不同意=1;不同意=2;中立=3;同意=4;完全同意=5

(a)在参加土地经营权流转问题上,我家会随大流_____。(趋势模仿)

(b)我家会选择土地经营权流转,因为许多人已经流转了土地经营权_____。(结果模仿)

4.调整土地经营权流转信念的测量:

完全不同意=1;不同意=2;中立=3;同意=4;完全同意=5

(a)土地经营权流转补偿令人满意_____。(调整补偿期望)

(b)相比较而言,土地经营权流转后的工作情况会变得更好_____。(调整工作期望)

(c)相比较而言,土地经营权流转后的生活情况会变得更好_____。(调整生活期望)

5.土地经营权流转决策的测量:

完全不同意—1;不同意=2;中立=3;同意=4;完全同意=5

我家打算流转土地经营权_____。(土地经营权流转决策)

第三阶段调查(时间:_____)

1.修正土地经营权流转信念的测量:

完全不同意＝1;不同意＝2;中立＝3;同意＝4;完全同意＝5

(a)土地经营权流转补偿令人满意_____。(补偿结果认可度)

(b)相比较而言,土地经营权流转后的工作情况变得更好_____。(工作变化认可度)

(c)相比较而言,土地经营权流转后的生活情况变得更好_____。(生活变化认可度)

2.期望失验的测量:

完全不同意＝1;不同意＝2;中立＝3;同意＝4;完全同意＝5

(a)与原有的期望相比,土地经营权流转补偿差很多_____。(土地经营权流转补偿失验)

(b)与原有的期望相比,工作状况差很多_____。(工作状况失验)

(c)与原有的期望相比,生活状况差很多_____。(生活状况失验)

3.土地经营权流转满意度的测量:

完全不同意＝1;不同意＝2;中立＝3;同意＝4;完全同意＝5

(a)与原有的期望相比,土地经营权流转补偿差很多_____。(土地经营权流转补偿满意度)

(b)与原有的期望相比,工作状况差很多_____。(工作状况满意度)

(c)与原有的期望相比,生活状况差很多_____。(生活状况满意度)

4.土地经营权流转后悔的测量:

完全不同意＝1;不同意＝2;中立＝3;同意＝4;完全同意＝5

(a)那不是我想要的土地经营权流转结果_____。(对土地经营权流转结果后悔)

(b)我为我做的决定感到后悔_____。(对土地经营权流转决定后悔)

问卷至此结束,再次衷心感谢!

附录5　调查问卷　农村土地经营权
流转中的头羊(意见领袖)

注:所有被访内容都将被严格保密,个人和组织也不会在任何报告或发行物中披露。

© School of Business, Jiaxing University,

Herd Behavior Survey Questionnaire

调查问卷

尊敬的朋友,您好!

这是一份学术性问卷,旨在探讨农村土地经营权流转中的头羊(意见领袖)。问卷的调查对象是在年龄在 18～75 岁的农户户主。在此郑重承诺,本次调研所获得的全部资料只用于学术研究,而且问卷中尽量避免了个人隐私,请您放心填写。本问卷大概占用您 10 分钟左右时间,您的 10 分钟对于本课题组和关于农村土地经营权流转的研究具有重要意义!

衷心感谢您的无私协助,并祝您工作顺利、万事胜意!

* * * * * * *

农村发展与管理研究课题组

* * *

电话:* * * * * * * * * * *

E-mail:* * * * * * * * * * * @163.com

填写说明:

1.空白区域_____可在其中填写文字;可在□中选择相应选项。

2.由于数据分析和科学研究的需要,请就您所知,尽量给予最完整和真实的回答。

注意:农村土地经营权流转指,在不变土地的农业利用性质基础上,农民以出租、转让、转包、入股和抵押等流转方法将农村土地经营权流转给他人或经济组织,土地的集体所有权不改变,承包权仍然保留,经营权则被转移。

第一阶段调查(时间:_____)

1.请您填写与村中其他农户的关系紧密度。

"0"代表两个农户家庭之间关系不密切

"0.50"代表两个农户家庭之间关系一般

"1.00"代表两个农户家庭之间关系紧密

节点 Node	1	2	3	4	5	6	7	8	9	10	11	12	13	14	15	16	17	18	19	20	21	22	23	24	25	26	27	28	29	30	31	32	33	34
LBR	0																																	
YJ		0																																
YQC			0																															
QSW				0																														
WSF					0																													
HWX						0																												
YSC							0																											
GH								0																										
UTR									0																									
SAQ										0																								
HJK											0																							
FGS												0																						
JKL													0																					
LU														0																				
EFG															0																			
LYF																0																		
SDK																	0																	
XGJ																		0																

续表

节点 Node	1	2	3	4	5	6	7	8	9	10	11	12	13	14	15	16	17	18	19	20	21	22	23	24	25	26	27	28	29	30	31	32	33	34
LP																			0															
SGF																				0														
HKJ																					0													
SW																						0												
AJ																							0											
LOU																								0										
TGH																									0									
FQ																										0								
UIP																											0							
FGH																												0						
RH																													0					
HL																														0				
DH																															0			
PY																																0		
RHL																																	0	
SKR																																		0

注：(1)每位农户户主仅需找到自己的节点位置，填写一列关系紧密度的数据即可。

2.在参加农村土地经营权流转问题上,我家不会受到他人的影响。

☐完全不同意 ☐不同意

☐中立 ☐同意

☐完全同意

3.在参加农村土地经营权流转问题上,你家是倾向于流转,还是倾向于不流转?

☐倾向于不流转 ☐无法确定是否流转 ☐倾向于流转

第二阶段调查(时间:_____)

1.在参加农村土地经营权流转问题上,你家是倾向于流转,还是倾向于不流转?

☐倾向于不流转 ☐无法确定是否流转 ☐倾向于流转

第三阶段调查(时间:_____)

1.在参加农村土地经营权流转问题上,你家是倾向于流转,还是倾向于不流转?

☐倾向于不流转 ☐无法确定是否流转 ☐倾向于流转

第四阶段调查(时间:_____)

1.在参加农村土地经营权流转问题上,你家是倾向于流转,还是倾向于不流转?

☐倾向于不流转 ☐无法确定是否流转 ☐倾向于流转

第五阶段调查(时间:_____)

1.①(循环第一次,时间:_____).在参加农村土地经营权流转问题上,你家是倾向于流转,还是倾向于不流转?

☐倾向于不流转 ☐无法确定是否流转 ☐倾向于流转

2.(循环第二次,时间:_____).在参加农村土地经营权流转问题上,你家是倾向于流转,还是倾向于不流转?

☐倾向于不流转 ☐无法确定是否流转 ☐倾向于流转

3.(循环第三次,时间:_____).在参加农村土地经营权流转问题上,

―――――――――――

① 当捕捉到所有农户的每阶段的调查结果与下一阶段的调查结果一致时,开启循环调查。本书中,第四阶段调查结果与第五阶段调查结果一致,因此在第五阶段调查开启三次循环调查。

你家是倾向于流转,还是倾向于不流转?

　　□倾向于不流转　　　□无法确定是否流转　　　□倾向于流转

　　问卷至此结束,再次衷心感谢!

附录 6　PLS 路径模型介绍

　　本章采用 PLS 路径模型对调查数据进行拟合估计[①]。PLS 路径模型是检验观测变量和潜变量、潜变量和潜变量之间关系的一种多元先验模型。

　　1. PLS 路径模型设定方法

　　首先假设对于 n 个观测样本点有 j 组可测量变量 $x_{jh} = \lambda_{jh}\xi_j + \varepsilon_{jh}$. 设它们都是标准化的变量(即变量的均值为 0,方差为 1),且可观测变量和潜变量、潜变量和潜变量之间是线性组合关系,所有的可测变量都是单一维度,也就是测量单一潜变量。PLS 路径模型主要由两部分组成:描述可测变量与潜变量之间的关系的测量模型和用于描述潜变量之间关系的结构模型。测量模型的测量方程因所采用的指标类型而不同。

　　采用反映型指标的测量方程为:

$$x_{jh} = \lambda_{jh}\xi_j + \varepsilon_{jh} \tag{A-1}$$

　　采用构成型指标的测量方程为:

$$\xi_j = \sum_k \pi_{jh} x_{jh} + \delta_j \tag{A-2}$$

　　结构模型又称为理论模型,描述潜变量之间的因果关系。其结构方程为:

$$\xi_j = \sum_{j \neq i} \beta_{ji}\xi_i + \zeta_j \tag{A-3}$$

　　上述方程中,ξ_j 为潜变量,且经过标准化处理,λ_{jh} 和 π_{jh} 为因子负荷,β_{ji} 为路径系数;ε_{jh}、δ_j 和 ζ_j 为误差项,均值都为 0,且与预测变量(Predictive variables)不相关。

　　2. PLS 路径模型参数估计方法

　　PLS 路径模型分为两个步骤:第一步:通过反复迭代得到潜变量估计值。第二步:通过普通最小二乘法进行线性回归,得到测量模型和结构模型

---

① 　关于 PLS 路径模型的相关研究成果是申请者在读硕士研究生期间形成的学术成果,题目为《基于 PLS 路径模型的区域商品房顾客满意度研究》,发表于《商业研究》2007 年第 5 期。

的参数估计值。对潜变量 ξ_j 的估计可以从两方面进行：一方面认为潜变量 ξ_j 可以由第 j 组可观测变量 X_j 的线性组合来估计，记为 Y_j 称为潜变量 ξ_j 的外部估计：

$$Y_j \propto X_j W_j \tag{A-4}$$

其中，$W_j = \{w_{j1}, w_{j2}, \cdots w_{jh}, \cdots w_{jk}\}$ 为外部权重向量。符号"$\propto$"表示对计算结果进行标准化处理。另一方面，如果 $Y_i(i \neq j)$ 是与 ξ_j 直接相关联的潜变量 ξ_i 的外部估计值，还可以利用 Y_i 来估计潜变量 ξ_j，这一估计值被记为 Z_j，称为潜变量 ξ_j 的内部估计：

$$Z_j \propto \sum_{i \neq j} e_{ji} Y_i \tag{A-5}$$

内部权重 e_{ji}，有三种计算方法：Centroid 权重计算法，Factorial 权重计算法和 Path 权重计算方法。但通常三种方法的计算结果没有明显的区别。

外部权重向量 W_j 的计算方法，有两种模式：

采用反映型的计算方法选择模式 A：

$$w_{jh} = \mathrm{cor}(x_{jh}, Z_j) \tag{A-6}$$

采用构成型的计算方法选择模式 B：

$$W_j = (X'_j X_j)^{-1} X'_j Z_j \tag{A-7}$$

接下来开始迭代：

（1）首先对外部权重向量 W_j 进行初始化，可令 $W_j = (1, 0, \cdots, 0)$，通过公式（6-4），得到 Y_j 的估计值；

（2）得到 Y_j 的估计值后，通过公式（A-5），可以得到 Z_j 的估计值；

（3）根据 Z_j 的估计值，通过公式（A-6）或者（A-7），可以计算出新的权重向量 $W_j^{(2)}$；

（4）利用计算得到的 $W_j^{(2)}$，通过公式（A-4），可以得到新的 $Y_j^{(2)}$。

若迭代收敛，则停止，否则转到第二步继续迭代，则以最终得到 Y_j 的作为对潜变量 ξ_j 的估计值。得到潜变量的估计值后，运用普通最小二乘的线性回归方法，来估计测量模型和结构模型中的各项参数。

3. PLS 评价测量模型

求出 PLS 路径模型的各项参数后，就对模型的合理性进行评价。复合信度系数 ρ 可作为测量工具的信度系数。复合信度系数的计算公式为：

$$\rho = (\sum_k \lambda_h)^2 / (\sum_k \lambda_h)^2 + \sum_k (1 - \lambda_h)^2 \tag{A-8}$$

其中，k 表示某一潜变量下指标的个数，λ_h 表示这一潜变量下的第 h 指标的因子负荷。若信度系数高，表示各指标内部一致性高。若一潜变量 ρ 大于等于 0.70,表明这一潜变量的变化至少能解释对应测量工具 70% 的变化。也就是说 ρ 越大,测量工具越是可靠。

　　然而,高信度并不表示测量是单一维度。换句话说,一个测量工具有高信度系数,并不一定是测量单一潜变量。满足单一维度的条件通常是所有的因子负荷 λ 要大于 0.50 才能保证指标和潜变量之间的有足够的线性等价关系。

　　此外,模型的区分效度法(discriminant validity)必须得到检验,区分效度法是检验各潜变量互相区别的程度,是否有独立存在的必要。可通过比较潜变量平均萃取变异量(average variance extracted)的平方根值和潜变量间的相关系数的大小来判断两个潜变量的区分程度,是否能够独立存在。若平均萃取变异量的平方根值远大于相关系数,表明测量模型有良好的区分效度。平均萃取变异量计算公式如下:

$$AVE = \sum_k \lambda_h^2 \Big/ \sum_k \lambda_h^2 + \sum_k (1 - \lambda_h^2) \tag{A-9}$$

其中,k 表示一潜变量下指标的个数,λ_h 表示一潜变量下的第 h 指标的因子负荷。

图书在版编目（CIP）数据

农村土地经营权流转中的农户羊群行为研究 / 杨卫忠著. —杭州：浙江大学出版社，2021.2
ISBN 978-7-308-21125-3

Ⅰ.①农… Ⅱ.①杨… Ⅲ.①农业用地－土地经营－土地流转－研究－中国 Ⅳ.①F321.1

中国版本图书馆 CIP 数据核字(2021)第 037505 号

农村土地经营权流转中的农户羊群行为研究

杨卫忠　著

责任编辑	陈逸行　陈　翩	
责任校对	郭琳琳	
封面设计	周　灵	
出版发行	浙江大学出版社	
	（杭州市天目山路 148 号　邮政编码 310007）	
	（网址：http://www.zjupress.com）	
排　　版	浙江时代出版服务有限公司	
印　　刷	杭州高腾印务有限公司	
开　　本	710mm×1000mm　1/16	
印　　张	14.75	
字　　数	260 千	
版 印 次	2021 年 2 月第 1 版　2021 年 2 月第 1 次印刷	
书　　号	ISBN 978-7-308-21125-3	
定　　价	68.00 元	

版权所有　翻印必究　印装差错　负责调换

浙江大学出版社市场运营中心联系方式　（0571）88925591；http://zjdxcbs.tmall.com